Baedeker

Allianz  Reiseführer

W0046038

Hamburg

www.baedeker.com

Verlag Karl Baedeker

TOP-SEHENSWERTES ✱ ✱

Denkt man an Hamburg, fallen einem sofort der Hafen oder der Michel ein. Doch auch Ausflüge in die reizvolle Umgebung der Stadt und ein Abstecher in die großen Museen sollten auf Ihrer Besuchsliste ganz oben stehen.

✱✱ Alster
Das berühmte Gewässer mitten im Stadtzentrum ► Seite 144

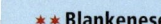

Altes Land
Paradies für Ausflügler

✱✱ Blankenese
Kapitänshäuser, herrschaftliche Villen und herrliche Parkanlagen zieren den Elbhang.
► Seite 158

✱✱ Hafen
Kein Hamburgbesuch ohne Hafenrundfahrt, denn das Tor zur Welt ist die Attraktion für Touristen. ► Seite 181

✱✱ Hafenrandpromenade
Beim Promenieren entlang des Ufers streift man zahlreiche Hamburger Highlights.
► Seite 189

Hafenrandpromenade
Ein Spaziergang am Elbufer führt auch am Michel und an der Rickmers Rickmers vorbei.

✱✱ Altes Land
Romantische Dörfer und ländlicher Charme laden zum Spazieren ein. ► Seite 148

Elblotsenmütze
Mit dieser Kopfbedeckung kommt nicht nur Alt-Bundeskanzler Helmut Schmidt sehr hanseatisch daher.

Kunsthalle
Galerie der Gegenwart

Rathaus
Blick von den Alsterarkaden

Michel
Wahrzeichen mit schöner Aussicht

DIE BESTEN BAEDEKER-TIPPS

Die Baedeker-Tipps verraten Ihnen weniger Bekanntes zu den Orten, die Sie besuchen und machen Ihren Hamburgaufenthalt zum unvergesslichen Erlebnis.

! Comedy statt Damenwahl
Quatsch Comedy Club im Café Keese.
▶ Seite 62

! Zur Kur nach St. Pauli
Die »Kurverwaltung« des Stadtteils hilft bei der Erkundung der Reeperbahn.
▶ Seite 63

! Lange wach dank Kola
Hamburg hat der globalisierten Coca-Cola-Welt etwas entgegenzusetzen.
▶ Seite 74

! Das Auge isst mit
In Jacobs Restaurant kann man dem Sternekoch auf den Löffel schauen.
▶ Seite 81

! »Portugiesen-Viertel«
Ob Galão, Snack oder Fischgericht – dieses kulinarische Ausflugsziel sollte man nicht verpassen. ▶ Seite 84

! Ein Haus wie ein Gedicht
Im Literaturhaus ist alles schön: die Architektur, die Veranstaltungen und das Café. ▶ Seite 92

! Sein eigener Kapitän sein
Noch besser als die Hafenrundfahrt: ein Ausflug mit dem Paddelboot.
▶ Seite 108

Portugiesen-Viertel
Von den Landungsbrücken bis nach »Portugal« sind es nur wenige Meter.

Bootstour

Nur vom Wasser aus kann man die herrlichen Villen am Rondeelteich bewundern.

🔲 Linie 36

Schöne Strecke: mit dem Linienbus durch die Elbvororte ► Seite 140

🔲 Relaxen

Der Hektik der Großstadt entflieht man im Alsterpark. ► Seite 145

🔲 Volle Blütenpracht

Im Alten Land ist es im Frühling am schönsten. ► Seite 149

🔲 Herrliche Aussichten

Vom Süllberg hat man einen großartigen Blick. ► Seite 160

🔲 Mit Giraffen Aug in Auge

In Hagenbecks Tierpark dürfen Besucher Giraffen und Elefanten füttern. ► Seite 194

🔲 Gasthaus zum Kiekeberg

Gut essen nach dem Museumsbesuch auf dem Gelände des Freilichtmuseums ► Seite 201

🔲 Turmblasen

Auf dem Michel lebt eine alte Tradition bis heute fort. ► Seite 215

Die Türmer blasen vom Michel.

🔲 Gut geführt

Die besten Wege um den riesigen Ohlsdorfer Friedhof zu erkunden ► Seite 240

🔲 Hamburg schwäbelt

Ausgerechnet die Schwaben sind für ein beliebtes Hamburger Volksfest zuständig. ► Seite 254

🔲 Fensterfront ins All

Im Planetarium im Stadtpark kann man tief ins All gucken. ► Seite 272

Hamburg für Genießer:
Meeresfrüchte mit Hafenblick
▶ **Seite 72**

HINTERGRUND

Hamburg ist immer eine Reise wert, auch zu Silvester.

Ob Fähre oder Alsterschiff – eine Fahrt auf dem Wasser ist Pflicht.
▶ Seite 141

PRAKTISCHE INFORMATIONEN

TOUREN

Landungsbrücken
▶ Seite 212

*»Weißer Schwan des Südatlantik« –
die Cap San Diego*
▶ **Seite 186**

SEHENSWERTES VON A BIS Z

Mit der Deichstraße ist ein Stück Alt-Hamburg geblieben.
▶ **Seite 163**

Im Schanzen- und im Karolinenviertel kann man prima Kaffeetrinken.
► Seite 258

nachdenken · klimabewusst reisen
atmosfair

Hintergrund

HAMBURG IST EINE DER WICH-
TIGSTEN HAFEN- UND HANDELS-
STÄDTE EUROPAS. IHRE BESUCHER
FASZINIERT SIE DURCH DIE WELT-
OFFENE ATMOSPHÄRE, DAS FLAIR
EINER STADT AN VIELEN WASSERN
UND EINE LEBENDIGE KULTURSZENE.

DAS TOR ZUR WELT

Kaum eine Woche vergeht, in der Hamburg nicht als Schauplatz eines deutschen Spielfilms über die Bildschirme flimmert: Verbrecherjagden durch Hamburgs Straßen, Familiendramen in noblen Stadtvillen, großartige Firmenstories vor grandioser Hafenkulisse oder Kleinkriminelles im Rotlichtmilieu von St. Pauli. Jedes Jahr werden hier an die 130 Filmproduktionen gedreht – kein Wunder, denn Hamburg gilt als eine der attraktivsten und schönsten Großstädte in Deutschland, als Stadt mit Charakter und Atmosphäre.

Die Hansestadt verzeichnet nicht weniger als 8,3 Millionen Übernachtungen pro Jahr, sie steht in Deutschland an dritter Stelle hinter Berlin und München. Liegt es daran, dass sie mit ihrem international bekannten Hafen – dem »Tor zur Welt« – geografisch so günstig liegt, dass hier schon immer Menschen aus aller Herren Länder ein- und ausgingen? Mit überragenden Kulturgütern verwöhnt die traditionsreiche Handelsstadt jedenfalls nicht. Und wer gar südliches Flair suchen sollte, findet es allerhöchstens an einem heißen Sommertag an der Elbe: in den hippen Beachclubs am Hafenrand, wo man entspannt unter Palmen sitzt und auf das in der Sonne glitzernde Wasser schaut. Die Hansestadt ist eine Stadt des Alltags, der interessanter und vielseitiger zu sein scheint als anderswo, mit einer fiebrigen Medienwelt, dem

Strandleben
Im Sommer sucht man sich einen schönen Platz an der Elbe, wie hier bei der »Strandperle«, und genießt das Treiben auf dem Fluss.

kühlen hanseatischen Reichtum, der stets verheißungsvollen Reeperbahn und dem Hafen, der von der großen weiten Welt kündet und wo am Rande der Speicherstadt Europas größtes Städtebauprojekt in Angriff genommen wurde: die HafenCity. Bis 2025 soll hier auf einer Fläche von etwa 155 Hektar ein komplett neuer zentral gelegener Stadtteil entstehen. Zukünftiger Publikumsmagnet wird hier unter anderem die architektonisch spektakuläre Elbphilharmonie sein.

Bestaunen, erleben, genießen

← Blick über die Kleine Alster auf Alsterarkaden und Rathaus

Aber auch ohne die HafenCity muss die Hansestadt für ihr Image nicht sonderlich viel tun, das meiste ist wie selbstverständlich da: die noblen weißen Villen, das Wasser von Alster und Elbe, das Hamburg

Michel und Medien
Das alte Wahrzeichen schaut auf ein Symbol der Stadt als Medienmetropole, das Verlagshaus von Gruner + Jahr.

Kapitäne und Schiffe
In der Schiffsbegrüßungsanlage Willkommhöft erklären Kapitäne den Landratten die ein- und auslaufenden Schiffe.

Brücken und Kanäle
Am Wasser sind viele Hamburger Sehenswürdigkeiten zu finden, wie hier die Speicherstadt.

Idylle und Charme
Die verwinkelten Gassen und die kleinen Kapitäns-
häuser am Elbhang machen den Charme von
Blankenese aus.

Stil und Luxus
Wer es sich leisten kann, übernachtet in einem
der berühmten Hotels an der Alster. Stil bekommt
man aber auch wesentlich günstiger in einem
der schicken Design-Hotels geboten.

Blüten und Höfe
Das Alte Land lockt die Spaziergänger mit Obst-
bäumen und 400 denkmalgeschützten Häusern.

prägt, der Hafen, der für die sprichwörtliche Weltoffenheit der Stadt sorgt oder die Brücken. 2485 sollen es sein, von denen rund 1000 über Gewässer hinwegführen. In Hamburg kann man sich getrost treiben lassen, durch die eleganten Einkaufspassagen der City bummeln, über den Jungfernstieg und die angrenzenden Straßen promenieren, die mit historischen Kauf-, Handels- und Kontorhäusern gespickt sind, im Vorbeigehen das imposante Rathaus bestaunen oder an der Alster entlangspazieren – so bekommt man einen guten ersten Eindruck.

Die meisten Besucher denken beim Stichwort »Hamburg« aber zunächst an Hafen, Reeperbahn, Michel, Fischmarkt und nicht zuletzt natürlich Musical. Und so sieht dann auch das klassische Hamburg-Programm für Wochenend-Besucher aus: der Blick vom Turm der Michaeliskirche, ein Bummel über die Landungsbrücken mit anschließender Hafenrundfahrt, die Erkundung der Museumsschiffe »Rickmer Rickmers« und »Cap San Diego«, ein Spaziergang durch den alten Elbtunnel, ein Musicalbesuch oder ein abendlich-nächtlicher Zug durch Kneipen, Clubs und Revuen von St. Pauli – und nach durchfeierten Nachtstunden schließlich der erste Morgenkaffee auf dem Fischmarkt.

Wer aber länger oder öfter in der Hansestadt weilt, kann von Glück sagen. Denn dann ist genügend Zeit, Hamburgs vielfältiges Freizeit- und Kulturangebot zu nutzen: die zahlreichen Museen und Ausstellungshallen zu besuchen, sich die traditionsreichen, renommierten Bühnen und die schrillen kleinen Shows anzusehen, durch die historische Deichstraße und die

An Bord
Die Museumsschiffe lassen vergangene Seefahrertage wieder lebendig werden.

denkmalgeschützte Speicherstadt mit ihren faszinierenden Backsteinbauten zu spazieren. Man kann einzelne Stadtviertel wie das angesagte Schanzenviertel, das quirlige Ottensen, das elegante Eppendorf oder das hochherrschaftliche Harvestehude näher kennen lernen, sich beim Spaziergang am Elbufer den Wind um die Nase wehen lassen, das alte Lotsendorf Övelgönne und das malerische Treppenviertel in Blankenese erkunden oder gar einen Ausflug zur Kirschblüte im Alten Land südlich der Elbe unternehmen. Wer Hamburg lieber von der Wasser- als von der Landseite entdecken möchte, schippert mit dem Dampfer über die Alster und durch ihre Kanäle – oder man geht selbst segeln, rudern, paddeln oder Tretboot fahren. Und wenn bei alldem auch noch das berüchtigte Wetter der Stadt mitspielt, ist Hamburg ganz und gar das viel gepriesene »Hoch im Norden«.

Fakten

In Hamburg leben angeblich die meisten Millionäre Europas. Das ist nicht weiter verwunderlich, denn neben dem traditionellen Geschäft mit Handel und Hafen wird in der Stadt auch viel Geld in der Medienwirtschaft oder im Flugzeugbau verdient.

Bevölkerung · Politik · Wirtschaft

Teure Großstadt

Hamburg zählt heute fast 1,8 Mio. Einwohner. Dass es zu einer bedeutenden Großstadt wurde, ist zu einem beträchtlichen Teil durch Zuwanderung bewirkt worden. Im 16. Jh. kamen viele Glaubensflüchtlinge aus den Niederlanden, Spanien und Portugal – von dort insbesondere zahlreiche Juden –, im 19. Jh. zog es viele Menschen aus ländlichen Gebieten in Holstein, Mecklenburg und Niedersachsen in die anwachsende Großstadt. Die höchste Einwohnerzahl gab es in den 1960er-Jahren, als Hamburg sich der Zwei-Millionen-Grenze näherte, 1986 dagegen zählte man, bedingt durch den Wegzug ins Umland, nur 1 571 000 Einwohner. Die neuerliche Zunahme seit 1987 ist dagegen im Wesentlichen auf den Zuzug von Aus- und Umsiedlern aus östlichen Bundesländern bzw. osteuropäischen Ländern zurückzuführen. Gemäß fachjournalistischen Umfragen soll Hamburg in der Rangfolge der weltweit teuersten Großstädte die 23. Stelle einnehmen und knapp 10 % der rund 400 wohlhabendsten Deutschen beherbergen.

Bevölkerungsentwicklung

Gedränge beim Einkaufsbummel in der Spitalerstraße

Nach der hamburgischen Verfassung von 1952 gibt es in der Hansestadt die **Bürgerschaft** als Landesparlament und den **Senat** als Landesregierung. Die Bürgerschaft besteht aus 120 gewählten Abgeordneten. Diese wiederum wählen zehn bis 15 Senatoren in die Landesregierung. Sie bestimmen aus ihrer Mitte den ersten Bürgermeister, der zugleich Chef der Landesregierung ist. Die Bezirksämter setzen die von Bürgerschaft und Senat beschlossene Politik in den Bezirken um. Einem Bezirksamt steht jeweils ein Bezirksamtsleiter vor. Seiner Ernennung muss die kommunale Bezirksversammlung zustimmen.

Verwaltung

← *Der Hafen und die damit verbundenen Industrien sind immer noch wichtige Wirtschaftsfaktoren.*

Hamburg *Verwaltungsgliederung*

In Hamburg wird **sowohl Landes- als auch Kommunalpolitik** gemacht. Bürgerschaft, Senat und Bezirksämter sind laut Verfassung für die Landespolitik zuständig, die Bezirksämter und Bezirksversammlung für Kommunales. Die Bezirksamtsleiter stellen sozusagen die Schnittstelle zwischen beidem dar, wobei die Bezirke verhältnismäßig viel Einfluss auf politische Entscheidungen nehmen.

Das gesamte Stadtgebiet ist in sieben **Bezirke** eingeteilt: Hamburg-Mitte, Altona, Eimsbüttel, Hamburg-Nord, Wandsbek, Bergedorf und Harburg. Die meisten haben weit über 200 000 Einwohner, Wandsbek sogar knapp 400 000, Bergedorf nur 100 000. Die Bezirke sind ihrerseits nochmals in insgesamt 105 Hamburger Stadtteile unterteilt. In jedem Bezirk gibt es mehrere Ortsämter, die für die Belange der Bürger zuständig sind.

Wirtschaft

Hafen Traditionell ist Hamburg Hafen- und Handelsstadt. Der größte deutsche Seehafen und die Hafenindustrien waren lange herausragende

Zahlen und Fakten Hamburg

© Baedeker

Hamburg

Lage
► 53° 33' nördliche Breite
9° 58' östl. Länge

Fläche
► 755 km², davon 60 km² Wasserfläche
► Zweitgrößte Stadt Deutschlands
► Auch die Nordseeinseln Neuwerk und Scharhörn gehören zu Hamburg.
► Größte Ausdehnung: 40 km
► Länge der Landesgrenze: 200 km

Religion
► Evangelisch: 50 %
► Katholisch: 7,5 %
► Muslimisch: 3,9 %

Staat
► Die Freie und Hansestadt Hamburg ist Stadtstaat, Bundesland und zugleich Hauptstadt des Bundeslandes Hamburg.

Bevölkerung
► knapp 1,8 Mio., davon 51,7 % Frauen und 48,3 % Männer
► Ausländeranteil: 15,4 %
► Single-Haushalte: ca. 46 %
► Im Umkreis von 40 km um Hamburg leben weitere 1,63 Mio. Menschen.

Städtepartnerschaften
► Chicago, Dresden, León, Marseille, Osaka, Prag, Shanghai, St. Petersburg

Elbe
► 1165 km Gesamtlänge
► Gezeitenbedingte Wasserstandsveränderung im Stadtgebiet: 3,6 m
► 75 Fischarten
► Unterhalb des Hamburger Hafens beginnt der 100 km lange Mündungstrichter, der sich von hier 500 m Breite auf 5 km bei Cuxhaven weitet.

Wirtschaftsfaktoren. Mitte der 1970er-Jahre wurde erstmals deutlich, dass dem Schiffsbau durch die zunehmende Konkurrenz aus dem südostasiatischen Raum massive Einbrüche drohten.
1983 ergriff Bürgermeister Klaus von Dohnanyi die Initiative zur wirtschaftspolitischen Neuausrichtung. Seitdem wird der Containerbetrieb im Hafen ausgebaut, um Hamburg als »schnellen« Hafen ohne hohe Liegegebühren attraktiv zu machen. 2009 gab es vier Containerterminals, ein fünfter ist in Planung. 2008 lag der Gesamtumschlag im Containerbetrieb bei 9,7 Mio. TEU (20-Fuß-Standardcontainer). Durch die Wirtschaftskrise brach die Abfertigung 2009 auf 7 Mio. Container ein. 2010 konnte an den Aufwärtstrend von vor 2008 angeknüpft werden. ◄ Weiter auf S. 22

WERFTEN, DOCKS UND HAFENINDUSTRIE

Auf einer Gesamtfläche von 72 km² ist eine imponierende Hafenlandschaft entstanden, wie es sie nur an wenigen Plätzen der Erde gibt. Insgesamt bietet der Hamburger Hafen 167 000 direkte und indirekte Arbeitsplätze: Terminals für den Güterumschlag, Lagerhäuser, Dienstleister jeglicher Art, Güterbahnhöfe und eine große Zahl von Industriebetrieben, darunter Schiffswerften, Mineralölraffinerien, die größte Kupferhütte des europäischen Kontinents oder die Stahl- und Aluminiumwerke. Die Betriebe profitieren davon, dass ihnen Seeschiffe die Rohstoffe bis vor die Werkhallen transportieren. Nebenstehend ist ein Schwimmdock zu sehen, das für die Reparatur der Ozeanriesen eingesetzt wird. Das Dock 11 der Werft Blohm + Voss ist übrigens Europas größtes Schwimmdock und das zweitgrößte der Welt.

Hamburger Hafen in Zahlen:

Schiffbewegungen

Pro Jahr laufen rund 12 000 Seeschiffe aus über 90 Staaten den Hafen an; etwa jedes zweite Schiff verkehrt im regelmäßigen Liniendienst.

Ausdehnung

72 km² (10 % des Bundeslandes Hamburg)
64 km² Nutzfläche (davon 34 km² Landfläche und 30 km² Wasserfläche)
8 km² Hafenerweiterungsgebiet
16 km² Freihafengelände

Infrastruktur

38 km Kaimauern mit 320 Liegeplätzen für Seeschiffe
133 Straßen- und Eisenbahnbrücken
132 km öffentliche Fahrstraßen
304 km Hafenbahngleise

Güterumschlag

140,4 Mio. t Jahresgesamtumschlag, davon
97,9 Mio. t Stückgut (95,2% als Container)
20,3 Mio. t Greifergut
15,6 Mio. t Flüssiggut
6,5 Mio. t Sauggut

Hafenschiffahrt

865 zugelassene Hafenfahrzeuge
38 Seeschiffsassistenzschlepper
75 Hafenlotsen und ca. 250 Elblotsen
Radarkette mit 11 Stationen
Mittlere Fahrwassertiefe: 15,3 m
Tidehub: 3,6 m

Seezufahrt

56 sm (104 km) Unterelbe bis Cuxhaven
Zulässige Schiffstiefgänge: einkommend bei Flut
15,1 m; ein- und ausgehend tideunabhängig
12,8 m; auslaufend tideabhängig 13,8 m

Prachtstück: der Luxusliner »Radiance of the Sea« im Dock der Werft Blohm + Voss

Mensch gegen Technik. Dieser defekte Schiffspropeller ist 3,5 Tonnen schwer.

Ein Arbeiter sorgt dafür, dass ein Luxusliner im schönsten Weiß erstrahlt.

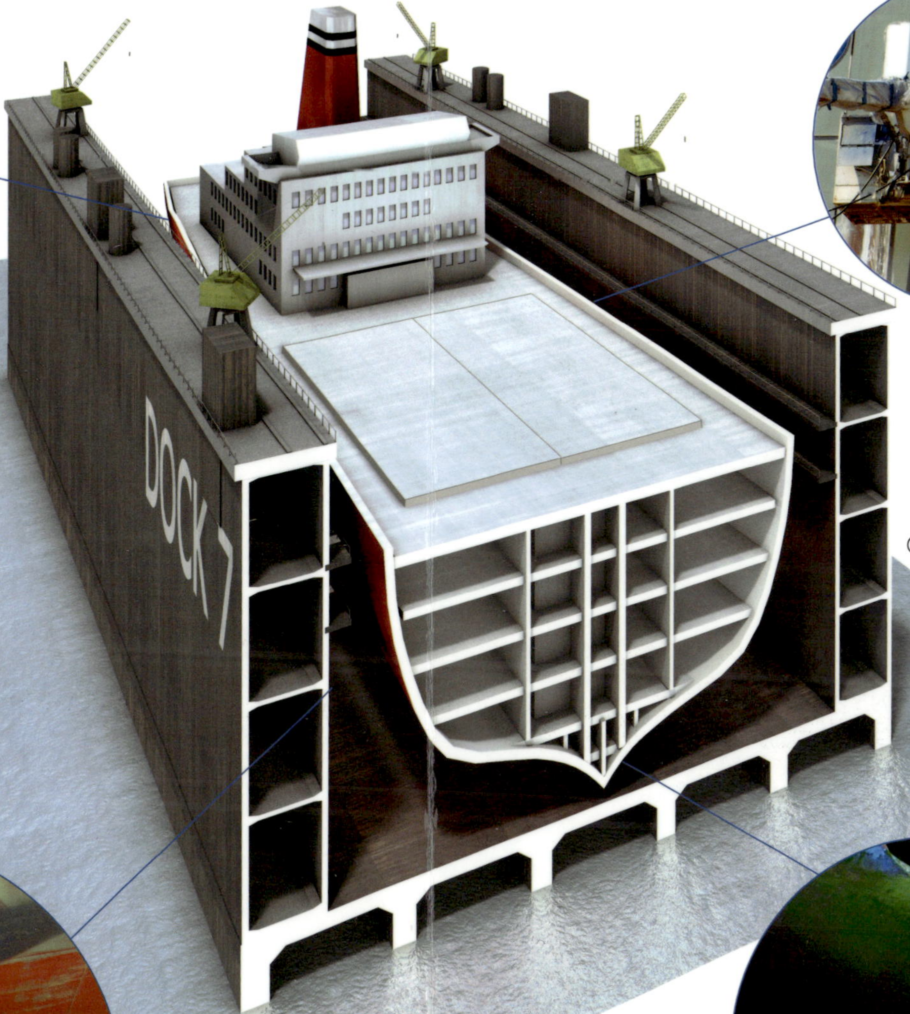

Hier hilft die Technik: Mittels Hochdruckwasser macht sich das ferngesteuerte Universalwaschgerät HDU II, genannt »Dock-Boy«, an das Reinigen und Entlacken der Schiffsrümpfe.

DOCK 7

© Baedeker

Auch die Meeresflora setzt den Schiffen zu. Diese Bugnase ist komplett mit Algen überzogen.

Vom Hafen unabhängige Industrie

Auch Industrien, die vom Hafen unabhängig sind, werden stark gefördert. Im Zuge dieser Neuorientierung hat sich die Hansestadt zu einer führenden Dienstleistungs-, Technologie- und Logistikmetropole entwickelt. Heute spielen das Börsengeschäft, Geldinstitute, Versicherungswesen, Schiffsreederei und Spedition – hier wiederum der Containerumschlag, der sich seit 1985 vervierfacht hat –, der Groß- und der Einzelhandel eine wichtige Rolle. Bedeutend sind aber vor allem die Medienwirtschaft und unternehmensorientierte Dienstleistungen. Hamburgs Wirtschaft geht es seither verhältnismäßig gut, was u. a. auch damit zusammenhängt, dass osteuropäische Märkte wieder zur Verfügung stehen. Zur Aufwertung als Wirtschaftsstandort tragen auch die politischen und ökonomischen Veränderungen innerhalb der Europäischen Union, wie der Beitritt Schwedens und Finnlands, bei. Von der internationalen Ausstrahlung des Hamburger Wirtschaftslebens zeugt zudem der Umstand, dass die Hansemetropole mit etwa 100 Konsulaten weltweit nach New York und Hongkong die Stadt mit den meisten Auslandsvertretungen ist.

Handel, Banken, Versicherungen

Hamburg ist Deutschlands größter Außenhandels- und Transitplatz und gilt auch heute noch als deutsches »Tor zur Welt«. 60 % des Handels werden mit europäischen und 40 % mit außereuropäischen Ländern abgewickelt. Der wichtigste Kontinent für den Außenhandel ist nach Europa Asien – vor allem die Opec-Länder und der Ferne Osten. Die schon 1665 gegründete Hamburger Handelskammer vertritt heute über 100 000 Gewerbebetriebe.
Bereits 1619 ist in Hamburg die erste deutsche Girobank entstanden. Das Aufblühen des Überseehandels im 19. Jh. führte zur Gründung von Handelsbanken und zur Niederlassung zahlreicher ausländischer Geldinstitute. Von den 161 in Hamburg vertretenen Kreditinstituten sind 56 Auslandsbanken. Die Hamburger Sparkasse ist die größte ihrer Art in Deutschland.
Hamburg zählt zu den ältesten Börsenplätzen der Erde: Seit 1558 gibt es hier eine Börse. Außerdem ist die Hansestadt der größte Markt für Schiffs- und Warenversicherungen in Deutschland, bereits um 1590 gab es erste Gebäude- und Seeversicherungskontrakte.

Großmärkte

Vier Großmärkte versorgen den Großraum Hamburg und ein weites Einzugsgebiet zwischen der dänischen und der niederländischen Grenze: das Vieh- und Fleischzentrum, das Europas größten Fleischmarkt darstellt, der Obst- und Gemüsemarkt in Europas größter Markthalle, der Blumengroßmarkt, der der größte in Deutschland ist, und der Fischmarkt in Altona, der einer der größten Umschlagplätze für Fisch, Fischerzeugnisse und v. a. Frostfischimporte ist, außerdem der größte für Hummer, Langusten, Krebse, Austern, Muscheln, Aal und Lachs in Europa. Erwähnung verdient zudem der Anbau von Obst, Gemüse, Blumen und Zierpflanzen, der hauptsächlich in Vierlanden angesiedelt ist.

In der Produktionshalle in Finkenwerder wird ein A 380 lackiert.

Hamburg ist nach Produktionswert und Zahl der Beschäftigten die **Industrie** zweitgrößte Industriestadt in Deutschland.

Mit der Lufthansa Technik und der Airbus Deutschland GmbH ist Hamburg in Deutschland das größte Zentrum für zivile **Luftfahrtindustrie** und nach Toulouse das zweitgrößte in Europa. Hamburg beteiligt sich am Bau der Airbusmodelle A 318, A 321 und A 319, und mit der Beteiligung an der Produktion des doppelstöckigen A 380 wird Hamburg als Standort der Luftfahrtindustrie weiter gestärkt (▶ Finkenwerder). Neben dem Flugzeugbau ist auch der Hamburger Flughafen ein wichtiger Wirtschaftsfaktor. Gemessen am Flugpassagieraufkommen nimmt er den fünften Rang unter den deutschen Flughäfen ein. Auf dem Flughafengelände befindet sich zudem die Flugzeugwerft mit der Technischen Basis der Deutschen Lufthansa, wo die Maschinen des Unternehmens gewartet werden.

Insgesamt rund 10 000 Beschäftigte gibt es im **Schiffbau** und in den ca. 80 Unternehmen der **maritimen Industrie**, die Navigationstechnik, Anlagenbau, Stahl- und Metallbau sowie Elektronik umfasst. Zu den bekanntesten Unternehmen gehören ABB, STN, Siemens, ROM. Die Bedeutung des Schiffbaus ist insgesamt zurückgegangen, etwa 2900 Mitarbeiter sind im Jahr durchschnittlich auf Hamburger Werften beschäftigt. Die größten Werften sind Blohm + Voss und die Sietas Werft.

◀ weiter auf S. 27

*Kluge Köpfe bei der »Zeit«:
Alt-Bundeskanzler Helmut
Schmidt und die verstorbene
Marion Gräfin Dönhoff*

MEDIENMETROPOLE

Weltweit bekannte Journalisten, traditionsreiche Verlage, innovative Agenturen und kreative Werber – die Medienwirtschaft ist der viertgrößte Arbeitgeber in der Hansestadt und zählt mehr Beschäftigte als in Berlin, München oder Köln.

Springer, Augstein, Nannen

Am wichtigsten ist bis heute die Presse. Namen wie Rudolf Augstein, Henri Nannen oder Axel Springer gelten weltweit als Markenzeichen für deutschen Journalismus. Rund 40 Zeitungs- und 200 Zeitschriftenverlage verlegen mehr als die Hälfte aller in Deutschland verkauften Zeitungen und Zeitschriften. Der Axel-Springer-Verlag wurde 1946 von dem legendären Unternehmer Axel Springer gegründet, heute zählt er weltweit etwa 10 000 Mitarbeiter. Das bekannteste Produkt des Hauses, die »Bild«-Zeitung, erschien jahrzehntelang in Hamburg, wird jetzt aber in Berlin verlegt. 1948 erschien zum ersten Mal der »Stern«, damals noch im Verlag Henri Nannen. Heute wird das meistgelesene Magazin Deutschlands von Gruner + Jahr herausgegeben. Dem Unternehmen gelang es im Jahr 2000 zudem, eine neue, überregionale Tageszeitung einzuführen, die »Financial Times Deutschland«. »Der Spiegel«, Rudolf Augsteins 1946 gegründete Speerspitze des kritischen Journalismus, ist seit 1952 an der Elbe ansässig. Aus Hamburg stammt auch Deutschlands größte und bekannteste Wochenzeitung, »Die Zeit«. Mit »TV Spielfilm« oder »Fit for fun« startete die Verlagsgruppe Milchstraße in den 1990er-Jahren durch, jetzt gehört sie zum Burda-Verlag.

Einfach sympathisch: Das Großstadtrevier

Harry und Pippi

Ca. 200 Buchverlage zählt man in der Hansestadt – darunter Hoffmann und Campe oder Ellert & Richter. In Reinbek sitzt ein so bekannter Verlag wie Rowohlt. Und mit dem Oetinger Verlag, der »Pippi Langstrumpf« in Deutschland populär machte, und dem Carlsen-Verlag, sitzen zwei große Kinderbuchverlage in Hamburg. 1953 wurde letzterer von dem Dänen Per Carlsen gegründet, um die damals beliebten Petzi-Bücher auf dem deutschen Markt herauszubringen. 1997 startete der Verlag »Harry Potter« mit einer Erstauflage von 500 Stück; mittlerweile wurden ca. 30 Mio. deutschsprachige Potter-Bände verkauft und haben ihn zur Nr. 1 der deutschen Kinderbuchverlage gemacht.

Filmstadt

Als Film- und Fernsehstandort musste Hamburg in den 1990ern erhebliche Einbußen verzeichnen, als große Sender wie Sat1 und Premiere die Stadt verließen. Nichtsdestotrotz sind noch mehr als 1000 Hamburger Unternehmen in der Film- und Fernsehbranche tätig.

Der NDR, die zweitgrößte ARD-Fernsehanstalt, sendet seit 1956 die »Tagesschau« ins heimische Wohnzimmer. Als einer von vielen unabhängigen Dienstleistern produziert das Studio Hamburg bekannte Serien wie »Großstadtrevier«, »Traumschiff«, »Tatort« oder die »Sesamstraße«. Dass Hamburg sich als Filmstadt behaupten kann, ist auch ein Verdienst der Filmförderung Hamburg, die außergewöhnliche Filmproduktionen unterstützt. Hier gelang 2004 ein großer Erfolg, als Fatih Akin mit seinem Film »Gegen die Wand« den Goldenen Berlinale-Bär nach Hamburg holte. Ein eigenes Locationbüro sorgt dafür, dass die Stadt Schauplatz für weit mehr als 100 Kino- und TV-Filme jährlich ist. Die Werbefilmproduktion

Imposante Architektur – das Verlagshaus von Gruner + Jahr

liegt in Deutschland bei wenigen, hochspezialisierten Unternehmen, von denen nahezu die Hälfte in und um Hamburg ansässig ist.

Hörfunk, Musik

Der Hamburger Hörfunkmarkt zählt mit über 30 Programmen neben Berlin zu den größten Radiostandorten Deutschlands. Hunderte Musikverlage und Tonstudios sorgen dafür, dass die Musikwirtschaft in Hamburg floriert. Zwar ist Marktführer Universal Music nach Berlin gegangen, aber mehrere der großen internationalen Plattenfirmen haben ihre Büros in der Hansestadt. Und daneben gibt es eine ständig wachsende Zahl von Independent-Labels.

Multimedia

Den größten Anteil an Hamburgs Medienwirtschaft hat immer noch die Werbebranche mit mehr als 6000 Firmen. Dazu zählen neben Werbe-auch PR- und Multimedia-Agenturen. Mit Jung von Matt, Scholz & Friends, Springer & Jacobi und Kolle Rebbe sitzen Deutschlands kreativste Werber an der Elbe.

Hamburg ist außerdem einer der beliebtesten Standorte für Neue Medien. Rund 18 000 Beschäftigte arbeiten in 1000 Unternehmen der Branche. Dazu gehören kleine Start-ups genauso wie die Internetriesen Google und AOL, die ihre Geschäftsstellen in Hamburg haben. IBM sitzt mit seinem E-Business-Innovation-Center in der wachsenden HafenCity.

Die Krise der New Economy erfasste seinerzeit auch Hamburg. Pleiten, wie die des einstigen Vorzeigeunternehmens Kabel New Media AG, grassierten. Für die neuen Jobs der Dot-Com-Arbeiter wurden auch die klassischen Medien wieder in Betracht gezogen. Und da bietet sich in einer Stadt wie Hamburg bekanntlich ein breites Tätigkeitsfeld.

Als Hafenstadt ist Hamburg ein günstiger Standort für die Nahrungsmittelindustrie. Der Hafen ist der größte deutsche Umschlagplatz für Rohkaffee, Rohkakao, Tee, Gewürze, Zucker und Tabak. Wichtige Unternehmen der **Nahrungs- und Genussmittelindustrie** haben in Hamburg ihren Sitz, u. a. Unilever (Lebensmittel, Sitz der deutschsprachigen Länder) sowie Reemtsma und BAT (British American Tobacco) mit Zigaretten.

Hamburgs **chemische Industrie** produziert überwiegend für den Endverbraucher. Herausragend sind die Sparten Kosmetik, Medizin und Pharmazie. Eines der größten Unternehmen ist die Beiersdorf AG (u. a. Nivea und Hansaplast).

Ölmühlen und die **Getreide- und Futtermittelwirtschaft** gehören zu den traditionellen Seehafenindustrien. Mehr als 1500 Menschen sind in diesem Industriezweig beschäftigt. Ölmühlen liefern Vorprodukte für die Lebensmittelindustrie, insbesondere bei der Herstellung von Margarine spielen sie eine Rolle.

Bahn- und Güterverkehr

Anfang 1991 hat die Deutsche Bahn im Nordwesten von Hamburg das ICE-Werk in Eidelstedt zur Wartung der ICE-Züge in Betrieb genommen. Innerhalb von nur einer Stunde erfolgt hier neben der technischen Wartung auch die Reinigung sowie die gesamte Ent- und Versorgung.

Der Güterbahnhof »Alte Süderelbe« unweit der A 7 ist nach umfangreicher Modernisierung der zentrale Rangierbahnhof für die über 650 km langen Gleise der Hafenbahn.

Tourismus

In den letzten Jahren hat sich die Zahl der Hamburg-Besucher kontinuierlich erhöht. Derzeit werden pro Jahr rund 8,3 Mio. Übernachtungen in den Hotels und Pensionen der Hansestadt gezählt – Hamburg liegt damit hinter Berlin und München an dritter Stelle in Deutschland. Rund 1 Mio. Touristen kommen aus dem Ausland, allen voran Briten, US-Amerikaner, Schweizer und Schweden. Zur Unterbringung der Gäste stehen insgesamt 30 000 Betten in rund 250 Hotels, Pensionen etc. zur Verfügung.

Messen, Ausstellungen, Kongresse

Mit seinem zentral gelegenen Messegelände, auf dem es insgesamt zwölf Hallen und fünf Foyers gibt, und mit dem Congress Centrum Hamburg (CCH) am Dammtor gehört die Hansestadt zu den bevorzugten deutschen Kongress-, Ausstellungs- und Messeplätzen. Rund 10 000 Aussteller und etwa 1 Mio. Besucher aus der ganzen Welt kommen jedes Jahr auf das Messegelände.

Universitätsstandort

In Hamburg gibt es drei Universitäten, mehrere Hochschulen und eine Vielzahl von Forschungsstätten. Die wichtigste ist die 1919 gegründete Universität Hamburg, die rings um den Von-Melle-Park angesiedelt ist. Knapp 40 000 Studierende studieren hier an 18 Fachbereichen. Sie ist damit die fünftgrößte deutsche Hochschule.

Stadtgeschichte

Hamburgs Geschichte ist vor allem auch die eines selbstbewussten Bürgertums. Dieses hat immer um die Unabhängigkeit seiner Stadt gerungen und diese selbst nach schwersten Zerstörungen, wie durch den Großen Brand 1842 oder den Zweiten Weltkrieg, mit großem Einsatz wieder aufgebaut.

Zeit der Bischöfe

4. Jh.	Sächsische Stämme besiedeln die Gegend.
808–835	Bau der Hammaburg durch die Franken
832	Ansgar wird erster Bischof.
10. Jh.	Hamburg erhält Marktrecht.
um 1050	800–900 Menschen leben in Hamburg.

Nördlich von Hamburg machte man Überreste eines Lagers von nomadisierenden Rentierjägern ausfindig: Flintspitzen und Hornharpunen stammen aus der jüngeren Altsteinzeit zwischen 11 000 und 8000 v. Chr. Spuren einer ersten festen Besiedlung lassen sich für das 4. Jh. v. Chr. nachweisen. **Vor- und Frühgeschichte**
Vom 4. bis 6. Jh. n. Chr. ist der nordelbische Raum weitgehend von **sächsischen Stämmen** bevölkert, die auch im Bereich der heutigen Hamburger Altstadt siedelten.

Zu Beginn des 9. Jh.s unterwerfen die Franken unter Karl dem Großen mit der Unterstützung von slawischen Obotriten die Sachsen und dringen nach Norden vor. An noch nicht lokalisierter Stelle in der Hamburger Altstadt legen die Franken zwischen 808 und 831 eine Burganlage an, die als Stützpunkt für die Missionierung des heidnischen Nordens dienen soll. Der Name der Befestigung ist 831 erstmals als **Hammaburg** dokumentiert. **9. Jahrhundert**
Im Jahre 831 stiftet Kaiser Ludwig der Fromme das Bistum Hamburg. Erster Bischof wird der Benediktinermönch und Missionar Ansgar (Anschar, der »Apostel des Nordens«). Doch 845 dringen dänische Wikinger in den Hamburger Raum vor, zerstören die Hammaburg mit der ersten Domkirche sowie die zugehörende Siedlung. Ansgar weicht daraufhin nach Bremen aus. 848 werden die Hamburger und die Bremer Kirche vereint und 864 von Papst Nikolaus I. zum Erzbistum erhoben.
Am Ende des 9./zu Beginn des 10. Jahrhunderts wird auf dem Domplatz ein mächtiger Ringwall mit vorgelagertem Graben errichtet, die sog. Domburg. Ihre Überreste wurden bei verschiedenen Ausgrabungskampagnen entdeckt.

Unter Erzbischof Adaldag (937–988) erlebt Hamburg eine Blütezeit. Die Siedlung, in der Handwerker und Händler ansässig geworden sind, wird ausgebaut, Markt und Hafen leben wieder auf. Zu dieser Zeit leben hier etwa 500 Menschen.

Erzbischof Ansgar

← *Die Bombenangriffe der »Operation Gomorrha« zwischen dem 25. Juli und dem 3. August 1943 machten aus Hamburg ein Trümmerfeld. Aus den Ruinen ragt die Nikolaikirche.*

Stadtkern Alsterverlauf

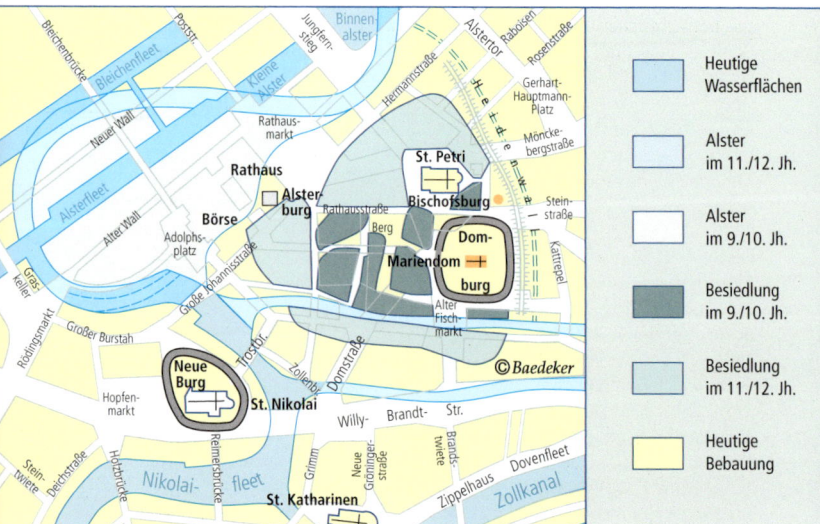

Legende:
- Heutige Wasserflächen
- Alster im 11./12. Jh.
- Alster im 9./10. Jh.
- Besiedlung im 9./10. Jh.
- Besiedlung im 11./12. Jh.
- Heutige Bebauung

© Baedeker

11. Jahrhundert Zwischen geistlicher und weltlicher Macht kommt es verstärkt zu Rivalitäten. Als Folge lässt sich Erzbischof Bezelin Alebrand gegen 1035 einen Wohnturm bauen (▶ Bischofsburg). Wenig später zieht der sächsische Billungerherzog Bernhard II. mit der Alsterburg außerhalb der Burgumwallung nach, und 1061 errichtet sein Sohn Ordulf die Neue Burg. Um 1050 zählt Hamburg 800 bis 900 Einwohner, etwa die Hälfte davon sind Geistliche. Handelsbeziehungen bis nach Island, Grönland und Finnland werden aufgenommen.

Ende des Erzbistums ▶ Nach Zerstörungen und Besetzungen durch die slawischen Obotriten in den Jahren 1066 und 1072 müssen die Erzbischöfe Hamburg endgültig verlassen und residieren fortan nur noch in Bremen.

Die Schaumburger Grafen

1111	Beginn der Lehnshoheit durch die Schaumburger Grafen
1189	Barbarossa-Freibrief
1216	Vereinigung der beiden Stadtteile
1321	Beitritt zum Hansebund
1459	Hamburg kommt unter dänische Oberhoheit.

12. Jahrhundert Graf Adolf I. von Schaumburg wird 1111 mit der Grafschaft Stormarn belehnt, zu der auch Hamburg gehört. Unter der Herrschaft

des Schaumburger Grafengeschlechts nimmt Hamburg in der Folgezeit beträchtlichen Aufschwung. Die Inseln Cremon und Grimm, die
Elbmarschen und die südwestlich vorgelagerten Elbinseln werden
eingedeicht und besiedelt. Neben der erzbischöflichen »Altstadt« entsteht im Bereich der Neuen Burg die von Adolf III. für Schiffer und
Kaufleute gegründete gräfliche »Neustadt«. Dieser Neustadt soll Kaiser Friedrich Barbarossa am 7. Mai 1189 neben anderen Privilegien
Zollfreiheit für Handel und Schifffahrt auf der Unterelbe und auf See
gewährt haben – in Ermangelung einer authentischen Urkunde wird
um 1265 der noch heute existierende und vermutlich inhaltlich ge-
fälschte »Barbarossa-Freibrief« ausgefertigt.

◀ Barbarossa-
Freibrief

Als Adolf III. am Dritten Kreuzzug teilnimmt, nutzen die Hamburger Bürger die Abwesenheit des Grafen, um sich von gräflicher
Bevormundung zu befreien. Die etwa 1500 Einwohner der beiden
Teile der Stadt wählen 1190 einen aristokratischen Rat. Um 1200
werden zwei Rathäuser errichtet.

Als Hamburg zu Beginn des 13. Jh.s für kurze Zeit unter dänische
Herrschaft gerät, schließen sich die beiden bisher existierenden Teile
der Stadt eng zusammen. Ab 1216 hat die vereinte Stadt nurmehr
einen Rat, ein Rathaus und ein Gericht mit eigener Rechtsprechung.
Unter der 1227 beginnenden Ära von Adolf IV. wird die Stadt beträchtlich vergrößert. Handel und Gewerbe beginnen aufzublühen –
vor allem aufgrund von Barbarossas Freibrief. Erste Kaufmanns-
gilden und auswärtige Handelshäuser werden gegründet. Ab 1240
legt man eine neue Befestigungslinie an, die fast das gesamte Gebiet
der heutigen Altstadt umschließt. Am 5. August 1284 sucht eine verheerende Brandkatastrophe die Stadt und ihre damals etwa 5000 Einwohner heim.

13. Jahrhundert

Durch den Beitritt zum mächtigen Kaufmanns- und späteren Han-
delsstädtebund der **Hanse** (von althochdeutsch »hansa« = Gemeinschaft) im Jahr 1321 erreicht die Entwicklung Hamburgs einen
Höhepunkt: Als Nordseehafen für das durch den Salzhandel mächtige Lübeck wird Hamburg zum wichtigen Umschlagplatz im Verkehr
zu den Ländern im Westen und für das Binnenland an der Elbe.
Gegen Ende des 14. Jh.s werden die Raubzüge der zunächst im Ostseeraum aktiven **»Vitalienbrüder«** mit ihren sozial gesinnten Anfüh-
rern Klaus Störtebeker (▶ Berühmte Persönlichkeiten) und Godeke
Michels auch für den Hamburger Handel existenzbedrohend. Die
Hansestadt geht mit einer eigenen Kriegsflotte gegen die Seeräuber
in der Deutschen Bucht in der Nordsee vor. Beide Anführer werden
gefangen genommen und enthauptet.

14. Jahrhundert

Durch Erwerb oder die Einnahme zahlreicher umliegender Ortschaf-
ten vergrößert sich das Hamburger Stadtgebiet beträchtlich, sodass
es bereits um 1420 jene Ausdehnung erreicht, die es vor dem Inkraft-
treten des Groß-Hamburg-Gesetzes von 1937 hat.

15. Jahrhundert

Schiffsexplosion bei Neumühlen im Jahr 1622. Aus dieser Zeit stammt auch das Wittenbergener Wrack, das im Museum für Hamburgische Geschichte zu sehen ist.

1459 erlischt mit dem Tod Adolfs VIII. die Hauptlinie des Schaumburger Grafengeschlechts. Sein Neffe, der dänische König Christian I., wird vom Adel zum Landesherrn von Schleswig und Holstein gewählt. Das dazugehörige Hamburg kommt mit ca. 15 000 Einwohnern erneut unter dänische Oberhoheit.

Kampf um Unabhängigkeit

1510	Hamburg wird Freie Reichsstadt.
1607	Erstmals leiten Lotsen Schiffe auf der Elbe.
1712	Eine neue Verfassung macht Bürgerschaft und Rat gleichberechtigt.
1768	Gottorper Vergleich

16. Jahrhundert Obwohl Hamburg unter dänischer Oberhoheit steht, erhebt Kaiser Maximilian I. die Stadt auf dem Augsburger Reichstag von 1510 in den Rang einer **freien Reichsstadt**. Damit untersteht sie unmittelbar dem Kaiser, wodurch sie Dänemark gegenüber selbstbewusster wird. Durch Martin Luthers Freund Johannes Bugenhagen (1485–1558) **Reformation ▶** erhält Hamburg 1529 seine erste evangelische Kirchenordnung. Als Folge der Religionskriege in Europa flüchten zahlreiche Menschen nach Hamburg, darunter lutherische und kalvinistische Holländer,

aber auch zahlreiche, meist begüterte Juden aus Portugal, Spanien und Teilen Deutschlands. Dadurch erfährt Hamburg auf kulturellem und wirtschaftlichem Gebiet eine intensive Belebung.
Nach dem Zerfall der Hanse gegen Ende des 15. Jh.s verlagern sich Hamburgs Handelsinteressen aus dem Ostsee- und Mittelmeerraum zunehmend in Richtung Atlantik. Durch die Regulierung der Norderelbe wird gleichzeitig aus der Alsterstadt eine Elbstadt mit leichtem Zugang zur Nordsee. Ab 1607 leiten Lotsen die Schiffe.

Als bedeutender europäischer Handelsplatz wird die Stadt zwischen **17. Jahrhundert**
1615 und 1626 gänzlich neu befestigt. Mit den neuen Wallanlagen, die die Binnenalster und die Neustadt einschließen, sollen die Unabhängigkeit gewahrt und Angriffe während des Dreißigjährigen Kriegs abgewehrt werden.

Hamburg und Dänemark geraten immer wieder aneinander. Der dänische König Christian IV. versucht 1617 mit der Gründung von Glückstadt am Elbeufer die Elbschifffahrt in Konkurrenz zu Hamburg zu kontrollieren. Nachdem dies erfolglos bleibt, erhebt sein Nachfolger Friedrich III. 1664 Altona zur Stadt und macht es zum ersten Freihafen Nordeuropas. 1686 steht Christian V. mit seinem Heer vor den Toren der Stadt, kann jedoch erfolgreich zurückgedrängt werden.

Das 17. Jh. war noch geprägt von Kompetenzstreitigkeiten zwischen dem Rat und der durch die blühende Wirtschaft gestärkten Bürgerschaft. 1712 erhält die Stadt dann durch kaiserliche Vermittlung

Stadtansicht um 1750

eine neue Verfassung, durch die beide gleichberechtigt werden.
Nachdem die Auseinandersetzungen mit den Dänen nicht aufhören, wird 1768 schließlich zwischen Hamburg und dem Haus Holstein der so genannte **Gottorper Vergleich** geschlossen: Hamburg verzichtet auf die Rückzahlung von dänischen Anleihen und wird im Gegenzug von den Dänen als »Kaiserlich Freye Reichsstadt« anerkannt. Außerdem erhält Hamburg die für seinen Hafenausbau wichtigen Elbinseln zwischen Billwerder und Finkenwerder. Hamburg beginnt jetzt, eigenständig **Überseehandel** zu betreiben, was bis zu diesem Zeitpunkt allein den Kolonialmächten vorbehalten war. Infolge der Französischen Revolution flüchten ab 1789 zahlreiche Franzosen in die Stadt, die nun etwa 130 000 Einwohner zählt.

Mächtige Handelsstadt

1806	Die Freie Hansestadt erlangt volle Souveränität.
1816	Ankunft des ersten Dampfschiffs
1842	Großer Brand
1888	Einrichtung des Freihafens
1897	Eröffnung des neuen Rathauses

19. Jahrhundert   Mit dem Ende des alten Deutschen Reiches erlangt Hamburg im Jahr 1806 seine volle Souveränität und nennt sich nunmehr »**Freie Hansestadt**«. Wenige Monate später rücken französische Truppen in Hamburg ein. Die durch **Napoleon** verhängte Kontinentalsperre, die den Verkehr mit Großbritannien unterbindet, trifft die Handelsstadt hart. Von 1810 bis 1814 wird Hamburg dem napoleonischen Kaiserreich einverleibt und erleidet während der Besatzungszeit einen verheerenden Niedergang. Die Einwohnerzahl geht auf etwa 100 000 zurück.

Der Wiener Kongress (1815) garantiert die Souveränität Hamburgs, das nun dem Deutschen Bund beitritt. Ab 1819 nennt sich Hamburg »Freie und Hansestadt«. In den folgenden Jahrzehnten sind die Hamburger tatkräftig mit dem Wiederaufbau beschäftigt. Die Befestigungen werden abgetragen und zu öffentlichen Parkanlagen umgestaltet. 1841 wird die neue Börse eröffnet. Der **Große Brand** (▶ Baedeker Special, S. 165) von 1842 unterbricht die fortschreitende Entwicklung nur kurzfristig: Den wirtschaftlichen Aufstieg begünstigen der Bau der ersten Eisenbahnlinien sowie das Aufkommen der **Dampfschifffahrt**. Schon 1816 ist das erste Dampfschiff aus England nach Hamburg gekommen. 1847 wird die Hamburg-Amerikanische Packetfahrt-Actien-Gesellschaft HAPAG gegründet. Hamburg wird nun auch zu einem Schwerpunkt der deutschen Industrie, seine Dampfschiffe befahren die Weltmeere.

1842: Hamburg brennt.

1871 wird Hamburg Stadt im neuen Deutschen Reich. Auf Druck Preußens schließt es sich 1888 dem Deutschen Zollverein an. Um weiterhin eine zollfreie Handelszone zu behalten, wird im gleichen Jahr der **Freihafen** eröffnet. Durch immer neue Erweiterungen wird Hamburg zum größten Hafen des Deutschen Reiches. Der Schwung der Gründerjahre erfasst auch die Hansestadt, Schiffbau und Industrie wachsen an. Einen schmerzlichen Rückschlag verursacht eine

Der Hamburger Hafen im Jahr 1904

Cholera-Epidemie, die im Sommer 1892 über 8600 Menschen das Leben kostet. Doch schon 1897 wird das neue Rathaus als stolzes Zeugnis hanseatischen Selbstbewusstseins feierlich eingeweiht.

Kriegsjahre

1919	Erstes demokratisch gewähltes Parlament
1937	Erweiterung der Stadt durch das Groß-Hamburg-Gesetz
Juli 1943	Verheerende Zerstörungen nach schwerem Luftangriff
1949	Hamburg wird eigenständiges deutsches Bundesland.

1912 steht Hamburg mit seinem seewärtigen Güterumschlag nach London und New York an dritter Stelle der größten Welthäfen.Im **Ersten Weltkrieg** kommen 40 000 Hamburger um. Einen schweren wirtschaftlichen Schlag erleidet die Stadt durch die im Versailler Vertrag geforderte Ablieferung fast der gesamten Handelsflotte.

Anfang 20. Jahrhundert

Am 24. März 1919 eröffnet die Frauenrechtlerin Helene Lange (►Berühmte Persönlichkeiten) das erste demokratisch gewählte Parlament Hamburgs, die »Bürgerschaft«, in dem die SPD die absolute Mehrheit hat. 1921 wird eine neue parlamentarisch-demokratische Verfassung verkündet. Ende Oktober 1923 schlägt die Polizei einen von Ernst Thälmann (►Berühmte Persönlichkeiten) organisierten, kommunistischen Putschversuch nieder.

1933 kommen die Nationalsozialisten an die Macht. Sie nehmen der Stadt das »Freie« – sie heißt jetzt offiziell »Hansestadt Hamburg«. Die neuen Machthaber lösen die Hamburger Bürgerschaft auf und setzen einen Reichsstatthalter, den Gauleiter Karl Kaufmann, ein. Durch das **Groß-Hamburg-Gesetz** vom 1. April 1937 werden die

National-sozialisten

preußischen Nachbarstädte Altona, Wandsbek und Harburg-Wilhelmsburg sowie 28 Randgemeinden eingegliedert; Cuxhaven, Geesthacht und etliche kleinere Orte werden dagegen abgetrennt.

Am Abend des 9. November 1938 wütet auch in der Hansestadt, deren jüdische Gemeinde damals zu den größten in Deutschland zählt, das **Judenpogrom** der »Reichskristallnacht«.

Zweiter Weltkrieg

Im Zweiten Weltkrieg wird Hamburg zu großen Teilen zerstört. Der schwerste Luftangriff wird Ende Juli 1943 geflogen. Bei Kriegsende sind über die Hälfte des Wohnungsbestandes, ca. 80 % der Hafenanlagen vernichtet, ebenso die Handelsflotte und 40 % der Industrie. Schätzungsweise 55 000 Menschen kommen bei den Bombenangriffen um; etwa 70 000 Hamburger fallen an der Front. Im Konzentrationslager Neuengamme sterben fast 70 000 Häftlinge. Am 3. Mai 1945 kapituliert Hamburg und wird von der 7. Britischen Panzerdivision besetzt. Im Mai 1939 hatte Groß-Hamburg knapp 1,7 Mio. Einwohner, 1945 nur noch 1,1 Millionen.

Nachkriegszeit

Die britische Militärverwaltung setzt zunächst eine neue Bürgerschaft ein. Bei den ersten freien Parlamentswahlen seit 1932 siegt im Oktober 1946 die SPD mit überwältigender Mehrheit. Erster Bürgermeister wird Max Brauer. Am 6. Juni 1952 wird die bis heute gültige Verfassung der Freien und Hansestadt Hamburg beschlossen, die seit Gründung der Bundesrepublik Deutschland 1949 ein selbstständiges deutsches Bundesland ist.

Jüngste Vergangenheit

1962	Flutkatastrophe
1989	800. Hafengeburtstag
2001	Ende der jahrzehntelangen SPD-Regierung
2008	Erste Koalition von CDU und Grünen auf Länderebene

Wiederaufbau

Beim Wiederaufbau der zerstörten Stadt müssen 43 Mio. m³ Trümmerschutt beseitigt werden. Und noch einmal wird Hamburg bedroht: In der Nacht vom 16. zum 17. Februar 1962 wird die Stadt von einer schrecklichen Sturmflut heimgesucht (▶ Baedeker Special S. 282). 1964 erreicht Hamburg mit 1,9 Mio. Einwohnern seine bisher höchste Bevölkerungszahl.

Flutkatastrophe 1962 ▶

Industrie im Wandel

Die Bedeutung des Schiffsbaus nimmt Ende der 1970er-Jahre ab. In der Hafenwirtschaft konzentriert man sich nun zunehmend auf den Containerverkehr. 1980 macht er über 30 % und 1986 bereits 55 % des gesamten Stückgutumschlages aus und steigt weiter an. Deshalb entsteht zur Jahrtausendwende der große Containerterminal in Altenwerder. 1989 feiert Hamburg den 800. Hafengeburtstag.

In den 1980er-Jahren beginnt Hamburg, sich als **Medienstadt** zu etablieren. Wichtige Verlage, Rundfunk- und TV-Sender werden ausgebaut. Trotz der Abwanderung wichtiger Firmen in den 1990ern ist Hamburg einer der bedeutendsten Medienstandorte Deutschlands.

Nach 1946 halten sich die Sozialdemokraten mit Ausnahme der Legislaturperiode 1953–1957 in wechselnden Koalitionen an der Regierung. 1982 zieht erstmals die

Und noch eine Katastrophe – die Flut von 1962

Grün-Alternative Liste (GAL) in die Bürgerschaft ein. Unter Hamburgs Bürgermeistern gibt es diverse überregional bekannte Namen: Hans-Ulrich Klose, Klaus von Dohnanyi, Henning Voscherau. Nach hohen Stimmverlusten seiner Partei bei der Bürgerschaftswahl 1997 tritt der langjährige Bürgermeister Henning Voscherau (SPD) von seinem Amt zurück. Die SPD kann jedoch stärkste Fraktion bleiben. Einen spektakulären Machtwechsel gibt es 2001 nach den Bürgerschaftswahlen. Die Schill-Partei des so genannten »Richters Gnadenlos« tritt erstmals an und erringt einen sensationellen Erfolg – sie zieht mit 19,4 % ins Parlament. Der Amtsrichter Ronald Schill, der für seine harten Urteile und unnachgiebige Haltung bekannt ist, hat sich in erster Linie den Kampf gegen die Gewaltkriminalität in Hamburg auf die Fahne geschrieben. Die GAL, deren Hochburg Hamburg lange Zeit war, verliert etliche Wählerstimmen. Die CDU kann trotz Stimmverlusten in einer Koalition mit der FDP und der populistischen Schill-Partei die Regierung übernehmen. Neuer Bürgermeister wird Ole von Beust (CDU). 2003 entlässt von Beust überraschend Schill, weil dieser behauptet hatte, Justizsenator Kusch sei nur an seinen Posten gekommen, weil er Beusts Lebenspartner sei. Nach weiteren Querelen mit der Schill-Partei werden Neuwahlen angesetzt. Im März 2004 holt die CDU – dank ihres populären Bürgermeisters – mit 47,1% der Stimmen die absolute Mehrheit. Außer der SPD schaffen nur die Grünen den Einzug ins Parlament. Nach der Bürgerschaftswahl 2008 bilden CDU und GAL erstmals auf Länderebene eine Koalition. Als eine von der schwarz-grünen Regierung geplante Schulreform durch ein Bürgerbegehren gekippt wird, tritt von Beust im August 2010 zurück. Als Begründung nennt er »Amtsmüdigkeit«. Sein Nachfolger wird der vormalige Innensenator Christoph Ahlhaus (CDU). Ende November 2010 zerbricht die schwarz-grüne Koalition, voraussichtlich im Februar 2011 wird die Bürgerschaft neu gewählt.

Kunst und Kultur

Wo finde ich das älteste Kunstwerk der Stadt? Was ist falsch an der heutigen Idylle der Gängeviertel? Wem sind die Schätze der Kunsthalle zu verdanken? Und was hat der Rathausmarkt mit Venedig zu tun?

Architektur- und Kunstgeschichte

Hamburgs Innenstadt ist von vielen roten Backsteinbauten und Kupferdächern und -türmen geprägt. Markante Punkte in der Hamburger **Silhouette** sind die Türme der so genannten Hauptkirchen: St. Katharinen, St. Petri und St. Jacobi, die die Erinnerung an das Mittelalter bewahren, und der bekannte Turm der Hauptkirche St. Michaelis, eine eindrucksvolle Leistung des Hamburger Barock. Viele der Kirchen sind in den letzten Jahren mit einer neuen Kupferverkleidung versehen worden, sodass sie nicht mehr in dem lange Zeit typischen Grün über den Dächern der Stadt aufragen. Keine dieser Kirchen ist original, alle sind im Laufe der Zeit nach Zerstörungen oder Beschädigungen wiederhergestellt worden. In der Silhouette fallen weiterhin einige moderne Gebäude wie der Fernsehturm oder das Scheibenhochhaus des Hotels »Radisson Blu«, das neben dem Bahnhof Dammtor hochragt, ins Auge.

In Hamburg gibt es keinen Altstadtkern mehr, der die große Zeit der Hanse widerspiegeln würde, wie es in anderen alten Städten im Nord- und Ostseeraum häufig der Fall ist. Gründe dafür sind zum einen der Reichtum Hamburgs, der es auch in späteren Jahrhunderten nach der Hansezeit ermöglichte, größere Bauprojekte zu verfolgen. Außerdem widerfuhren der Stadt verheerende Zerstörungen durch den Großen Brand im Jahr 1842 und im Zweiten Weltkrieg, so dass Hamburgs Stadtbild im Wesentlichen durch Bauten aus dem 19. und 20. Jh. bestimmt ist.

◀ Bausubstanz

Mittelalter

Hamburgs wichtige Kirchen gehen auf das Mittelalter zurück, aber nur Reste der mittelalterlichen Substanz sind noch erhalten.

Ein bedeutender Kunsthandwerker des Mittelalters war der als **»Meister Bertram«** bezeichnete Maler Bertram von Minden (um 1340 bis 1414/15), der als ein Hauptvertreter des norddeutschen Kunst des spätgotischen Weichen Stils gilt. Nachweislich lebte er von 1367 bis 1410 in Hamburg, wo er 1379 Bilder mit biblischen Szenen für den Hauptaltar der Petrikirche malte.

! *Baedeker* TIPP

Ältestes Kunstwerk der Stadt

An der Petrikirche ist am Hauptportal mit dem linken Türgriff in Form eines Löwenkopfes das älteste Kunstwerk Hamburgs zu sehen: Es stammt aus dem 14. Jahrhundert.

Dieser Altar zählt zu den kostbarsten Schätzen der Hamburger Kunsthalle und wird als **»Grabower Altar«** bezeichnet, weil die Ham-

← Nur wenige Bauten aus der Barockzeit sind der Stadt erhalten geblieben. Umso schöner ist dieses Portal am Haus Klingberg 1, dem ehemaligen Dienstgebäude der Landherrenschaft.

burger Gemeinde Teile des Altars 1734 der Stadtkirche von Grabow in Mecklenburg zum Geschenk gemacht hatte.

Alt-Hamburg

Gängeviertel In den letzten Jahrzehnten hat man begonnen, ganze Plätze und Straßenzüge des alten Hamburg wieder in ihrem ursprünglichen Zustand erscheinen zu lassen. Charakteristisch waren z. B. die Gängeviertel – entstanden zwischen dem 17. und 19. Jh. –, in denen die Menschen auf engstem Raum nebeneinander wohnten. Massive soziale Missstände prägten das Leben in diesen Vierteln, die es vor allem in der Neustadt und im Bereich der jetzigen Mönckebergstraße gab. Das heutige Bild der sanierten Idylle stimmt mit der damaligen Realität also nur in Maßen überein. Beispiele Althamburger Bauensembles sind die Krameramtswohnungen, die Bürgerhäuser an der Deichstraße, die im historischen Stil neu errichteten Häuser an der Neander- und Peterstraße, das Beylingstift mit seinen charakteristischen Innenhöfen, ferner Fachwerkhäuser am Bäckerbreitergang nahe der Musikhalle sowie an der Reimers- und der Lämmertwiete.

Hamburg einst – historische Häuser am Fleet

18. Jahrhundert

Aus dem 18. Jh. ist insbesondere ein Bauwerk erhalten, das später zum Wahrzeichen der Stadt geworden ist: Der nach einem Entwurf von **Ernst Georg Sonnin** errichtete »Michel«. Sonnin, der zunächst Theologie, Philosophie und Mathematik studiert hatte, lebte ab 1737 in Hamburg. Mit der Michaeliskirche hat er den bedeutendsten protestantischen Kirchenbau in Norddeutschland gestaltet – allerdings ist auch dieser Bau nicht mehr original erhalten, sondern nach mehrfachen Zerstörungen originalgetreu wiederaufgebaut worden. Darüber hinaus wurde Sonnin auch durch die Geradrichtung von Hamburger Kirchtürmen bekannt, so des damals noch existierenden Mariendoms, der Katharinenkirche und der Nikolaikirche.

Wohnarchitektur aus der Zeit vom Ende des 18. Jh.s und Anfang des 19. Jh.s ist in der Palmaille in Altona noch gut erhalten: Der dänische Architekt **Christian Frederik Hansen** (1756–1845) hat hier mehrere Häuser in schlichtem Klassizismus gebaut.

19. Jahrhundert

Die gesamte Hamburger Innenstadt in ihrer heutigen Gestalt mit der Anlage von Binnenalster und Kleiner Alster und dem Rathausbau ist weitgehend eine Schöpfung des 19. Jahrhunderts. Nach dem Großen Brand 1842 wurde **Gottfried Semper** mit der Planung für den Wiederaufbau beauftragt. Der gebürtige Hamburger (1803 – 1879) war Professor an der Kunstakademie in Dresden und ab 1871 als kaiserlicher Architekt in Wien tätig. Semper löste den romantischen Klassizismus Schinkels durch eine Bauweise ab, die sich deutlich an der italienischen Renaissance orientierte. Seine bekanntesten Werke sind das Opernhaus in Dresden und die Hofburg und das Burgtheater in Wien.

Im Zuge des Wiederaufbaus nach dem Großen Brand und mit dem Neubau des heutigen Rathauses wurde das Viertel zwischen Börse und Binnenalster zum Stadtzentrum. Mit dem Rathausmarkt wollten Gottfried Semper und Alexis de Chateauneuf für Hamburg einen »hanseatischen Markusplatz« schaffen. Ihre damaligen Vorstellungen wurden noch 1977 – 1982 bei der Neugestaltung berücksichtigt.

Später im 19. Jh. ist die Speicherstadt im Bereich des Freihafens angelegt worden. Das einzigartige Bauensemble wurde 1991 unter Denkmalschutz gestellt.

20. Jahrhundert

Zu Beginn des 20. Jh.s erlebte der norddeutsche Backsteinbau in Hamburg unter dem Oberbaudirektor **Fritz Schumacher** (ab 1909) eine Renaissance. Bedeutende Zeugnisse sind Schumachers Bauten am Holstenwall (Handwerkskammer, Museum für Hamburgische Geschichte – Hamburg Museum). Eindrucksvolle Backsteinbauten der 1920er-Jahre sind außerdem die Kontorhäuser Meßberghof (1923–1925) und Mohlenhof (1928). Weit über Hamburgs Grenzen hinaus bekannt wurde das Chilehaus (1922–1924) von **Fritz Höger**, ein herausragendes Beispiel der neueren norddeutschen Klinkerarchitektur. Höger entwarf kraftvoll gegliederte, durch farbig abgesetzte Klinkerpartien sowie Keramikschmuck verzierte Backsteinbauten, darunter den Sprinkenhof (1927–1930), mehrere Geschäftshäuser an der Mönckebergstraße und das HAPAG-Gebäude (Kalksteinneubau 1922 bis 1923) am Ballindamm.

Die Kriegszerstörungen und raumgreifende städteplanerische Entwürfe der Nachkriegszeit haben von dem früheren Hamburg nur Restinseln gelassen. Im Zuge des Wiederaufbaus entstanden u. a. das neue Universitätsviertel, die Grindelhochhäuser, die als wegweisende Hochhausarchitektur der 1950er-Jahre gelten und die markante Bürohauslandschaft der »City Nord«.

Ende 20. Jh.   Markante neuere Bauwerke im Innenstadtbereich sind der mächtige Komplex des Gruner + Jahr-Pressezentrums am Baumwall und die Kontorbauten Neuer Dovenhof (Brandstwiete) und Zürichhaus (Domstraße). Der Aus- und Neubau von zahlreichen Einkaufspassagen und Galerien hat im Innenstadtbereich neue Akzente gesetzt. Ein weiterer Schwerpunkt der Bautätigkeit war der Bereich der Fleetinsel entlang der Admiralitätsstraße. Mehrere namhafte Hamburger Architekten sorgen in den letzten Jahrzehnten für spektakuläre neue Architektur, so das bekannte Büro Bothe, Richter und Teherani, die

Schöner Schwung und intelligente Funktion – der Berliner Bogen ist ein Bürohaus, das mit seinem Gewicht ein Mischwasserrückhaltebecken unter den Wasserpegel drückt.

u. a. für die Überdachung der Neuen Alsterarkaden und das wunderschöne Bürohaus Berliner Bogen am Anckelmannsplatz verantwortlich zeichnen.

Das größte städtebauliche Projekt ist die HafenCity (▶ Baedeker Special S. 262), in der unter anderem die Elbphilharmonie, eine Konzerthalle in spektakulärer Architektur der bekannten Schweizer Architekten Herzog & de Meuron, entsteht.

Bildende Kunst

Hamburgs wichtigste Kunststätten sind die Kunsthalle und das Museum für Kunst und Gewerbe. Wechselnde Ausstellungen finden außerdem in den Deichtorhallen, dem Bucerius Kunst Forum, dem Kunsthaus, dem Kunstverein, der Sammlung Falckenberg sowie über hundert Galerien statt.

Alfred Lichtwark kaufte »Stars« wie Max Liebermann für die Sammlung der Kunsthalle.

Eine bis heute nachwirkende Persönlichkeit der bildenden Kunst in Hamburg war **Alfred Lichtwark** (1852–1914), der 1886 die Leitung der Kunsthalle übernahm und ihre Entwicklung maßgeblich prägte. Ihm gelang es, die wertvollen Altarbilder der Hamburger Meister Bertram und Francke sowie das Werk des Romantikers Philipp Otto Runge und später auch bedeutende Gemälde von Caspar David Friedrich und Max Liebermann für die Kunsthalle zu erwerben.

Seit einem guten Jahrhundert spiegelt sich die Hansestadt in der Kunst mit Werken von Max Liebermann, Max Slevogt, Lovis Corinth und Oskar Kokoschka wider. Ernst Barlach wirkte zwischen 1888 und 1899 in Hamburg. Moderne Gestalter wie Horst Janssen und Paul Wunderlich haben hier die künstlerische Atmosphäre geprägt.

Im öffentlichen Raum findet man eine Vielzahl von Skulpturen, u. a. Werke von Max Bill, Thomas Darboven, Barbara Haeger, Alfred Hrdlicka, Max Klinger, Richard Kuöhl, Hugo Lederer, Maria Pirwitz, Ursula Querner, Ulrich Rückriem, Annemarie Vogler, Georg Wrba und Stephan Balkenhol. An der Staatsbibliothek ist ein großes Wandgemälde von A. R. Penck zu sehen.

Kunst im öffentlichen Raum

Zu den bedeutenden Konzeptkünstlern zählt **Hanne Darboven**, die in Hamburg lebte († 2009). Sie hat sich durch Kompositionen, Filme und die Verbindung der Medien Wort/Bild und Ton/Musik einen Namen gemacht. Eines ihrer großen Themen war die Zeit. ◀ weiter auf S. 46

Der »Star Club« an der Großen Freiheit 39 machte die Beatles berühmt und diese ihn zur Legende.

IMMER GANZ OHR: HAMBURGS MUSIKSZENE

»Die Not hat ein Ende! Die Zeit der Dorfmusik ist vorbei«, war auf dem Plakat zur Einweihung des »Star Club« im Jahr 1962 zu lesen. Die Verbindung von »Star Club« und den Beatles ist seither legendär. Für diese und andere Bands sollte Hamburg zum Sprungbrett für die große Karriere werden.

Das Heile-Welt-Glück der Nachkriegsschlager war nichts mehr für die Jugend Ende der 1950er. Motor für ihr neues Lebensgefühl wurde eine Mischung aus Rock 'n' Roll und Skiffle – der so genannte Hamburg Sound –, dessen Wegbereiter auch die Beatles waren. Die vier Liverpooler kamen 1960 nach Hamburg. Im »Kaiserkeller« und im »Indra« sorgten sie jeden Abend neben den Jets oder Tony Sheridan für Stimmung. Berühmt wurden sie im »Star Club«. Der schloss 1969 seine Pforten und brannte Ende der 1980er komplett nieder. An ihn erinnert heute nur noch eine Gedenktafel.

Hochburg des Jazz

Die Jazzszene hat in Hamburg ihren festen Platz. Wer traditionelleren Jazz mag, ist im »Cotton Club« gut aufgehoben. Der legendäre Club, der 2009 sein 50-jähriges Jubiläum feierte, bietet täglich Live-Jazz: Dixieland, Oldtime und Hot Jazz – lokale Größen, aber auch internationale Stars geben sich im stets gut gefüllten Haus ein Stelldichein. Das »Birdland« in der Gärtnerstraße steht für neueren Jazz wie Swing, Bebop, Latin und Modern Jazz sowie Mainstream. Stars wie Chet Baker oder Wynton Marsalis haben hier gastiert. Doch nicht nur dieser etablierte Club bietet modernen Jazz in Hamburg: In kleinen Clubs wie der »Pony Bar« (direkt bei der Uni) oder dem »Live« (Eimsbüttel) spielen an mehreren Wochentagen hervorragende Jazzbands. Jeden Sommer organisiert das Jazzbüro Hamburg ein zweitägiges Festival im Park »Planten un Blomen« (www.jazzhamburg.de), ein weiteres Highlight ist der alljährliche JazzTrain in der Hamburger U-Bahn. (www.jazztrain-hamburg.de).

Deutscher Rock und Pop

Auch für die deutschsprachige Rockmusik und die Hamburger Szene um Udo Lindenberg ist die Hansestadt unverzichtbar. Unvergessen die Zeiten, in denen Udo in »Onkel Pö's Carnegie Hall« aufspielte und die

Ganz im Sinne Adornos setzen auch die Vertreter der »Hamburger Schule« wie hier »Die Sterne« auf intelligente Texte.

deutsche Sprache zur Rocksprache erhob, seinerzeit ein echtes Novum. »Onkel Pö's« in Eppendorf war bis zu seiner Schließung Mitte der 1980er-Jahre ein wahres Musik-Mekka, wo auch Otto Waalkes seine ersten Schritte als Musiker machte.

Musikclubs und Live-Bühnen

Zukünftige Stars und Sternchen finden in Hamburg genauso ihr Forum, wie berühmte Musiker und Bands. Viele internationale Stars beginnen ihre Europa-Tourneen in der Hansestadt auf großen Bühnen wie der 2002 erbauten Color Line Arena, dem Kongresszentrum CCH oder der Stadtparkbühne. Zu den bekanntesten Konzertsälen für 500 bis 1000 Zuhörer gehören die »Markthalle« und die »Fabrik«. Hier gastieren nahezu all-abendlich international bekannte Musiker. Daneben zeigen viele kleine Musikclubs, dass Hamburg auch ein Zentrum für lebendige, progressive und unkommerzielle Musikkultur ist. In Clubs wie dem »Molotow« oder der »Prinzenbar« lebt die reichhaltige Konzertkultur von St. Pauli. Doch auch in anderen Stadtteilen ist die Musikszene aktiv: »Planet Subotnik« (Altona), »Haus 73« (Schanze) oder »Knust« (Karolinenviertel) bieten hervorragende Live-Programme – und auch die musikalischen Darbietungen in dem kleinen Zirkuswagen des »Mobile Blues Club« mitten im Schanzenviertel gehören zur Musikszene Hamburgs.

Innovative Musikindustrie

Dass Hamburg eine Stadt mit einer sehr lebendigen Club-Szene ist, liegt auch an der hiesigen Musikindustrie. Viele große Firmen sind von Hamburg nach Berlin gezogen, und nun liegt es an den zahllosen kleinen, den Ruf als Musik(haupt)stadt zu erhalten. ZickZack Records und What's So Funny About haben erfolgreiche Bands wie »Palais Schaumburg«, »Einstürzende Neubauten« oder »Die Zimmermänner« produziert und sorgen immer wieder für grandiose Debütveröffentlichungen deutschsprachiger Underground Bands. L'Age D'Or produzieren erfolgreich Bands wie »Blumfeld«, »Die Sterne« und »Tocotronic«. Alle drei gehören zur »Hamburger Schule«, die ihren Namen wegen ihrer intellektuellen Texte und in Anlehnung an die Frankfurter Schule um Adorno und Horkheimer trägt. Schließlich ist Hamburg auch eine Hochburg für HipHop, Dub und Dancehall. Für innovative Projekte im elektronischen Musikbereich stehen Labels wie Ladomat oder Gagarin Records und Bands wie Egoexpress. Sie alle sorgen dafür, dass Hamburg ein Markenzeichen für eine blühende Musikszene bleibt.

Kulturstadt Hamburg

Kulturmetropole In Sachen Kultur stellt Hamburg im norddeutschen Raum den un-
bestrittenen Mittelpunkt dar und gehört auch deutschlandweit zu
den führenden Kultur-Städten. Das vielfältige Angebot ist gestützt
auf rund 40 große und kleine Theater, etliche Museen, ein Musik-
leben mit sehr breitem Spektrum, über 400 Verlage sowie zahlreiche
Bibliotheken und Archive. Herausragende Bedeutung haben die pub-
lizistischen Medien (►Baedeker Special, S. 24). Hamburg ist zudem
ein Sammelbecken von Kulturschaffenden und Künstlern aller Sparten, wovon u. a. eine starke Präsenz freier Theatergruppen und außerdem eine bedeutende Musikerszene in den Bereichen Jazz, Rock
oder Pop zeugen.

Literatur

Schriftsteller und Dichter In Hamburg gibt es eine rege Literaturszene mit weithin bekannten
Namen. Eines der Zentren der Hamburger Literaturwelt ist das Lite-
raturhaus.
In der Vergangenheit hat es immer wieder **bekannte Schriftsteller** in
der Hansestadt gegeben. Bedeutende Namen in Hamburgs litera-
rischem Leben des 17. und 18. Jh.s sind die Dichter Johann Rist, Paul
Fleming und Friedrich von Hagedorn. Barthold Hinrich Brockes
(1680 – 1747) stammte aus einer wohlhabenden Hamburger Kaufmannsfamilie. Kaum ein Dichter an der Wende vom Barock zur Auf-

klärung hat so aufmerksam die Natur beobachtet und gepriesen wie Brockes. Matthias Claudius (▶Berühmte Persönlichkeiten) kam 1768 ins damals holsteinische Wandsbek und gab dort den »Wandsbecker Bothen« heraus. In den Jahren 1770–1803 wirkte Friedrich Gottlieb Klopstock in Hamburg und vollendete hier seinen »Messias«.
Heinrich Heine, Friedrich Hebbel, Detlev von Liliencron, Richard Dehmel und seine Frau Ida Dehmel – die Gründerin des Künstlerinnenverbandes Gedok – lebten zeitweilig in der Hansestadt. Aus Finkenwerder stammen die niederdeutschen Schriftsteller Johann Kinau (Gorch Fock, ▶Berühmte Persönlichkeiten) und sein Bruder Rudolf. In der Nachkriegszeit lebten und schrieben Wolfgang Borchert (▶ Berühmte Persönlichkeiten), Hans Henny Jahnn, Siegfried Lenz und Marion Gräfin Dönhoff in Hamburg. Weitere wichtige Namen der Hamburger Literaturszene des 20. Jh.s sind Hubert Fichte, Hermann Peter Piwitt, Margot Schröder und Harry Rowohlt.

! Baedeker TIPP

Leseempfehlung: Die Palette

Was heute der »Golden Pudel Club« ist, war in den 1960ern die »Palette«, ein verräuchertes Kellerlokal voll von Lebenskünstlern und Außenseitern. Hubert Fichte hat diese Szene wie auch die Subkultur von 1968 in seinem Roman »Die Palette« verewigt, der als deutsche Popliteratur in die Literaturgeschichte einging.

»Missingsch« ist eine besondere, hamburgische Sprachform, eine Mischung aus Hoch- und Niederdeutsch. Der wohl prominenteste Ausspruch in gesprochenem »Missingsch« stammt von Uwe Seeler: »Ich sach ma so« fließt oft ein Statements ein.
Der Hamburger Kabarettist und Schriftsteller **Dirks Paulun** (1903 bis 1976) hat die »missingsche« Schriftsprache erfunden und etliche Bücher darin verfasst. »Missingsch« lässt sich am besten als eine die Hamburger Sprechweise persiflierende, skurril anmutende Ausdrucksweise bezeichnen, in der Paulun Prosa und Verse phonetisch zu Papier brachte: »Hömmazuh!« (= »Hör mal zu!«) und »Wommasehn!« (= »Woll'n mal sehen!«) sind zwei seiner bekanntesten Gedichtbändchen betitelt. Nach dem Zweiten Weltkrieg konnte man den hageren »Eulenspiegel der Waterkant« lange Jahre in seinem Montagskabarett »Die Wendeltreppe« erleben oder seine beliebten »Missingsch«-Kolumnen im »Hamburger Abendblatt« lesen. Eine kleine Leseprobe von Dirks Paulun:
»Lihbes Hamburch, ich weiß, du bissn fewöhnte Dahme, unt hassn Haufm Feehrer – krichst jehde Menge Bluhm – ellergante, lankstihlige, toire, Rohsn, Nelkng, Ochidehn unt was nich alles – 's Jah runt. Alles hochgezücht – aussn Glasshaus. Nu solls mah'n Appwexlunk hahm. Happ pah wilde Bluhm geflückt als klein bescheine Egenzunk, dass ich sie dir zu Fühssn lehch unt ans Hehrz!«

»Ich sach ma so«

← *Auch das Theater spielt im Kulturleben der Stadt eine wichtige Rolle, hier die Inszenierung von »Miss Sara Sampson« am Thalia-Theater.*

Berühmte Persönlichkeiten

Die großen Hamburger Namen, das sind nicht nur Komponisten, Literaten, Schauspieler oder ein Ex-Bundeskanzler, sondern auch ein Pirat, eine Prostituierte, ein Fußballstürmer und ein Boxer.

Hans Albers (1891–1960)

Der bekannte Volksschauspieler Hans Albers wurde an der Langen Reihe im Stadtteil St. Georg als Sohn eines Fleischers geboren. Über mehrere Stationen, darunter Altonas Schiller-Theater (1913) und Hamburgs Thalia-Theater, kam er nach Berlin, wo er von Max Reinhardt entdeckt wurde. Seit 1911 wirkte er in diversen Stummfilmen mit, doch seine große Karriere begann 1929 mit dem Tonfilm. Hier verkörperte er zumeist den Jungen von der Waterkant, wie in »Große Freiheit Nr. 7« und in seinem letzten großen Streifen »Das Herz von St. Pauli« mit dem Lied »In Hamburg, da bin ich zu Hause«, obgleich er zuletzt am Starnberger See lebte. In St. Pauli wurde ein Platz nach ihm benannt.

Schauspieler

Wolfgang Borchert (1921–1947)

Wolfgang Borchert wurde nach Absolvierung einer Buchhändlerlehre Schauspieler. Während des Krieges kam er 1942 und 1944 wegen unbedachter politischer Äußerungen ins Gefängnis; das gegen ihn verhängte Todesurteil setzte man zur Bewährung an der Ostfront aus. Nach dem Ende des Zweiten Weltkrieges arbeitete Borchert u. a. als Regieassistent am Hamburger Schauspielhaus. Seine Werke spiegeln die Bindungslosigkeit der Kriegsgeneration wider, die in die verwüstete Heimat zurückkehrt. 1947 schrieb Borchert in nur einer Woche sein berühmtes Heimkehrerdrama »Draußen vor der Tür«, das Ida Ehre am 21. November 1947 – dem Tage nach seinem Tod – in den »Hamburger Kammerspiele« zur Uraufführung brachte.

Schriftsteller

Johannes Brahms (1833–1897)

Hamburg betrachtet den in seinen Mauern als Sohn eines Kontrabassisten geborenen Komponisten Johannes Brahms als seinen Bürger, obwohl er selbst die Stadt Wien als künstlerische Heimat wählte. Schon mit zehn Jahren erregte Brahms als Wunderkind am Klavier Aufsehen und ging auf Konzertreise. 1862 übersiedelte er nach Wien, wo ihm die Gesellschaft der Musikfreunde die Leitung ihrer Konzerte übertrug; seine Vaterstadt hatte ihm die Dirigentenstelle bei der Philharmonischen Gesellschaft verweigert. Norddeutsche Zurückhaltung und Wiener Charme verbinden sich in Brahms' großem Musikschaffen, das zahlreiche Orchesterwerke – darunter vier Sinfonien – und etliche Konzerte für Klavier und Violine umfasst. Schwerpunkte seiner instrumentalen Kompositionen bilden jedoch die Kammermusik sowie die Klaviermusik. Darüber hinaus hat Brahms ein höchst bedeutendes vokalmusikalisches Œuvre hinterlassen, darunter sein berühmtes »Ein Deutsches Requiem«. Johannes Brahms verstarb nach schwerer Krankheit in seiner Wahlheimat Wien.

Komponist

Großes symphonisches Werk

← *Ein Bilderbuch-Hamburger: Hans Albers in »Große Freiheit Nr. 7«*

Matthias Claudius (1740–1815)

Dichter Der im holsteinischen Reinfeld als Pastorensohn geborene Matthias Claudius kam über Kopenhagen, wo er 1764/65 Sekretär des Grafen von Holstein war, als Journalist in das damals holsteinische Wandsbek und gab dort von 1770 bis 1775 den berühmten »Wandsbecker Bothen« heraus. Danach lebte er als freier Schriftsteller.

Mit seinem wohl bekanntesten Gedicht »Der Mond ist aufgegangen« hat er ein unvergängliches Werk geschaffen. 1814 siedelte Claudius, von den Franzosen vertrieben, nach Hamburg in ein Eckhaus an der Großen Bleichen über, wo er ein Jahr später starb.

Ida Ehre (1900–1989)

Schauspielerin, Regisseurin, Theaterleiterin

Ida Ehre wurde in Prerov (Tschechien) geboren. 1930 kam sie an das Lessing-Theater in Berlin, wurde jedoch 1933 als Jüdin mit Berufsverbot belegt. Das Schicksal ihrer Mutter und ihrer Schwester, die der Nazigewaltherrschaft zum Opfer fielen, blieb Ida Ehre erspart, da sie mit dem Arzt und Maler Bernhard Heyde in einer »privilegierten Mischehe« lebte.

Schon Ende 1945 gründete sie die »Hamburger Kammerspiele« und brachte dort Stücke der zeitgenössischen Weltliteratur zur Aufführung. An ihrem Privattheater wirkte Ida Ehre mit großem Einsatz bis zum Lebensende als Intendantin, Regisseurin und Schauspielerin. 1985 wurde sie mit der selten verliehenen Ehrenbürgerschaft der Freien und Hansestadt Hamburg ausgezeichnet.

Lebte für das Theater

Gorch Fock (1880–1916)

Buchhalter und Schriftsteller Gorch Fock hieß eigentlich Johann Kinau, aber unter seinem Künstlernamen ist er an der Waterkant zum Begriff geworden.

Der in Finkenwerder als Sohn eines Hochseefischers geborene Schriftsteller, von Beruf Buchhalter – ab 1906 bei der Hamburg-Amerika-Linie –, fand ein zu seinem Werk passendes Ende: als kriegsfreiwilliger Matrose in der Seeschlacht im Skagerrak auf dem Kreuzer »Wiesbaden«. Der humorvolle und geistreiche Autor von platt- und hochdeutschen Erzählungen aus der harten Welt der Seefahrt erzielte 1913 mit »Seefahrt ist not« seinen größten Erfolg. Sein Bruder, der Heimaterzähler Rudolf Kinau (1888–1965), schrieb eine Biografie über ihn.

»Hummel« (1787–1854)

Hamburger Original Das Original Johann Wilhelm Bentz war Wasserträger in der Hamburger Neustadt. Er wohnte in der Großen Drehbahn Nr. 36. Nach Einrichtung der neuen Stadtwasserkunst in Rothenburgsort wurde er 1848 arbeitslos. Er starb am 15. März 1854 und wurde auf Armenanstaltskosten auf dem Dammtorfriedhof begraben.

»Hummel, Hummel!« rief die Straßenjugend dem dürren, etwas griesgrämigen Wasserträger nach, eigentlich ein Spitzname für die beim Volk verhassten Gerichtsdiener. Ihren spöttelnden Ruf quittierte er mit einem deftigen »Mors, Mors!« (plattdeutsch = Hinterteil). So soll auch der bekannte Hamburger Schlachtruf »Hummel, Hummel! – Mors, Mors!« entstanden sein.

Maria Jepsen (geb. 1945)

Maria Jepsen war die weltweit erste evangelisch-lutherische Bischöfin. Sie stammt aus Bad Segeberg in Schleswig-Holstein und arbeitete nach ihrem Theologiestudium als Vikarin in Hamburg. Anschließend war sie 18 Jahre lang Pastorin in einer schleswig-holsteinischen Gemeinde. 1991 wurde sie Pröpstin des Kirchenkreises Hamburg-Harburg und 1992 Bischöfin für den Sprengel Hamburg in der Nordelbischen Kirche. Im Juni 2010 trat sie von diesem Amt zurück, nachdem berichtet worden war, dass sie bereits 1999 über sexuelle Übergriffe eines Pastors an Minderjährigen informiert worden sei und nichts unternommen habe.

Bischöfin

Heidi Kabel (1914–2010)

Heidi Kabel – Inbegriff der »Hamburger Deern« – wurde am 27. 8. 1914 in der Großen Bleichen gegenüber vom heutigen Ohnsorg-Theater geboren. 1932 erhielt sie dort ihr erstes Engagement. Erst zu diesem Zeitpunkt nahm sie Schauspielunterricht. 65 Jahre blieb sie am Ohnsorg-Theater – sie spielte abgearbeitete Hausfrauen, keifende Schlampen, vorbildliche Mütter. In mehr als 160 plattdeutschen Stücken hat sie mitgewirkt, rund 200 Auftritte wurden im Fernsehen übertragen. 1996 gab sie ihre Abschiedsvorstellung. Am 15. Juni 2010 verstarb sie im Alter von 93 Jahren. Sie liegt auf dem Ohlsdorfer Friedhof begraben.

Schauspielerin

Schauspielerin mit Herz

Helene Lange (1848–1930)

Der Name Helene Lange ist verknüpft mit der Frauenbewegung und der Reform der deutschen Mädchen- und Lehrerinnenbildung.
Nach der Erlangung des aktiven und passiven Wahlrechts für Frauen in der Weimarer Republik wurde die bekannte Frauenrechtlerin für die Deutsche Demokratische Partei (DDP) in die Hamburger Bürgerschaft gewählt. Helene Lange entstammte einer liberalen Kaufmannsfamilie aus Oldenburg. Sie gründete den »Allgemeinen Deutschen Lehrerinnenverein«, wurde Vorsitzende des »Allgemeinen Deutschen Frauenvereins« und des »Bundes Deutscher Frauenvereine« und gab die Zeitschrift »Die Frau« (1893 – 1930) und das »Handbuch der Frauenbewegung« (1901 – 1906) heraus. 1916 gründete sie in Hamburg die Soziale Frauenschule und das Sozialpädagogische Institut.

Lehrerin und Politikerin

Felix Mendelssohn Bartholdy (1809–1847)

Komponist Der gebürtige Hamburger Jakob Ludwig Felix Mendelssohn Bartholdy war der Enkel des Philosophen Moses Mendelssohn (1729 bis 1786). Sein Vater, der Bankier Abraham Mendelssohn (1776–1835), war zum Protestantismus übergetreten und hatte den Namen seines Schwagers, Bartholdy, angenommen.
Felix trat bereits mit neun Jahren als Pianist auf, begann im Alter von elf Jahren zu komponieren und traf als gefeiertes Wunderkind mit Goethe, Weber und Cherubini zusammen. Als Siebzehnjähriger schuf er die Ouvertüre zu Shakespeares »Sommernachtstraum«. Seit 1835 war er Leiter des Gewandhauses in Leipzig, wo er im Alter von nur 38 Jahren starb.

Domenica Niehoff (1945–2009)

Ex-Prostituierte, Sozialarbeiterin

Domenica galt durch ihre zahlreichen Medienauftritte wohl als Deutschlands prominenteste Prostituierte. Die geborene Kölnerin wuchs in einem Waisenhaus auf, lernte mit 17 einen 25 Jahre älteren Mann kennen und stieg mit 27 Jahren in die Prostitution ein, nachdem ihr Lebensgefährte sich das Leben genommen hatte. Über zehn Jahre lang hatte sie ein Zimmer in der Herbertstraße und arbeitete unabhängig von Zuhältern. Zusammen mit Sozialarbeiterinnen setzte sie sich dafür ein, dass Arbeitsplätze für ehemalige Prostituierte geschaffen werden und wurde später selbst Streetworkerin.

Richard Ohnsorg (1876–1947)

Bibliothekar, Schauspieler, Theaterleiter Der Hamburger Richard Ohnsorg war zunächst Bibliothekar, später Schauspieler. Zum Begriff wurde er erst, als er im Jahr 1920 aus einer bereits 1902 von ihm begründeten Liebhaberbühne die Hamburger Niederdeutsche Bühne machte, die Vorbild für alle plattdeutschen Laienbühnen ist. Sie lebt als Ohnsorg-Theater bis heute fort, erfreut sich in Hamburg nach wie vor größter Beliebtheit und ist durch die TV-Ausstrahlungen im gesamten deutschsprachigen Raum bekannt.

Carl v. Ossietzky (1889–1938)

Publizist Der gebürtige Hamburger Carl von Ossietzky war überzeugter Pazifist und arbeitete ab 1919 für die Deutsche Friedensgesellschaft. Als Publizist leitete er von 1927 bis 1933 die angesehene kulturpolitische Wochenschrift »Die Weltbühne«. Wegen angeblichen Landes- und Geheimnisverrates wurde er 1931 im so genannten Weltbühnen-Prozess zu einer 18-monatigen Gefängnisstrafe verurteilt, Ende 1932 jedoch amnestiert. 1934 verschleppte man ihn in das Konzentrationslager Esterwegen. 1935 wurde ihm der Friedensnobelpreis verliehen, den er jedoch nicht selbst entgegennehmen konnte. Im Mai 1938 starb er an den Folgen seiner Lagerhaft.

Jil Sander (geb. 1943)

Sie gilt als die »Königin des Weg-lassens« – als karg, minimalistisch, klassisch-klar, aber auch edel und raffiniert wird ihre Mode beschrieben. Jil Sander wurde als Heidemarie Jiline Sander in Wesselburen geboren. Sie studierte Mode in Krefeld, später in Los Angeles. Ende der 1960er-Jahre eröffnete sie eine kleine Boutique in Pöseldorf. Das Geschäft lief bestens, und 1973 brachte Jil Sander ihre erste Kollektion heraus – ein Misserfolg, da die Sachen schlecht genäht waren. Mit der zweiten Kollektion ein Jahr später gelang ihr der Durchbruch. Heute gehört Jil Sander zu den besten Designern der Welt. Jil Sander wurde zur internationalen Marke, neben Kleidung gibt es auch Kosmetik, Parfüm, Brillen und Lederwaren. Ihr Unternehmen verkaufte sie 2000 an den Mailänder Modekonzern Prada, wo sie zunächst als Vorstandsvorsitzende tätig war. 2004 verließ sie Prada und ist bei der japanischen Modefirma Uniqlo als Beraterin tätig.

Gründete eine große Modemarke

Max Schmeling (1905–2005)

Max Schmeling wurde am 28.9.1905 in Brandenburg geboren. 1906 **Boxweltmeister** zog seine Familie nach Hamburg, wo Max Schmeling in St. Georg aufwuchs. Mit 16 Jahren begann er zu boxen, schon 1926 gewann er die Deutsche Weltmeisterschaft im Halbschwergewicht. Im gleichen Jahr hatte er sein Filmdebüt in »Ein Filmstar wird gesucht«. 1933 heiratete er die tschechische Filmschauspielerin Anny Ondra. Sein größter Sieg war der über den bis dahin ungeschlagenen schwarzen Amerikaner Joe Louis im Jahr 1936. Dieser Kampf kam als Propagandafilm »Max Schmelings Sieg – ein deutscher Sieg« in die Kinos. Auch später ließ er sich von den Nationalsozialisten benutzen, als er die Amerikaner im Auftrag der Nazis von ihrem Boykott der Olympischen Spiele abbrachte – eine »grenzenlose Naivität«, wie er später sagte. Mit 56 Siegen in 71 Kämpfen war er der erfolgreichste deutsche Profiboxer. Er starb im Februar 2005 und liegt auf dem Friedhof des niedersächsischen Hollenstedt neben seiner Frau begraben.

Helmut Schmidt (geb. 1918)

Alt-Bundes-kanzler

Deutschlands Alt-Bundeskanzler ist bekannt als Ur-Hamburger. Als SPD-Politiker war er Mitglied im Bundestag, 1961–1965 Hamburger Innensenator und 1974–1982 Bundeskanzler. Während seiner Tätigkeit als Hamburger Innensenator machte er sich einen Namen im Zuge der Flutkatastrophe im Februar 1962, als er die umfassenden Rettungsaktionen leitete. Ein bekanntes Bild ist das von Helmut Schmidt mit Elblotsenmütze im Marinestil, die durch ihn an Popularität gewann. Helmut Schmidt war mit der Botanikerin und Naturschützerin Hannelore »Loki« Schmidt († 21.10.2010) verheiratet, die 2009 zur Ehrenbürgerin der Stadt Hamburg ernannt wurde.

Uwe Seeler (geb. 1936)

Fußballer

»Uwe Seeler schießt 'n Fehler« gehörte in den 1960er-Jahren zu den Standardsprüchen der kickenden Kinderwelt. »Uns Uwe« spielte

Erster Torschützenkönig der Bundesliga

während seiner gesamten Karriere als Stürmer für den HSV, wurde mit seinem Verein 1960 Deutscher Meister und ist diesem bis heute verbunden. Der Ausnahmespieler wurde schon in jungen Jahren zur lebenden Legende. Bereits mit 17 Jahren kam er in die Nationalmannschaft. In insgesamt 72 Länderspielen schoss er nicht weniger als 43 Tore und nahm an vier Weltmeisterschaften (1958, 1962, 1966, 1970) teil. In 239 Bundesligaspielen zwischen 1963 und 1972 erzielte er 137 Tore. Er war fünfmal deutscher Torschützenkönig und durfte diesen Titel auch 1964 als erster Spieler der neuen Bundesliga tragen.

Klaus Störtebeker (um 1360–1400)

Anführer der Vitalienbrüder

Der Name Klaus Störtebeker ist der wohl populärste Name der Hamburger Geschichte. Störtebeker wurde an der Ostsee geboren, möglicherweise in Wismar.

Er gilt gemeinsam mit Godeke Michels als Anführer der Likedeeler, der »Gleichteiler« oder auch »Vitalienbrüder«, die der Überlieferung nach die notleidende Stockholmer Bevölkerung mit erbeuteten Lebensmitteln versorgten. Nachdem Störtebeker bei Helgoland gefangengenommen worden war, brachte man ihn – so heißt es – nach Hamburg und köpfte ihn am 20.10.1400 auf dem Grasbrook. Der Legende nach soll er darum gebeten haben, die Anzahl an Männern

i Störtebekers Schädel?

■ Im Museum für Hamburgische Geschichte – Hamburg Museum wurde lange Zeit ein Schädel ausgestellt, um den sich einige Merkwürdigkeiten ranken. Sicher ist, dass er aus der Zeit um 1400 stammte, wahrscheinlich von einem geköpften Piraten, worauf die Fundstelle am Grasbrook hindeutete. Und möglicherweise war es der des enthaupteten Störtebeker. Als mutmaßlicher Störtebeker-Schädel wurde er zumindest präsentiert. Im Januar 2010 war der Schädel plötzlich verschwunden – gestohlen! Über die möglichen Täter wird bis heute wild spekuliert, die Suche blieb bisher erfolglos. Eine Kopie des Schädels wird im Internationalen Maritimen Museum ausgestellt.

freizulassen, an denen er – ohne Kopf – noch vorbeilaufen würde. Angeblich kam er an elf Männern vorbei, die jedoch ebenfalls hingerichtet wurden.

Ernst Thälmann (1886–1944)

Politiker

Der in Hamburg geborene Transport- und Hafenarbeiter Ernst Thälmann trat 1903 der SPD bei und wechselte 1917 in die Unabhängige Sozialdemokratische Partei (USPD). Von 1919 bis 1933 war er Abgeordneter der Hamburger Bürgerschaft, seit 1924 auch Mitglied des Reichstages. Er trat 1920 mit dem linken Flügel der USPD in die Kommunistische Partei Deutschlands (KPD) ein, übernahm 1924 die Leitung des Roten Frontkämpferbundes und avancierte 1925 als Vertrauensmann Stalins zum Vorsitzenden der KPD. In den Jahren 1925 und 1932 kandidierte Thälmann vergeblich für das Amt des Reichspräsidenten. Ein Jahr später wurde Thälmann von den Nationalsozialisten verhaftet und 1944 im Konzentrationslager Buchenwald bei Weimar umgebracht.

Praktische Informationen

WANN MUSS MAN MIT HAMBURGER SCHMUDDELWETTER RECHNEN? WO ISST MAN AM BESTEN UND WO SCHLÄFT MAN AM BEQUEMSTEN? DIE FOLGENDEN SEITEN HELFEN BEI DER PLANUNG UND GEBEN NÜTZLICHE TIPPS FÜR DEN STADTBESUCH.

Anreise

Mit dem Auto

Hamburg ist aus allen Richtungen bequem über die Autobahn zu erreichen. Bei der Anreise von Süden oder Südwesten sollte man den

Weg ins Zentrum von der Verkehrslage abhängig machen und sich dann zwischen Elbtunnel oder den Elbbrücken entscheiden.

Elegante Elbbrücken

Von Süden: A 7 (Kassel – Hannover)
Von Südwesten: »Hansalinie« A 1 (Dortmund – Bremen)
Von Norden: A 7 (Flensburg – Rendsburg) bzw. A 215/A 7 (Kiel)
Von Nordosten: A 1 (Oldenburg in Holstein – Lübeck)
Von Osten: A 24 (Berlin – Wittstock – Ludwigslust)

Mit dem Bus Es bestehen gute Busverbindungen zwischen Hamburg und zahlreichen deutschen und europäischen Städten. Der zentrale Omnibusbahnhof (ZOB) liegt in unmittelbarer Nähe zum Hauptbahnhof (Adenauerallee 78, Ausgang Kirchenallee, Tel. 24 75 76).

▶ MITFAHRZENTRALEN

▶ **Mitfahrzentrale**
Hamburg, Ernst-Merck-Str. 12–14
Tel. 1 94 44
www.citynetz-mitfahrzentrale.de

▶ **Mitfahrgelegenheit.de**
www.mitfahrgelegenheit.de
Internetportal mit kostenlosem und gutem Service

Mit der Bahn

Hamburg ist per Bahn sehr gut angeschlossen. Direkte ICE-Verbindungen gibt es mit Süddeutschland (Hamburg – Hannover – Kassel – Frankfurt/Main – Mannheim – Heidelberg – Stuttgart; Hamburg – Hannover – Frankfurt/Main – Mannheim – Freiburg; Hamburg – Hannover – Fulda – Augsburg – München), mit Flensburg, Kiel, Berlin und Leipzig. IC-Verbindungen bestehen nach Westen in Richtung Köln und nach Osten in Richtung Rostock.

← *Ausflugsboot auf der Binnenalster*

Es gibt insgesamt vier Fernbahnhöfe in Hamburg, an denen jeweils Anschluss an das Schnellbahnnetz besteht. Allerdings hält nicht jeder Zug an jedem der Bahnhöfe.

 ## BAHNHÖFE

► **Hauptbahnhof**
U 1, U 2, U 3, S 1, S 2, S 3, S 11, S 21, S 31, R-Bahnen

► **Bahnhof Altona**
S 1, S 2, S 3, S 31, R-Bahnen

► **Bahnhof Dammtor**
S 11, S 21, S 31, R-Bahnen

► **Bahnhof Harburg**
S 3, R-Bahnen

AUSKUNFT

► **Kostenlose Fahrplanauskunft der DB**
Tel. 0800 1 50 70 90

► **Allgemeine Service-Nr. der DB**
Tel. 0180 5 99 66 33

Mit dem Flugzeug

Direkte Linienverbindungen zum Hamburg Airport gibt es aus verschiedenen Städten innerhalb Deutschlands bzw. innerhalb Europas. In Terminal 2 starten und landen die meisten Flüge von Lufthansa und Germanwings, in Terminal 1 u. a. Air Berlin, British Airways, Air France und viele Urlaubsflüge.
Alle großen Mietwagenfirmen (► Mietwagen) sind am Flughafen vertreten. **Parkplätze** für kürzeres Parken sind P1, P2, P4 und P5. Längeres Holiday-Parken ist im Parkbereich P8 und P9 möglich. Ein etwas günstigeres Holiday-Parkticket gibt es im Reisebüro und online (www.ham.airport.de). Von P8 und P9 gibt es einen Bus-Shuttle zu den Terminals.

Flughafen

 ## FLUGHAFEN

AUSKUNFT

► **Hamburg Airport**
Flughafen-Auskunft
Tel. 040 – 50 75 – 0
www.ham.airport.de

FLUGGESELLSCHAFTEN

► **Germanwings**
Tel. 0900 – 19 19 100
www.germanwings.com

► **Deutsche Lufthansa AG**
Tel. 01805 – 805 805 (24 h)
Reservierung und Information
www.lufthansa.com

► **Air Berlin**
Tel. 01805 – 73 78 00
Reservierung, Information, Verkauf
www.airberlin.com

Transfer Der Flughafen liegt 8,5 km nördlich der Innenstadt. In die City kommt man mit der **S-Bahn**, mit dem Bus oder dem Taxi. Die S 1 fährt alle 10 Minuten unter anderem zum Hauptbahnhof und zum Jungfernstieg (▶ Plan S. 124/125). Die Fahrzeit vom Flughafen zum Hauptbahnhof beträgt 25 Minuten. Der frühere Airport Express »Jasper« wurde eingestellt, nachdem die S-Bahn-Verbindung eröffnet worden war.
Eine **Taxifahrt** ins Stadtzentrum dauert etwa 25 – 30 Minuten und kostet gut 20 €. Außerdem fahren die regulären HVV-Buslinien 26, 39, 274, 292 und 606 zum Flughafen.

Ausgehen

St. Pauli St. Pauli ist ein Nachtleben-Klassiker, den sich viele Hamburg-Besucher allein oder in ganzen Gruppen gönnen und den man mittlerweile auch organisiert erleben kann.

Elbeufer Im Sommer gibt es verschiedene Open-Air-Locations direkt an der Elbe, die eine relaxte Atmosphäre und einen einmaligen Blick aufs Wasser und auf die vorbeiziehenden Schiffe bieten.

Kneipen, Bars, Clubs

Hamburg ist eine der Ausgehmetropolen. Auch wer es nicht unbedingt auf das Rotlichtmilieu in St. Pauli oder St. Georg abgesehen hat, findet in Hamburg reichlich abendliche und nächtliche Unterhaltung, und zwar ausgesprochen vielfältiger Art. Es gibt eine unübersehbare Zahl von Kneipen – von gemütlich bis kühl durchgestylt. Viele Kneipen und Bars sind in der Gegend um den Großneumarkt herum zu finden, im Universitätsviertel, im schicken, aber ganz gemütlichen Pöseldorf, in Eppendorf, Eimsbüttel, Altona und Ottensen.

Diverse angesagte **Szenekneipen** gibt es in St. Pauli und St. Georg, außerdem findet man jede Menge im Schanzenviertel und im Karolinenviertel. Da es in Hamburg keine Sperrstunde gibt, kann man hier problemlos die Nacht durchmachen. Außerdem gibt es in Hamburg ein extrem großes Angebot an Live-Musik. Viele der Kneipen und Clubs sind oft auch kleine Konzertbühnen.

i **DIE SCHÖNSTE NACHT**

- In der Bar 20up im Empire Riverside Hotel hat man einen grandiosen Blick auf Elbe und Hafen.
- An schönen Sommerabenden ist ein Platz am Elbeufer unschlagbar.
- Das Publikum macht eine echte Kiezkneipe aus; der »Sorgenbrecher« ist eine.
- Gute Musik gibt's im »Uebel & Gefährlich« im Medienbunker.
- Im »Zeise Kino« kann man erst einen Film und dann einen guten Wein genießen.

Riesenangebot: 400 Lokale, 32 Discos und Live-Clubs, 50 Bordelle, 17 Sexshops, noun Strip- und Sexshows, fünf Sado-Maso-Treffs, sechs Theater, 22 Spielhallen.

AUF DER REEPERBAHN NACHTS UM HALB EINS

Über 50 Jahre nach Hans Albers' Hit ist auf der Reeperbahn so viel los wie nie. An Wochenenden drängen sich die Menschen: Trinkfreudige und Schaulustige vom Teenager bis zum Rentner wollen sich hier amüsieren. Denn nirgendwo sonst gibt es so viele und so unterschiedliche Etablissements.

Theater...

Die Theater- und Musicalkultur auf dem Kiez konzentriert sich am Spielbudenplatz. Ins TUI-Operettenhaus (Nr. 1) fallen ganze Busladungen von Liebhabern der leichten Muse ein. Von 1986 bis 2001 fegten hier die weltbekannten Katzen von »Cats« über die Bühne. Danach folgten Musicals wie »Mamma mia!«, »Ich war noch niemals in New York« und »Sister Act«. Hamburgs ältestes Theater ist das 1841 gegründete »St.-Pauli-Theater« direkt neben der Davidwache, hier werden Musicals, Volksstücke und Kabarett aufgeführt. Willy Millowitsch, Freddy Quinn, Heidi Kabel und Dirk Bielefeldt (Herr Holm) sind hier schon aufgetreten.

Varietés...

Als 1988 Corny Littman und Ernie Reinhardt – bekannt als Lilo Wanders – das »Schmidt Theater« (Nr. 24) eröffneten, begann sich eine neue Kulturszene auf dem Kiez zu etablieren. In plüschigem Ambiente werden schrille Shows, Kabarett, Varieté und Musiktheater geboten. Wochentags nach Mitternacht buhlen die Stars von morgen um die Gunst der Gäste. »Schmidts Tivoli« (Nr. 27–28) ist seit 1991 mit Chansonabenden, Boulevardtheater und Schlagerrevuen erfolgreich. Ein Anziehungspunkt für Kiez-Touristen ist auch das Travestie-Varieté »Pulverfass«. Nach dem Umzug aus St. Georg verlustieren sich die grell geschminkten Künstler jetzt in den Räumen des ehemaligen »Oase-Kinos« an der Reeperbahn 147.

Nightclubs...

Links neben dem Tivoli führt eine Treppe hinauf zu »Angie's Nightclub«. Statt big black Mama Angie Stardust (gest. 2007) begeistern heute andere Gesangskünstler – immer noch gemeinsam mit der Angie's Band – Zuhörer mit feinstem Soul, Funk, Pop und Rock. Oliver Stone, Udo Lindenberg, Dolly Dollar, Helge Schneider, Nina Hagen und Melissa Etheridge hat man hier gesehen.

So war's im Café Keese beim berühmten »Ball Paradox«: »Sie« wählte »ihn« und dann wurde in gediegenem Ambiente geschwoft.

... und Clubs

Auf der Reeperbahn findet jedes Tanzbein seinen Sound. Getanzt wird in zahlreichen Diskotheken: In der China Lounge liegen Soul, Funk und Electronic Music auf den Plattentellern, in der Mitte der Reeperbahn wird im Moondoo zu House Music getanzt. Das beliebte Mandarin Kasino (Reeperbahn Nr. 1) ist geschlossen worden, es soll im Februar 2012 als

> ! **Baedeker** TIPP
>
> **Comedy statt Damenwahl**
>
> Eine feste Institution auf dem Kiez ist das »Café Keese« (Reeperbahn (Nr. 19), hier wurde jahrzehntelang der »Ball Paradox« praktiziert: Die Damen wählten, die Herren durften nicht ablehnen. Jetzt ist hier Donnerstag-, Freitag- und Samstagabends Deutschlands bekannteste Stand-up-Comedy-Show, der »Quatsch Comedy Club«, zu sehen.

»Mojo Club« am gleichen Standort in einem gläsernen Hochhausneubau – den sogenannten »tanzenden Türmen« – seine Pforten wieder öffnen.

Kiez-Klassiker

Neben dem berühmten Café Keese ist das Lehmitz direkt nebenan ein fester Begriff. Die rund um die Uhr geöffnete Absturzkneipe mit dem riesigen Tresen zeichnet sich vor allem durch

moderate Preise aus. Bekommt man zu vorgerückter Stunde einen Kurzen ausgegeben, muss das schon mal als direkte Einladung zum One-Night-Stand verstanden werden. Passende Accessoires für sexuelle Eskapaden werden in diversen Erotikkaufhäusern längs der Meile angeboten. Shops wie das WOS (World of Sex) verkaufen z. B. Unterwäsche mit Reißverschlüssen an alltagsuntauglichen Stellen sowie lustige Spielzeuge in Penisform.

Große Freiheit

In der Großen Freiheit grenzt ein Show-Lokal an das nächste. In Susis Show Bar (Nr. 1–3) gibt es angeblich »das Schärfste, was Hamburg zu bieten hat«: Table Dance und gute Live-Shows. Im »Cult« (Nr. 2) tanzt man umgeben von goldenen Säulen und rotem Plüsch zu den Hits der letzten drei Jahrzehnte. Im »Dollhouse« (Nr. 11) erfreuen Striptease und Go-Go-Dancing nach Las-Vegas-Manier Frauen ebenso wie Männer. Live-Sex auf der Bühne wird heute nur noch im »Safari« (Nr. 24–28) geboten.

Eine schöne alte Kiez-Kneipe ist »Gretel & Alfons« (Nr. 29) – schon fast etwas fürs Gemüt. Wichtig auch die Bar von Hamburgs bekannter Drag Queen Olivia Jones alias Oliver Knöbel, »Olivia Jones Bar« (Nr. 35). Und dann ragt da eine riesige Neon-

Plüschige Atmosphäre in so manchem Kiezclub, hier die »Prinzenbar«

licht-Gitarre über die Straße: die »Große Freiheit 36«. Die Bands, die hier die Saiten zupfen, spielen hauptsächlich Rockmusik. Eine Treppe tiefer wird im »Kaiserkeller« getanzt, genauso wie natürlich im »Grünspan« (Nr. 58) ein Stück weiter, Hamburgs ältester Diskothek.

Weitere angesagte Läden sind der »Funky Pussy Club« (Nr. 34) mit Party und Event für Abiturienten und Studenten, das »Blankeneser Kiez Internat« (Nr. 10), »Jams Club« (Nr. 12) mit Musik und Party – laut und gut –, und noch ein Party-Club: das »Injection« (Nr. 4).

Hans-Albers-Platz

Der Kern des alten St. Pauli ist der Hans-Albers-Platz mit dem bronzenen Denkmal seines Namensgebers. Hier und in den angrenzenden Straßen gibt es zahllose Kneipen und Etablissements. Im »Mary-Lou's«, »Frieda B.« oder »La Paloma« schließen hauptsächlich Sportwagenfahrer und blondgesträhnte Vorstadtschönheiten Bekanntschaft. Am Hans-Albers-Platz 20 tummelt sich im »Hans-Albers-Eck« vor allem am Wochenende ein gemischtes Publikum, dem man sich ohne Weiteres anschließen kann. Platz ist genug – es gibt zwei Ebenen mit mehreren Bars, Tanzflächen und im Sommer einen Biergarten mit etwa 160 Plätzen. Etwas

rustikaler geht es im »Drafthouse« zu, jedenfalls was die Einrichtung betrifft, das »Drafthouse« hat zudem eine große Live-Bühne. Und last but not least die »Hans-Albers-Klause«, eine wahre Kiezkneipe, in der der echte St. Paulianer auch unter der Woche sein Bier trinkt.

Wem der Magen knurrt

Auch das kulinarische Angebot auf dem Kiez ist vielfältig: vom traditionsreichen Edel-Italiener bis zur Imbiss-

> ## ! *Baedeker* TIPP
>
> ### Zur Kur nach St. Pauli
>
> Kiezbummel mit fachkundiger Begleitung gibt's bei der Kurverwaltung St. Pauli. Der Verein hat das Viertel zum Erholungsgebiet erklärt und bietet zum einen ein Kurtaxenheft mit Ermäßigungen für zahlreiche Kiezetablissements. Zum anderen kann man unter ortskundiger Führung eines »Kurschattens« die Gegend erkunden: Tel. 31 79 07 47

kette. Hinter einer dunkelrot gekachelten Fassade an der Davidstraße verbirgt sich Deutschlands ältestes in Familienbesitz befindliches italienisches Restaurant, das 1905 gegründete »Cuneo«. Wer hier einen Platz ergattert, speist zusammen mit Promis, Künstlern und Medienleuten. Küche bis 1.00 Uhr.

● AUSGEHEMPFEHLUNGEN

▶ ① etc. s. Plan S. 66/67

BARS / KNEIPEN

▶ ① **Bar Hamburg**
Rautenbergstr. 6 (St. Georg)
Schick, gemütlich und hipp.

▶ ② **Bar Rossi**
Max-Brauer-Allee 279 (Schanze)
Schöne Lounge, gute Cocktails.

▶ ③ **Christiansen's**
Pinnasberg 60 (Altona)
Barklassiker mit hervorragenden
Cocktails.

▶ ④ **Dual Bar**
Schanzenstr. 53 (Schanze)
Starter für den Zug durchs
Schanzenviertel, Loungemusik.

▶ ⑤ **Tower Bar**
Seewartenstr. 9
Im Hotel Hafen Hamburg: Cock-
tails mit bestem Hafenpanorama.

▶ ⑥ **Bar Cabana**
Fischmarkt 4 – 6
So kubanisch wie in Altona
möglich.

▶ ⑦ **Bar Centrale**
Paul-Roosen-Straße 19
Perfekte Kiez-Kneipe, etwas abseits
vom Reeperbahn-Trubel.

▶ ⑧ **Amphore**
Hafenstraße 140
Café & Bar und im Sommer Blick
auf die vorbeifahrenden Pötte.

▶ ⑨ **Alsterperle**
Eduard-Rhein-Ufer 1
»Sehen und gesehen werden«: ge-
pflegter Treff an der Außenalster.

▶ ⑩ **20 up**
Bernhard-Nocht-Straße 97
90 m über dem Hafen Longdrinks
schlürfen. Der Türsteher achtet
auf elegante Garderobe.

Die »Bar Cabana« am Fischmarkt gilt als Treffpunkt höherer Töchter.

► ⑪ **Filmhauskneipe**
Friedensallee 7 (Ottensen)
Angenehme Atmosphäre mit
nettem Publikum.

► ⑫ **frank und frei**
Schanzenstr. 93 (Schanzenviertel)
Im Viertel sehr beliebte Kneipe.

► ⑬ **Geyer**
Hein-Köllisch-Platz 4 (St. Pauli)
Café und Drinks für den frühen
Abend, im Herzen St. Paulis.

Die Atmosphäre in der Fabrik ist einmalig.

► ⑭ **Frau Möller**
Lange Reihe 96
Gemütliche Rustikal-Kneipe in
St. Georg, samstags für Bundes-
liga-Fans ideal.

► ⑮ **Sorgenbrecher**
Hamburger Berg 23 (St. Pauli)
Kiez-Kneipe für die späte Nacht.

► ⑯ **Zum Silbersack**
Silbersackstr. 9 (St. Pauli)
Kneipe mit ursprünglichem Kiez-
Flair und gemischtem Publikum.

LIVE-MUSIK

► ⑰ **Angie's Nightclub**
Spielbudenplatz 27, Tel. 317 78 80
Soul, Funk, Pop und Rock mitten
auf der Reeperbahn.

► ⑱ **Birdland**
Gärtnerstr. 122, Tel. 40 52 77
www.jazzclub-birdland.de
Swing, Bebop, Modern Jazz.

► ⑲ **Cotton Club**
Alter Steinweg 10
Tel. 34 38 78, www.cotton-club.de
Oldtime, Dixieland, Hot Jazz.

► ⑳ **Fabrik**
Barnerstr. 36
Tel. 39 10 70, www.fabrik.de

► ㉑ **Haus 73**
Schulterblatt 73 (Schanzenviertel)
www.dreiundsiebzig.de
Szeniger Live-Club mit weniger
kommerziellem Musikprogramm.

► ㉒ **Docks**
Spielbudenplatz 19
Tel. 317 88 30, www.docks.de
Die Live-Location auf der Reeper-
bahn für größere Konzerte.

► ㉓ **Golden Pudel Club**
Fischmarkt 27
Tel. 31 97 99 30, www.pudel.com
Direkt bei der legendären Hafen-
straße, Hamburger Subkultur par
excellence.

► ㉔ **Große Freiheit 36**
Große Freiheit 36
Tel. 31 77 78 11
Hauptsächlich Rock und Pop.

► ㉕ **Logo**
Grindelallee 5 (bei der Universität)
Tel. 410 56 58,
www.logohamburg.de
Rock 'n' Roll since 1974.

► ㉖ **Markthalle**
Klosterwall 11 (nahe Hauptbahnhof), Tel. 33 94 91

Hamburg Ausgehen und Cafés

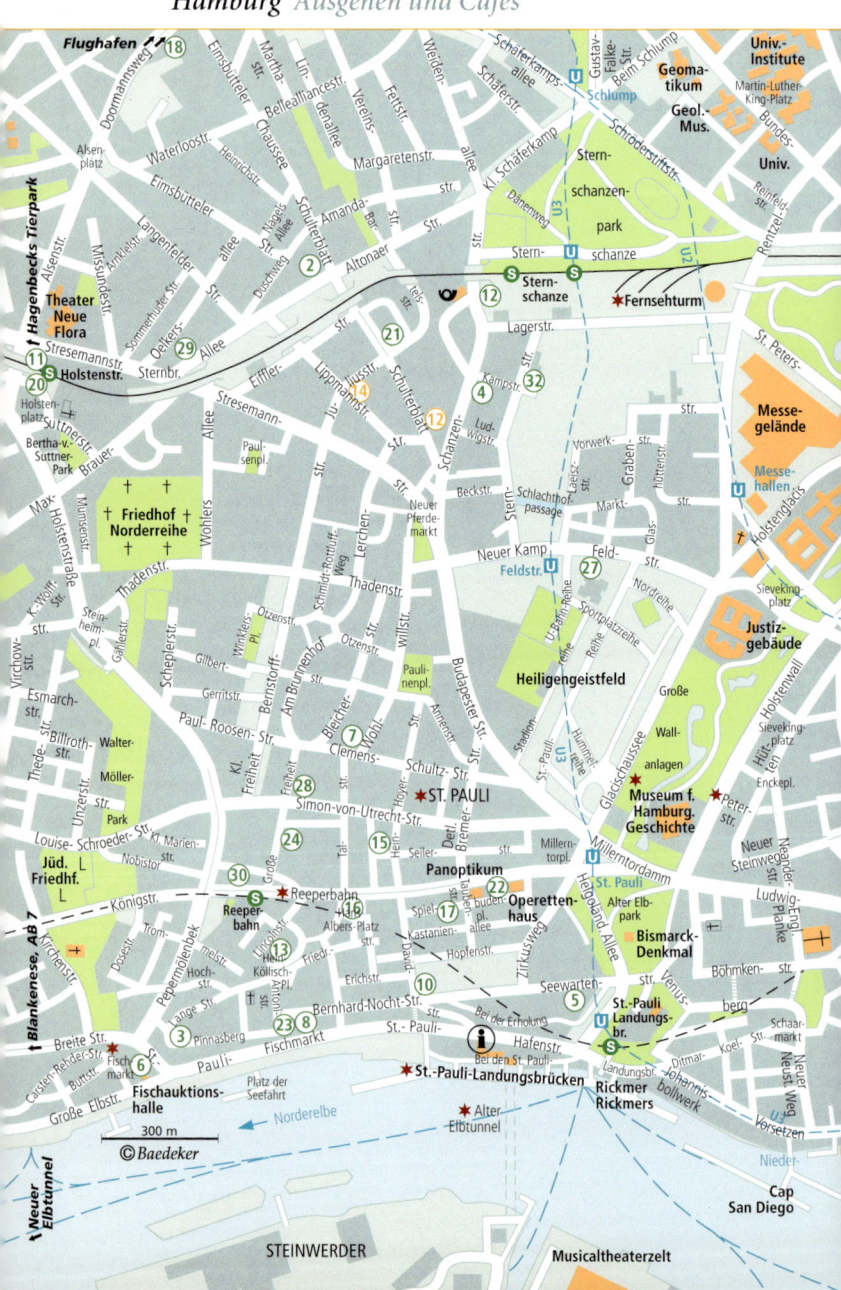

Ausgehen
① Bar Hamburg
② Bar Rossi
③ Christiansen's
④ Dual Bar
⑤ Tower Bar
⑥ Bar Cabana
⑦ Bar Centrale
⑧ Amphore
⑨ Alsterperle
⑩ 20 up
⑪ Filmhauskneipe
⑫ Frank und Frei
⑬ Geyer
⑭ Frau Möller
⑮ Sorgenbrecher
⑯ Zum Silbersack

Café
⑰ Angie's Nightclub
⑱ Birdland
⑲ Cotton Club
⑳ Fabrik
㉑ Haus 73
㉒ Docks
㉓ Golden Pudel Club
㉔ Große Freiheit 36
㉕ Logo
㉖ Markthalle
㉗ Uebel & Gefährlich
㉘ Grünspan
㉙ Waagenbau
㉚ China Lounge
㉛ Spielbank
㉜ Erikas Eck

① Alex (Alsterpavillon)
② Arkaden-Café
③ Café Condi
④ Café Wien
⑤ Marinehof
⑥ Literaturhauscafé
⑦ Bar Tabac
⑧ Café Gnosa
⑨ Kyti Voo
⑩ Café Leonar
⑪ Café Mathilde
⑫ Herr Max
⑬ Insel-Café
⑭ Café Unter den Linden
⑮ Café endlich

www.markthalle-hamburg.de
Die angesagte Konzerthalle für den
etwas härteren Sound (von Rock
bis Ragga).

▶ ㉗ **Uebel & Gefährlich**
Feldstr. 66
www.uebelundgefaehrlich.com
Location im Medienbunker.

DISKOTHEKEN/CLUBS

▶ ㉘ **Grünspan**
Große Freiheit 58 (St. Pauli)
Tel. 31 79 34 83
www.gruenspan.de
Hamburgs Rockcenter No. 1,
Diskothek u. Konzertveranstalter.

▶ ㉙ **Waagenbau**
Max-Brauer-Allee 204
Tel. 24 42 05 09
www.waagenbau.com
Abseits des Mainstream legen hier
die weltbesten DJs auf.

▶ ㉚ **China Lounge**
Nobistor. 14 (St. Pauli)
Tel. 31 97 66 22
www.china-lounge.de
Soul, Funk, House, Big Beats und
Electro.

SPIELBANKEN

▶ ㉛ **Spielbank Hamburg / Casino
Esplanade**
Stephansplatz 10, Tel. 33 47 33-0
www.spielbank-hamburg.de
In einem 1907 erbauten Palais,
einem ehemaligen Grand Hotel,
im Herzen Hamburgs.

ESSEN NACH MITTERNACHT

▶ ㉜ **Erikas Eck**
Sternstr. 98 (Schanzenviertel)
Tel. 43 35 45, www.erikas-eck.de
Die traditionelle Anlaufstelle für
Nachtschwärmer und Taxifahrer,
zu jeder Nachtstunde bürgerliche
Kost, neben dem Schlachthof.

Kino

Neben den Multiplexen hat Hamburg eine Vielzahl hervorragender
Programm- und Arthouse-Kinos, in denen Cineasten auf ihre Kosten
kommen. Das laufende Programm kann man u. a. der Tagespresse
und den Stadtmagazinen entnehmen.

 KINOS

MULTIPLEXE

▶ **Cinemaxx Dammtor**
Dammtordamm 1
Tel. 01805 − 24 63 62 99
8 Säle, 2730 Plätze

▶ **UCI KINOWELT Mundsburg**
Hamburger Straße 1 − 15
Tel. 2 27 04 50, 8 Säle

PROGRAMM- UND ARTHOUSEKINOS

▶ **Zeise**
Friedensallee 7 − 9 (Altona)
Tel. 390 87 70, www.zeise.de
Gute Kinounterhaltung in einer
ehemaligen Schiffsschraubenfabrik; nebenan: Film- und Medien-
zentrum sowie Filmhauskneipe.

In den Zeisehallen verweilt man gern länger.

▶ 3001
Schanzenstraße 75
Tel. 43 76 79
www.3001-kino.de
Engagiertes Programmkino mit
internationalen Festivals.

▶ Abaton
Allendeplatz 3 (an der Uni)
Tel. 41 32 03 20
www.abaton.de
Eines der besten und bekanntesten
Programmkinos in Deutschland.

▶ Metropolis Kino
Steindamm 54
Tel. 34 23 53
Kommunales Kino mit hervorra-
gendem Programm, Retrospek-
tiven und Festivals.

▶ Streit's Filmtheater
Jungfernstieg 38
Tel. 34 60 51
Klassische Kinoadresse, kleines
aber feines Programm, häufig
Originalfassungen.

VORSTADTKINOS

▶ Blankeneser Kino
Blankeneser Bahnhofstr. 4
(Blankenese)
Tel. 86 24 21
2 Säle, 178 Plätze
Plüschig-gemütliches Kino.

▶ Elbe-Kino
Osdorfer Landstr. 198 (Osdorf)
Tel. 800 44 45
1 Saal, 260 Plätze
Angenehmes Stadtteilkino.

Auskunft

Die Hamburg Tourismus GmbH steht zur Verfügung für Auskünfte, **Tourismus-**
Beratung, Informationsmaterial sowie für die Vermittlung von Un- **Zentrale**
terkünften, Stadt-, Hafen-, Alster- und Fleetrundfahrten, Ausflügen
ins Umland, Fremdenführern, Leihfahrrädern, Tagungen und Kong-
ressen außerdem für den Verkauf von Eintrittskarten für Kultur- und
Sportveranstaltungen sowie der ▶Hamburg Card.
Das Internet leistet bei der Reisevorbereitung nützliche Dienste. Die
aufgeführten Adressen helfen bei der Hotelbuchung, informieren
über Veranstaltungen oder vermitteln Wissenswertes über die Stadt.

▶ AUSKUNFT, WEBSITES, FUNDBÜROS

INFORMATIONSSTELLEN DER HAMBURG TOURISMUS GMBH

▶ **Hauptbüro**
Nur schriftliche oder telefonische Information (kein Publikums-verkehr). Die Internetseite hilft u. a. bei der Suche und Buchung von Unterkünften.
Postfach 10 22 49
20015 HH
Tel. 300 51 300
Fax 300 51 333
www.hamburg-tourismus.de

▶ **Hauptbahnhof Hamburg**
Ausgang Kirchenallee
Mo. – Sa. 9.00 – 19.00 Uhr
So. 10.00 – 18.00 Uhr

▶ **Am Hafen**
St.-Pauli-Landungsbrücken
(zwischen Brücke 4 und 5)
So. – Mi. 9.00 – 18.00 Uhr
Do. – Sa. 9.00 – 19.00 Uhr

▶ **Hamburg Airport**
Airport Plaza
(zwischen Terminal 1 u. 2)
tgl. 6.00 – 23.00 Uhr

▶ **Hamburg-Hotline**
Tel. 040 – 300 51 300
Mo. – Sa. 9.00 – 19.00 Uhr

? WUSSTEN SIE SCHON …?

■ Das Österreichische Generalkonsulat wurde in der Hansestadt geschlossen, auch das Generalkonsulat für die Schweiz ist momentan zu. Trotzdem gibt es außer in New York und in Hong Kong in keiner anderen Stadt der Erde eine ähnlich große Anzahl von Konsulaten und Generalkon-sulaten wie in Hamburg.

HAMBURG IM INTERNET

▶ **www.hamburg.de**
Alles über die Stadt Hamburg

▶ **www.hamburg-tourismus.de**
Website der Hamburg Tourismus GmbH mit diversen touristischen Informationen

▶ **www.hvv.de**
Hamburger Verkehrsverein, Fahr-plan, Fahrpreise etc.

▶ **www.hadag.de**
Fährverbindungen, Schiffsfahrten

▶ **www.stadtplandienst.de**
Online-Stadtplan unter anderem mit Angabe von Einbahnstraßen und Parkhäusern bzw. Parkplätzen

FREIZEITTIPPS IM INTERNET

▶ **www.hamburg-magazin.de**
Informative wie hilfreiche Inter-net-Stadtzeitung mit Veranstal-tungs-, Kultur- und Ausflugtipps, Restaurantadressen etc.

▶ **www.szene-hamburg.de**
www.oxmoxhh.de
www.prinz.de
Hamburgs Stadtmagazine online

▶ **www.mopo.de**
www.abendblatt.de
Hamburgs Tageszeitungen online

▶ **www.hamburg-tourismus.de**
diverse Veranstaltungshinweise

▶ **www.kinder-hamburg.de**
www.kindernetz-hamburg.de
www.bangerang.de
Zum Stöbern für Familien mit Kindern, mit Freizeittipps

FUNDBÜROS

▶ **Zentrales Fundbüro der Freien und Hansestadt Hamburg**
Bahrenfelder Straße 254-260
22765 Hamburg
Tel. 42 81 13 55 01
Tel. 4 28 28 0
www.hamburg.de/fundbuero

▶ **Fundsachen online suchen**
www.hamburg.de/fundbuero-online

▶ **Deutsche Bahn und S-Bahn**
Tel. 0900 1 99 05 99
www.bahn.de/p/view/service/bahnhof/fundservice.shtml

Mit Behinderung unterwegs

▶ **Club 68 Helfer e.V.**
Alsterdorfer Markt 6
22297 Hamburg
Tel. 555 01 66-0
www.club68helfer.de
Unterstützung u.a. auch bei der Freizeitgestaltung

▶ **Hotel- und Reiseratgeber**
Der Hotel- und Reiseratgeber »Handicapped-Reisen« ist im Buchhandel oder direkt beim Escales Verlag erhältlich.

Escales Verlag
Talstraße 58
77887 Sasbachwalde
Tel. 07841 – 684 11 33

▶ **Landesarbeitsgemeinschaft für behinderte Menschen**
Tel. 29 99 56 66
www.lagh-hamburg.de
Die Arbeitsgemeinschaft gibt einen Führer heraus, mit Infos über die Zugänglichkeit von Sehenswürdigkeiten, Restaurants oder Hotels.

Essen und Trinken

In Hamburg wurde schon immer Wert auf gutes Essen gelegt, und die Aufgeschlossenheit der Handelsstadt zeigte sich früh in den Einflüssen fremder Länder auf die hamburgische Küche. So ist z. B. die typische Kombination von Fisch und Fleisch, von Salzigem, Süßem und Saurem, die manchem vielleicht etwas befremdlich erscheinen mag, vermutlich aus dem nordischen Raum hierher gekommen. **Einflüsse aus aller Welt**
In Hamburg bevorzugt man traditionell kräftige, deftige und möglichst ungekünstelte Gerichte. Die Hansestadt ist außerdem ein echter Wallfahrtsort für Feinschmecker. Etliche international renommierte Küchenchefs präsentieren hier ihre Kreationen. Traditionell gibt es in der Hansestadt viel Fisch. Die meisten Hamburger Gast-

Für Genießer: Meeresfrüchte mit Hafenblick.

stätten servieren Fischgerichte – See- und Süßwasserfisch sowie Schalentiere – in reicher Auswahl. Groß ist natürlich auch die Zahl der Nationalitätenrestaurants.

Typische Hamburger Spezialitäten

Aalsuppe Die bekannte »Hamburger Aalsuppe« hieß ursprünglich »Saure Suppe«. Der heute gängige Name rührt nicht etwa von Aalstücken her – die wurden nämlich erst später hinzugefügt –, sondern stammt vom niederdeutschen »aal« (hochdeutsch für »alles«). Denn die »Aalsuppe« ist eigentlich eine saure Restesuppe: Aus einem noch reichlich mit Fleisch besetzten Schinkenknochen, Rauchfleisch, Möhren (hamburgisch »Wurzeln«), Sellerie, Porree, Erbsen sowie Backobst und anderen Zutaten wird eine Suppe gekocht, die man dann mit verschiedenen Kräutern und Gewürzen, Essig, Weißwein, Zucker, Salz und Pfeffer abschmeckt. Erst zum Schluss werden Stücke vom frischen Aal zugegeben und kurz mitgekocht.

Scholle Versuchen sollte man »Scholle nach Finkenwerder Art«. Sie wird in der Pfanne gebraten und mit angerösteten Schinkenspeckwürfeln bestreut. Dazu gibt es meist Kartoffelsalat.

Matjeshering Matjes ist ein junger Hering ohne Rogen und Milch – Matjeshering kommt aus dem Niederländischen und heißt soviel wie »Mädchenhering«. Er »reift« etwa zwei Monate in einer Salzlake. Matjes wird mit den verschiedensten Beilagen, von Speckstippe bis zu herb-süßen Preiselbeeren, angeboten. Sehr beliebt ist »Matjesfilet nach Hausfrauenart« mit einer Sahnesoße mit Apfel- und Zwiebelstücken und Pellkartoffeln dazu.

Beim **Labskaus** – ursprünglich ein norwegischer Begriff, der wohl über das Englische in die Seemannssprache kam – handelt es sich um einen Eintopf aus Pökelfleisch, Kartoffelbrei, Röstzwiebeln und Pfefferkörnern. Als Fleisch verwendet man vorzugsweise gepökelte Rinderbrust, die vorgekocht und durch den Wolf gedreht wird. Die Bestandteile werden einzeln zubereitet und dann zusammengerührt. Dazu gibt es ein Spiegelei, Rote Beete und Salzgurke.

? WUSSTEN SIE SCHON …?

■ dass einiges dafür spricht, dass der »Burger« wirklich ein Hamburger ist? Angeblich nahmen sich Emigranten auf dem Weg nach Amerika im Hamburger Hafen ein »Rundstürk warm« (Schweinebraten auf Brötchen) mit auf die Reise. Sie legten einen weiteren Brotdeckel oben drauf, denn so aß es sich einfacher. Außerdem heißt das Frikadellenrezept eines amerikanischen Kochbuchs von 1891 »Hamburg Style Steak«.

Fischerfrühstück
Das deftige Fischerfrühstück – auch als kräftiges Mittagessen bestens geeignet – besteht aus Bratkartoffeln, Ei und Nordseekrabben.

Birnen, Bohnen und Speck
Grüne Bohnen, kleine ganze Birnen, angestochen, aber ungeschält, und Stücke von durchwachsenem Speck werden zusammen gegart.

Rote Grütze
Diese weit verbreitete Nachspeise – plattdeutsch »Rode Grütt« – wird eigentlich nur aus dem Saft von Himbeeren, Erdbeeren oder/und Johannisbeeren, vielfach aber auch samt den jeweiligen Früchten zubereitet. Saft und Fruchtstückchen werden gesüßt, angedickt und erhitzt. Diese Masse gießt man zum Erkalten in Formen oder Schälchen. Am besten schmeckt Rote Grütze mit Milch oder flüssiger Sahne, bisweilen mit Vanillesoße, was allerdings nicht so »echt« ist.

Fliederbeersuppe
Diese gesunde Fruchtsuppe aus frisch gepflückten Holunderbeeren (Fliederbeeren) wird von den Hamburgern geschätzt, in den Gaststätten aber kaum angeboten.

Typische Getränke

Bier
Im Mittelalter gab es in Hamburg 500 Bierbrauereien, weswegen die Stadt auch als »Brauhaus der Hanse« bezeichnet wurde. Bier ist bis heute das alkoholische Getränk Nummer eins. Auf St. Pauli wird gerne das kultige »Astra« getrunken. Heute gibt es in Hamburg mit der Holstenbrauerei nur noch eine Großbrauerei und die gehört seit 2004 dem dänischen Konzern Carlsberg.

Lütt un Lütt
Viel getrunken wird »Lütt un Lütt« (»Klein und Klein«), die Kombination von einem kleinen Glas helles Bier und einem Gläschen Korn (»Klarer«) oder Kümmelschnaps (»Köm«).

Wein
Wein war früher mit Ausnahme der in großen Lagerkellern gepflegten Rotweine (genannt »Rotspon«; v. a. französische Weine, aber auch Portwein und Madeira) wenig verbreitet. Heutzutage ist eine

gute Weinkarte nicht nur in den feinen Gastronomien selbstverständlich, sondern gehört auch in vielen Szene-Lokalen zum guten Ton.

Alsterwasser »Alsterwasser« nennt man ein sehr erfrischendes Getränk aus gleichen Teilen von hellem Bier und Zitronensprudel, vergleichbar mit bayerischem »Radler« oder dem »Potsdamer« im Berliner Raum.

! *Baedeker* TIPP

Lange wach dank Kola

Hamburg hat der globalisierten Coca-Cola-Welt etwas entgegenzusetzen: Fritz-Kola. Die schmeckt nicht nur, sondern kickt auch gut. Der Koffeingehalt geht an die gesetzlich zulässige Höchstgrenze und ist dreimal höher als bei den Allerweltsvertretern. Serviert wird die Kola in vielen Szenelokalen und hier: www.fritz-kola.de

Grog Grog ist ein geradezu klassisches Mittel zum Aufwärmen bei nasskaltem Wetter. Man mischt Rum oder Arrak mit heißem Wasser und gibt nach Belieben Zucker hinzu (Motto: »Rum muss, Zucker kann, Wasser braucht nicht«). »Steifer« Grog enthält besonders viel Alkohol. Eine Sonderform ist der mit Eigelb zubereitete Eiergrog.

Koks »Koks« gibt es heute in Hamburg eher selten. Koks besteht aus einem mit Rum getränkten Zuckerstück, das mit groben Kaffeebohnenkrümeln bestreut wird.

Cafés

Überall Cafés An Cafés und Bars mangelt es in Hamburg nicht, an vielen Straßenecken kann man sich für einen Latte Macchiato niederlassen, überall gibt es Panini oder Muffins. Nicht nur für Museumsbesucher interessant: Sehr schöne Cafés mit gutem Angebot gibt es in allen großen und auch in vielen kleinen Hamburger Museen.

 CAFÉS

▶ ① etc. s. **Plan S. 66/67**
Ohne Nr.: außerhalb des Plans

INNENSTADT

▶ ① **Alex (Alsterpavillon)**
Jungfernstieg 54
Im altehrwürdigen Alsterpavillon hat sich das Kettencafé Alex niedergelassen. Seitdem ist alles moderner und die Kaffeehausmusik fehlt. Geblieben ist der traumhaft schöne Blick.

▶ ② **Arkaden-Café**
Alsterarkaden 9 – 10
Klassisches Café in schönster Lage; hier bekommt man zum Kaffee sehr guten Kuchen.

► **③ Café Condi im Hotel
Vier Jahreszeiten**
Neuer Jungfernstieg 9–14
Klassisches Biedermeier-Ambiente;
wem das zu ältlich ist, der wählt
das modernere Deli ebenfalls im
Hotel »Vier Jahreszeiten«.

► **④ Café Wien**
Binnenalster/Ballindamm
Wiener Kaffeeangebot auf einer
Alsterbarkasse – bestens geeignet
als Pause beim Stadtbummel.

► **⑤ Marinehof**
Admiralitätsstraße 77
Café auf der Fleetinsel. Delikate
Kleinigkeiten, auch Mittagstisch.

► **⑥ Literaturhauscafé**
Schwanenwik 38
Ein herrlicher Raum mit hohen
Stuckdecken in Hamburgs Litera-
turhaus. Außer Kaffee und Kuchen
gibt's ein gutes Frühstücksangebot.

i DIE SCHÖNSTEN CAFÉS

- Der Raum des Literaturhauscafés ist
  atemberaubend schön.
- Das Café Gnosa und seine Kuchen sind
  Kult.
- Im Sommer ist die Strandperle vielleicht
  der schönste Ort in Hamburg.

► **⑦ Bar Tabac**
Galleria/Große Bleichen 21
Schöner Ort zum Ausspannen in
der City. Snacks, jede Art von
Getränken und zahlreiche Tages-
zeitungen als Lektüre.

ST. GEORG
► **⑧ Café Gnosa**
Lange Reihe 93
Schwul/lesbisches Kaffeehaus mit
köstlichen Kuchen aus der eigenen
Konditorei. Das Café Gnosa ist
weit über die Szenegrenze hinaus
beliebt.

So schön kann Kaffeetrinken sein – das Café im Literaturhaus.

▶ ⑨ **Kyti Voo**
Lange Reihe 82
Einfach, geschmackvoll und von guter Qualität.

UNIVERSITÄTSVIERTEL/ EPPENDORF

▶ ⑩ **Café Leonar**
Grindelhof 59
Jüdisches Café. Kaffee, Kuchen und ein interessantes Angebot an ungewöhnlichen Kleinigkeiten.

▶ ⑪ **Café Mathilde**
Bogenstraße 5
Kaffee und Kuchen oder kleine Snacks und dazu die Tageszeitung oder ein Buch aus dem Kaffeehaus-Regal.

AM ALSTERUFER

▶ **Café Red Dog**
Krugkoppel 1
Café und Bar an der Außenalster: Kaffee, Bier und Cocktails

▶ ⑬ **Insel-Café**
An der Alster 47a (Gurlittinsel)
Ein Steg-Café, das zur Segelschule »Käpt'n Prüsse« gehört.

OTTENSEN

▶ **Liquid Kaffeebar**
Mottenburger Twiete 8
Intim und gemütlich: Das Café ist tagsüber wie abends ein Szenetreff.

▶ **Café Katelbach**
Große Brunnenstraße 60

Da greift man gerne zu: Kaffeeausschank im Schanzenviertel

Kaffeehausatmosphäre und eine eigene Rösterei sorgen für stete Beliebtheit des Katelbach.

SCHANZENVIERTEL

► ⑫ **Herr Max**
Schulterblatt 12
Freundliches Café mit wunderschöner Einrichtung in einem ehemaligen Milchgeschäft. Es gibt leckere Torten.

► ⑭ **Café Unter den Linden**
Juliusstraße 16
Nicht nur das schönste Kaffeehaus im Viertel, sondern auch eines der beliebtesten, was an den hervorragenden Kuchen liegen mag.

ÖVELGÖNNE

► **Strandperle**
Övelgönne 63
Eine Sommeradresse: einfaches Selbstbedienungscafé in schönster Lage am Elbstrand. Bei gutem Wetter findet man meist keinen Platz an einem der Tische und weicht einfach an den Strand aus.

BLANKENESE

► **Lühmann Teestube**
Blankeneser Landstraße 29
Hier bekommt man englische

Die Strandperle wird ihrem Namen gerecht.

Scones mit Konfitüre, Butter und Cream, dazu einen heißen Tee.

FRAUENCAFÉ

► ⑮ **Café endlich**
Dragonerstall 11
Das »Café endlich« liegt zentral zwischen Johannes-Brahms-Platz und Gänsemarkt. Über die zahlreichen Veranstaltungen informiert: www.café-endlich.de

Restaurants

Wie es sich für eine Großstadt gehört, hat Hamburg eine Unmenge an Restaurants jeder Art zu bieten. Wer einfach losziehen und unterwegs etwas finden möchte, kann in Eppendorf, in der Nähe der Landungsbrücken, in St. Pauli, in Uni-Nähe und im Karolinen- und Schanzenviertel Glück haben. Die meisten Restaurants haben zwischen 11.00 und 23.00 Uhr geöffnet, viele haben einen Ruhetag. Im Rahmen des Hamburger Schlemmer Sommers bieten verschiedene Hamburger Restaurants jedes Jahr von Mitte Juni bis Mitte August Sommermenüs mit fünf Gängen an (www.hamburg-kulinarisch.de).

Reichlich Auswahl

Hamburg Hotels und Restaurants

© Baedeker

300 m

Hotels S. 116 ff. / Restaurants S. 80 ff.

Übernachten

1. The George Hotel
2. Atlantic
3. SIDE
4. Steigenberger
5. Vier Jahreszeiten
6. Hafen Hamburg
7. Motel One
8. Ibis St. Pauli Messe
9. Pacific
10. Wedina
11. Hanseatin
12. Schanzenstern
13. Stadthaushotel

Essen

1. Alt Hamburger Aalspeicher
2. Anno 1905
3. Das Kontor
4. Deichgraf
5. Old Commercial Room
6. Cölln's Restaurant
7. Fischereihafen-Restaurant
8. Fischerhaus
9. Fischmarkt
10. Rickmer Rickmers
11. Abendmahl
12. Café Paris
13. Doc Cheng's
14. Zippelhaus
15. Bodos Bootssteg
16. Cuba Mia
17. Cuneo
18. Williamine
19. Peking-Enten-Haus
20. Q-Bar
21. Schifferbörse
22. Saliba
23. Season
24. »Portugiesen-Viertel«
25. Juwelier
26. Petisco
27. Vienna
28. Nil
29. Brachmanns Galeron

▶ EMPFOHLENE RESTAURANTS

▶ ① etc. s. Plan s. S. 78/79
Ohne Nr.: außerhalb des Plans

▶ **Preiskategorien**
Fein & Teuer (Kat. I): über 20 €
Erschwinglich (Kat. II): 10 – 20 €
Preiswert (Kat. III): bis 10 €

i UNBEDINGT PROBIEREN

- Anno 1905: Gutbürgerliches im Jahrhundertwendeambiente
- Old Commercial Room: *die* Adresse für ein gutes Labskaus
- Brachmanns Galeron: leckere Hausmannskost vor dem Kiez-Bummel
- Nil: erstklassige Küche, stilvolles Ambiente

ALT-HAMBURGISCH

▶ ① **Alt Hamburger Aalspeicher (Kat. II)**
Deichstraße 43 (Altstadt)
Tel. 36 29 90
Restaurant in einem ehemaligen Speicher aus dem 17. Jahrhundert. Fischspezialitäten, vor allem Aal in allen Variationen; von einigen Tischen Blick auf den Nikolaifleet.

▶ ② **Anno 1905 (Kat. II)**
Holstenplatz 17 (Altona)
Tel. 439 25 35
Ein echtes Restaurant der Zeit um 1900. Hier werden die Augen und der Gaumen verführt – im Angebot sind Bockwurst, Fischgerichte oder Vegetarisches.

▶ ③ **Das Kontor (Kat. II)**
Deichstr. 32 (Altstadt)
Tel. 37 14 71
Das Kontor empfängt mit hanseatischem Ambiente und bietet bürgerliche Küche.

▶ ④ **Deichgraf (Kat. II)**
Deichstr. 23 (Altstadt), Tel. 36 42 08
Restaurant in einem Gebäude des 17. Jh.s, eingerichtet in edlem Alt-Hamburger-Stil. Geboten wird gehobene regionale und internationale Küche.

▶ ⑤ **Old Commercial Room (Kat. II)**
Englische Planke 10 (Neustadt)
Tel. 36 63 19
1648 gegründetes Lokal – hanseatisch und maritim. Serviert wird wohlschmeckend Traditionelles, viele Fischgerichte und u. a. das berühmte Old-Commercial-Room-Labskaus, das man auch getrost als Dosengericht auf Vorrat mitnehmen kann.

▶ ⑥ **Cölln's Restaurant (Kat. II)**
Brodschrangen 1 – 5 (Innenstadt)
Tel. 36 41 53
Traditionelles Restaurant mit edlem hanseatischem Ambiente. Sehr gute verfeinerte bürgerliche Küche, exzellenter Service

▶ ⑩ **Rickmer Rickmers (Kat. II)**
»Fiete«-Schmidt-Anleger (Landungsbrücken, Ponton 1 A)
Tel. 319 63 73
(abends geschlossen)
Leckere Küche, die schmeckt.

▶ ㉑ **Schifferbörse (Kat. II)**
Kirchenallee 46
Tel. 24 52 40
Großes Traditionsrestaurant direkt am Hauptbahnhof. Man sitzt zwischen originalen maritimen Objekten aus aller Welt. Auf der Speisekarte stehen gute Fischgerichte und Typisches der norddeutschen Küche.

! *Baedeker* TIPP

Das Auge isst mit

Allein der Saal im Luxushotel Louis C. Jacob besticht durch edles Ambiente. Für die feine Küche mit französischen Akzenten ist Sternekoch Thomas Martin verantwortlich. Der besondere Leckerbissen für Gourmets: Am so genannten »Küchentisch« kann man den Köchen bei der Arbeit zuschauen. Jacobs Restaurant (Kat. I), Elbchaussee 401-404 (Nienstedten), Tel. 82 25 50

FÜR FEINSCHMECKER

► ⑱ **Williamine (Kat. II)**
Kleiner Schäferkamp 16
Tel. 44 44 97
Exzellente internationale Gerichte, Fisch, Fleisch, leckere Vorspeisen. Außerdem bekommt man hier auch Wunschgerichte.

► ㉗ **Vienna (Kat. II)**
Fettstraße 2 (Schanzenviertel)
Tel. 439 91 82
Das kleine und feine Restaurant im klassischen französischen Bistro-Stil ist ein schöner Tipp für Feinschmecker. Auch Sonderwünsche nimmt der Koch gern entgegen.

► ㉘ **Nil (Kat. II)**
Neuer Pferdemarkt 5 (zwischen Schanzenviertel und St. Pauli)
Tel. 439 78 23
Seit rund 20 Jahren ist das Nil *die* Adresse für hervorragende Küche und stilvolles Ambiente in Hamburg. Gaumenfreude ist hier garantiert.

► **Rexrodt (Kat. II)**
Papenhuder Str. 35 (Uhlenhorst)
Tel. 229 71 98
Sehr gutes Lokal in einem alten Schlachterladen mit Jugendstilambiente und französischem Flair.

Serviert werden hervorragende französisch-italienische und verfeinerte norddeutsche Gerichte.

► **L'Auberge (Kat. II)**
Rutschbahn 34 (Univiertel)
Tel. 410 25 32
Alteingesessenes Feinschmeckerlokal: exzellente französische Küche.

► **Austernbar (Kat. I – II)**
Koreastr. 1 (Hafencity)
Tel. 30 08 78 88
Restaurant im Maritimen Museum im Kaispeicher B. Man speist gut in ungewöhnlichen Räumen. Im Museumscafé gibts Kleinigkeiten.

► **Landhaus Scherrer (Kat. I)**
Elbchaussee 130 (Ottensen)
Tel. 88 30 700 30
Armin Scherrer war Pionier der norddeutschen Gourmet-Küche. Haute Cuisine mit verfeinerten regionalen Spezialitäten, dazu erlesene Weine.

► **Seven Seas (Kat. I)**
Süllbergterrassen 12 (Blankenese)
Tel. 866 25 20
Exklusive Küche in grandioser Lage: Auf dem Süllberg verwöhnen Starkoch Karlheinz Hauser und sein Patissier Stephan Franz auf allerhöchstem Niveau.

Im »Café Paris« muss man vorbeischauen; mittags gibt es günstige Gerichte für 8 €.

FISCH

▶ ⑦ **Fischereihafen-Restaurant (Kat. I)**
Große Elbstr. 143 (Altona)
Tel. 38 18 16
Norddeutschlands Nr. 1 unter den Fischrestaurants. Man speist gute, etwas überteuerte Fischgerichte mit schönem Blick auf den Hafen und kann mit etwas Glück die eine oder andere VIP zu Gesicht bekommen.

▶ ⑧ **Fischerhaus (Kat. II)**
St.-Pauli-Fischmarkt 14 (St. Pauli)
Tel. 31 40 53
Populäres Fischrestaurant in unmittelbarer Nähe zum Fischmarkt. Gute Fischgerichte nach bürgerlicher Art in einer nicht unangenehmen Bahnhofshallen-Atmosphäre.

▶ ⑨ **Fischmarkt (Kat. II)**
Ditmar-Koel-Str. 1 (Neustadt)
Tel. 36 38 09
Hervorragendes Fischrestaurant mit einer immensen Auswahl an Meerestieren in einheimischen und internationalen Zubereitungen. Wird als Hamburgs bestes Fischrestaurant gehandelt.

BESONDERES AMBIENTE

▶ ⑪ **Abendmahl (Kat. II)**
Hein-Köllisch-Platz 6 (St. Pauli)
Tel. 31 27 58
Angenehmes Ambiente, feine Küche, aufmerksamer Service.

▶ ⑫ **Café Paris (Kat. II)**
Rathausstr. 4 (Innenstadt)
Tel. 32 52 77 77
Grandioser Raum im Bülowhaus. Sowohl Café als auch Restaurant.

▶ ⑬ **Doc Cheng's (Kat. I)**
Neuer Jungfernstieg 9–14
(Neustadt)
Tel. 34 94 333
Im Souterrain des Hotels »Vier
Jahreszeiten« sitzt man sehr schön
im Doc Cheng's. Das Interieur ist
»asiatisch« und man wählt aus
einer einfallsreichen Karte aus.

▶ ⑭ **Zippelhaus (Kat. II)**
Zippelhaus 3 (Innenstadt)
Tel. 30 38 02 80
Erlesen-geschmackvolles Restaurant im berühmten Zippelhaus
direkt gegenüber der Speicherstadt. Raffiniert Zubereitetes, dazu
klassische Musik.

▶ ㉕ **Juwelier (Kat. II)**
Weidenallee 27
Tel. 25 48 16 78
Hier speisen die Hamburger, die
gutes Essen und stilvolles Design
lieben. Café oder Aperitif werden
in der dazugehörigen Espressobar
angeboten.

▶ ㉙ **Brachmanns Galeron (Kat. II)**
Hein-Hoyer-Strasse 60 (St. Pauli)
Tel. 67 30 51 23
Ein junges Team mit viel Liebe für
Gastronomie serviert gut bürger-
liche Hausmannskost mit
schwäbischem Akzent in schönen
Räumlichkeiten und nahe der
Reeperbahn. Ideal für ein gutes
Mahl vor einem langen Kiez-
Bummel.

▶ **Turnhalle St. Georg (Kat. II)**
Lange Reihe 107 (St. Georg)
Tel. 28 00 84 80
Die ehemalige Turnhalle ist ge-
schmackvoll durchgestylt – die
Turnringe hängen noch. Kulina-
risch setzt die Küche auf moderne,
überraschende Kreationen.

Mit Blick auf die Elbe: Restaurant Engel

DIREKT AM WASSER

▶ **Alster Cliff (Kat. III)**
Fährdamm 13 (Harvestehude)
Tel. 44 27 19
Man sitzt direkt an der Alster
inmitten von Seglern und etwas
schniekem Mainstream-Publikum.
Das Essen schwankt zwischen
Fastfood und gegrilltem Zander.

▶ ⑮ **Bodos Bootssteg (Kat. III)**
Harvestehuder Weg 1b
(Harvestehude)
Tel. 410 35 25
Schlichte Speisen an einem un-
schlagbar entspannenden Ort
auf dem Steg.

▶ **Engel (Kat. II)**
Anleger Teufelsbrück
(Klein Flottbek)
Tel. 82 41 87
Gehobene raffinierte Küche am
Elbfähranleger.

❗ *Baedeker* TIPP

㉔ »Portugiesen-Viertel«

In und um die Ditmar-Koel-Straße haben sich viele portugiesische Bars und Restaurants angesiedelt, sodass man sich fast wie in Europas Südwesten fühlt. Zum Frühstück oder zur Kaffeezeit nimmt man einen Galão (Milchkaffee im Glas) und süße Pastéis de Nata (Blätterteigtörtchen mit Vanillefüllung) oder Tostas Mistas. Abends gibts guten Fisch und Vinho Verde.

▶ **Zollenspieker Fährhaus (Kat. II)**
Zollenspieker Hauptdeich 143
(Bergedorf)
Tel. 793 13 30
Alteingesessenes und beliebtes Ausflugslokal an der Elbe südöstlich von Hamburg. Es gibt »Forelle Müllerin Art«, Scholle, Sauerfleisch, Kaffee und Kuchen.

INTERNATIONAL

▶ ⑯ **Cuba Mia (Kat. II)**
Rentzelstr. 54 (Uni-Viertel)
Tel. 44 32 62
Gute kubanische Küche in rustikalem Ambiente. Musik aus Kuba fehlt natürlich nicht.

▶ ⑰ **Cuneo (Kat. II)**
Davidstr. 11 (St. Pauli)
Tel. 31 25 80
Sympathische Adresse in St. Pauli: ein italienischer Familienbetrieb mit Tradition, der auch viele Promis anzieht. Auf den Tisch kommt leckere italienische Küche, dazu gibt es ein gutes Angebot an Weinen.

▶ **Jaipur (Kat. I – II)**
Lerchenfeld 14 (Uhlenhorst)
Tel. 220 94 75
Indisches Restaurant, in dem man u. a. hervorragende Tandoori-Spezialitäten aus dem Ofen bekommt.

▶ ⑲ **Peking-Enten-Haus (Kat. II)**
Rentzelstr. 48 (Uni-Viertel)
Tel. 45 80 96
Hier gibt's Hamburgs beste Peking-Ente, die aber nicht billig ist.

▶ ⑳ **Q-Bar (Kat. III)**
Silbersacktwiete 6 (St. Pauli)
Tel. 31 33 75
Im Dunstkreis der Reeperbahn verbirgt sich der hochgelobte Spanier. U. a. schmackhafte Tapas und spanisches Bier.

▶ ㉒ **Saliba (Kat. II)**
Alsterarkaden (Innenstadt)
Tel. 34 50 21
Eines der Saliba-Restaurants mit guter syrisch-libanesischer Küche.

▶ ㉖ **Petisco (Kat. II-III)**
Schulterblatt 78 (Schanzenviertel)
Tel. 43 29 08 99
Angenehmes, einfaches portugiesisches Lokal, in dem es u. a. sehr guten Fisch und Muscheln gibt.

▶ **Shikara (Kat. II)**
Eppendorfer Marktplatz 8
(Eppendorf)
Tel. 480 89 59
Sehr gute indische Küche, dazu Sitar-Klänge und Kerzenschein. Weitere Filialen gibt es in Winterhude und Ottensen.

► **Sotiris (Kat. III)**
Barnerstr. 42 (Bahrenfeld)
Tel. 390 10 97
Jeder, der da war, schwärmt davon:
Im Sotiris bekommt man große
Portionen von ausgesprochen
wohlschmeckender griechischer
Küche.

► **Teufels Küche (Kat. III)**
Ottenser Hauptstr. 47
(Ottensen)
Tel. 39 80 49 77
Teufels Küche hält schicke wie
leckere »Freestyle-Küche« für die
Besucher bereit.

VEGETARISCH

► ㉓ **Season (Kat. III)**
Schauenburgstr. 49 (Innenstadt)
Tel. 970 740 72
Leckeres, preisgünstiges vegeta-
risches Buffet bis 18.00 Uhr. Eine
weitere Filiale gibts im Bucerius
Kunst Forum.

► **Tassajara (Kat. III)**
Eppendorfer Landstr. 4
(Eppendorf)
Tel. 48 38 01
Phantasievoll zubereitete vegetari-
sche Gerichte, die in entspannter
Atmosphäre serviert werden.

Feiertage, Feste und Events

Feiertage in Hamburg sind: Neujahr, Karfreitag, Ostersonntag und
-montag, 1. Mai (Tag der Arbeit), Christi Himmelfahrt, Pfingstsonn-
tag und -montag, 3. Oktober (Tag der Deutschen Einheit), 1. und 2.
Weihnachtsfeiertag.

Feiertage

Das aktuelle Veranstaltungsprogramm für Hamburg und Umgebung
erfährt man aus den lokalen Tageszeitungen. Das Hamburger Abendblatt gibt zusätzlich die Wochenbeilage »Hamburg Live« und die
Morgenpost die Donnerstagsbeilage »Plan 7« heraus.
Monatlich erscheint außerdem die Broschüre »Hamburg-Führer«
und alle drei Monate »Auf nach Hamburg«, die u. a. in den Touris-
musbüros (►Auskunft) erhältlich sind. Detaillierte Veranstaltungshinweise erhält man außerdem in den monatlich erscheinenden
Stadtmagazinen (►Medien).

*Veranstaltungs-
programme*

▶ VERANSTALTUNGSKALENDER

FRÜHLING

► **Marathon Hamburg**
April
Auch als Hanse-Marathon bekannter Langstreckenlauf mit internationaler Beteiligung – mehr
als 20 000 Personen am Start

► **Hafengeburtstag**
Um den 7. Mai
Fest auf der Hafenrandpromenade

► **Japanisches Kirschblütenfest**
Ende Mai
Mit Großfeuerwerk auf der Alster

Alstervergnügen mit Feuerwerk

▶ **Deutsches Spring- und Dressur-Derby**
Ende Mai
Derby in der Turnieranlage in Klein Flottbek

▶ **Dschungelnächte in Hagenbecks Tierpark**
Mai und Juni
Ungewöhnlicher Zoobesuch

SOMMER

▶ **Hamburger Ballett-Tage**
Juni / Juli
Mit namhaften Tänzern und Choreografen

▶ **Derby-Woche**
Ende Juni bis Anfang Juli
Berühmtes Galopprennen auf der Horner Rennbahn

▶ **Stuttgarter Weindorf**
Ende Juni bis Anfang Juli
Kulinarisches Fest auf dem Hamburger Rathausmarkt

▶ **»German Open«**
Juni
Internationale Tennismeisterschaften im Tennisstadion am Rothenbaum (Hallerstraße)

▶ **Fleetinsel Festival**
Mitte Juli
Kunst bis Kommerz, musikalische und kulinarische Genüsse

▶ **Dextro Energy Triathlon**
Juli
Größter Triathlon der Welt

▶ **Schlagermove**
Juli
Schrilles Event für Schlagerfans

▶ **Schleswig-Holstein Musik Festival**
Mitte Juli bis Ende August
Alteingesessenes Festival für klassische Musik. Konzerte in etlichen Städten in Schleswig-Holstein und in Hamburg

▶ **Hamburg Cruise Days**
Juli/August
Maritimes Event mit großer Auslaufparade der Kreuzfahrtschiffe, Lotsenschoner, Großsegler etc.

▶ **CSD Hamburg**
August
Christopher Street Day – Party und Demonstration in einem

▶ **Internationales Sommerfestival Kampnagel**
August
Zeitgenössischer Tanz und Theater mit internationalen Gästen auf höchstem Niveau

▶ **Rathauskonzerte**
Juli bis August
Die Hamburger Symphoniker begeistern im Rathaushof.

▶ **Hamburger Jedermann**
Juli bis August
Freilichttheater in der Speicherstadt

▶ **Alstervergnügen**
Ende August
Volksfest einmal rund um die
Binnenalster mit Musik, Straßen-
theater, Sport, Umzügen, Feuer-
werk u.v.m.

HERBST

▶ **Filmfest Hamburg**
Ende September
Großes Filmfest für Branche wie
Publikum

▶ **Eigenarten Festival**
November
Interkulturelle Produktionen aus
div. Sparten und Kulturkreisen –
Theater, Tanz, Musik, Film, Aus-
stellungen, Kinderkultur etc.

▶ **Holiday on Ice**
November
Internationale Eisrevue in der
O₂ World Hamburg

WINTER

▶ **Weihnachtsmarkt**
An der Petrikirche, am Rathausmarkt, Gerhart-Hauptmann-Platz,
am Gänsemarkt, auf der Fleetinsel
und in zahlreichen Stadtteilen

UND SONST

▶ **Hamburger Dom**
Volksfest auf dem Heiligengeist-
feld: Mitte März bis Mitte April,
Mitte Juli bis Mitte August und
November bis Anfang Dezember

> ❗ *Baedeker* TIPP
>
> **Welt-Astra-Tag**
> Seit 1997 feiert Hamburg Mitte August sein
> kultiges Bier. Das Getränk ist günstig, der
> Eintritt auch – nämlich frei. Auf die Bühne an
> den Landungsbrücken kommen internatio-
> nale Stars, drumherum gibts Party und Bier.

Messen

Die wichtigsten Einrichtungen für Messen und Kongresse sind das
Congress Centrum Hamburg (CCH) in der Nähe vom Dammtor-
bahnhof und das Messegelände, das südwestlich an die Parkanlage
Planten un Blomen grenzt. Das CCH ist eher auf Tagungen und
Kongresse spezialisiert; auf dem Messegelände finden jährlich ca. 40
Ausstellungen und Messen statt.

 INTERESSANTE MESSEN

INFORMATION

▶ **Hamburg Messe und
Congress GmbH**
20355 Hamburg
Am Dammtor / Marseiller Straße
Tel. 35 69 – 0
Fax 35 69 – 21 83
www.hamburg-messe.de
www.cch.de

WICHTIGE MESSEN

▶ **Hochzeitstage**
Alles zum Thema Hochzeit
(Januar)

▶ **Hamburger Motorrad Tage**
Verkaufsausstellung rund ums
Motorrad
(Januar)

▶ **Hansepferd**
Internationale Ausstellung für
Pferdefreunde
(April)

▶ **Marathon & Running, Hamburg**
Verkaufsausstellung für Sportarti-
kel zum Marathonsport
(April)

▶ **early bird**
Hamburger Lifestylemesse: Kunst-
handwerk, Geschenke, Uhren,
Schmuck, diverse Lifestyleartikel
(August)

▶ **Hanseboot**
Internationale Bootsausstellung
Hamburg mit maritim art /
Hanseboot-Hafen
(Oktober/November)

▶ **Du und Deine Welt**
Große Verbraucherausstellung
(November/Dezember)

▶ **mineralien hamburg**
Internationale Börse für Minera-
lien, Fossilien, Edelsteine und
Geozubehör
(Dezember)

Galerien

In Hamburg gibt es zahlreiche Galerien, ein Großteil davon konzentriert sich im Innenstadtbereich. Wer ganz gezielt gucken möchte,
findet auf der Fleetinsel in der Admiralitätsstraße 71 gleich mehrere
Galerien in einem Haus.
Die Hamburger Kulturbehörde gibt in Zusammenarbeit mit dem
Arbeitskreis der Hamburger Galerien zweimonatlich ein Programm
mit den aktuellen Ausstellungen heraus. In diesem findet sich außerdem ein Stadtplan mit den einzelnen Galerien.

▶ AUSGEWÄHLTE GALERIEN

INFORMATIONEN

▶ **Kulturbehörde der Freien und
Hansestadt Hamburg und
Arbeitskreis der Hamburger
Galerien**
Tel. 428 24 – 284

GALERIEN

▶ **Produzentengalerie Hamburg**
Admiralitätstraße 71
Tel. 37 82 32
www.produzentengalerie.com
Zeitgenössische Kunst der Gegen-

wart mit Konzentration auf
deutscher Kunst; mehrere Ausstellungen pro Jahr mit einem Mix
aus bekannten Künstlern und
Neuentdeckungen.

▶ **Galerie Vera Munro**
Heilwigstrasse 64
Tel. 47 47 46
www.veramunro.de
Ein Urgestein unter Hamburgs
Galerien, hochwertige internatio-
nale Künstler.

► artfinder Galerie
Admiralitätsstaße 71
Tel. 41 91 95 90
www.artfinder.de
Breites Spektrum an Originalen,
Fotografien und Originalgrafiken
international renommierter
Künstler.

► White Trash Contemporary
Neue Burg 2
Tel. 36 09 99 35
www.whitetrashcontemporary.com
White Trash Contemporary
(WTC) wurde 2004 in New York
gegründet und zog 2005 nach
Hamburg um. Die Galerie vertritt
junge und wenig repräsentierte
Künstler und gibt ihnen eine
internationale Plattform.

► Sfeir-Semler
Admiralitätsstraße 71
Tel. 37 51 99 40
www.sfeir-semler.de
Malerei, Fotografie, Video, Licht-
installationen, minimalistische
Kunst ab 1960; hochkarätige
internationale Künstler.

► Feinkunst Krüger
Ditmar-Koel-Str. 22
Tel. 31 79 21 58
www.feinkunst-krueger.de
Förderung junger Künstler, von
denen viele erste Einzelausstellun-
gen hier hatten und sich später
erfolgreich auf dem Kunstmarkt
etablieren konnten. Einige ame-
rikanische Künstler feierten hier
ihre Europapremiere.

Geld

Banken haben normalerweise Mo.–Fr. 9.00–13.00 und 14.30 bis
16.00, Donnerstag bis 18.00 Uhr geöffnet. Außerhalb dieser Kernzei-
ten haben die unten aufgeführten Banken verlängerte Schalterstun-
den. Bei **Verlust von Bankkarten** kann man diese bei dem zentralen
Notruf telefonisch sperren lassen: Tel. 116 116.

 ## BANKEN UND WECHSELSTUBEN

REISEBANK-FILIALEN
► Hauptbahnhof (Wandelhalle)
tgl. 7.30–22.00 Uhr

► Bahnhof Dammtor
Mo.–Fr. 9.00–14.00 und
14.45–18.00 Uhr

► Bahnhof Altona
Mo.–Fr. 7.30–20.00 Uhr
Sa., So. 9.00–14.00 und
14.45–17.00 Uhr

FLUGHAFEN
► Reisebank
tgl. 6.00–22.00 Uhr (Terminal 1)

WECHSELSTUBEN
► Wechselstuben AGW
Reeperbahn 59
Mo.–Do. 13.00–20.00 Uhr
Fr. u. Sa. 15.00–22.00 Uhr
Steindamm 1
Mo.–Fr. 8.00–20.00 Uhr
Sa. 9.00–16.00 Uhr

Gesundheit

Die meisten Apotheken haben von 8.00 bis 18.30, in der Innenstadt oder in Einkaufszentren oft bis 20.00 Uhr geöffnet. Die Anschriften der außerhalb der Geschäftszeiten dienstbereiten Apotheken sind an jeder Apotheke aufgelistet und können den Tageszeitungen entnommen werden. In Notfällen kann man diese auch über den Ärztlichen Notdienst und bei jeder Polizeidienststelle in Erfahrung bringen.

▶ APOTHEKEN UND NOTRUFE

APOTHEKEN

▶ **Auskunft Apothekennotdienst**
Tel. 22 80 22

▶ **Sonntags geöffnet**
Apotheke im Hauptbahnhof
(Wandelhalle)
tgl. 8.00 – 21.00 Uhr

ÄRZTLICHE HILFE
▶ **Ärztlicher Notdienst**
Tel. 22 80 22
Stresemannstraße 54
Mo., Di., Do., Fr. 19.00 – 24.00
Mi. 13.00 – 24.00
Sa., So., Feiertage 7.00 – 24.00 Uhr

▶ **Kinderärztlicher Notdienst**
Altonaer Kinderkrankenhaus
Bleickenallee 38, 22763 Hamburg
Telefon 889 08-0

▶ **Zahnärztlicher Notdienst**
Tel. 01805 – 050 518
www.zahnaerzte-hh.de

NOTRUFE
▶ **Polizei**
Tel. 110

▶ **Feuerwehr, Ambulanz, Erste Hilfe**
Tel. 112

Mit Kindern unterwegs

Rund ums Wasser Immer interessant ist der ▶Hafen, den man im Rahmen von Hafenrundfahrten (▶Stadtbesichtigung) kennen lernen kann, »Stattreisen Hamburg e. V.« bietet eine spezielle Führung für Kinder durch den Hafen. Die Museumsschiffe »Rickmer Rickmers« und »Cap San Diego« (▶ Landungsbrücken) und auch die Schiffe im Museumshafen Oevelgönne (▶Övelgönne) erfreuen sich großer Beliebtheit, ebenso natürlich ▶ Schiffsausflüge (siehe auch ▶Touren).

 DAS BESTE FÜR KINDER

- 250 m² Modelleisenbahn im Museum für Hamburgische Geschichte
- Cap San Diego und Rickmer Rickmers
- Hagenbecks Tierpark

Eines der **Hamburger Highlights** – nicht nur für Kinder – ist ▶Hagenbecks Tierpark. Wer sich mit den Kleinen sportlich betätigen will, kann mit ihnen in ▶ Planten un Blomen – je nach Jahreszeit – Rollschuhlaufen, Skaten und Eislaufen. In den Wallanlagen bei Planten un Blomen befindet sich die Eisbahn Hamburg für Schlittschuhspaß auf über 4300 m². Planten un Blomen hat einen großen Abenteuerspielplatz zu bieten, und im ▶Stadtpark locken eine Minigolfanlage und Bootsverleih.

Einige **Museen** bzw. Abteilungen sind für Kinder attraktiv. Allem voran die Modelleisenbahn und die regelmäßigen Kinderführungen im ▶ Museum für Hamburgische Geschichte – Hamburg Museum, wo

Auch die Modellschiffe im Museum für Hamburgische Geschichte – Hamburg Museum begeistern Kinder.

es überhaupt mehrere Räume gibt, die für Kinder interessant sind. Auch die Kunsthalle bietet zahlreiche Aktivitäten für Kinder: von der Kindermalschule bis zu kindgerechten Führungen durch die Sammlungen. Das ▶Museum für Kunst und Gewerbe hat mit dem Hubertus Wald Kinderreich einen Kunst- und Design-Spielplatz, wo sich Kinder zwischen fünf und zwölf tummeln können. Schön gemacht ist Spicy's Gewürzmuseum in der ▶Speicherstadt. Hier befindet sich auch eine weitere Riesenattraktion: die Modelleisenbahn »Miniatur Wunderland«. Etwas südlich von Hamburg liegt das Freilichtmuseum am Kiekeberg (▶Harburg), das Kindern Spaß macht.

Attraktionen

Auf dem ▶Flughafen sind die Aussichtsterrasse und das riesige Flughafenmodell für Kinder interessant. Bei schlechtem Wetter ist die Unterquerung der Elbe im Alten ▶Elbtunnel ein Erlebnis; bereits der Autofahrstuhl am Eingang ist eine spannende Sache. Auch spezielle Kindervorführungen im Planetarium im ▶ Stadtpark begeistern die Kleinen. Vom Turm des Michel (▶Michaeliskirche) gibt es eine herrliche Aussicht – diesen erreicht man zu Fuß oder per Fahrstuhl. Und die diversen Kuriositäten in Harry's Hafenbasar machen auch den Einkaufsbummel für Kinder erträglich (▶Shopping).

Theater

In Altona gibt es ein eigenes Kindertheater (▶Theater), und auch in ▶Planten un Blomen werden von Mai bis August unter dem Motto »Kinder Sommer« auf einer speziellen Kinderbühne Veranstaltungen angeboten. Im Thalia Theater und im Malersaal im Schauspielhaus gibt es regelmäßig tolle Theaterstücke und Lesungen für Kinder.

Literaturempfehlungen

Belletristik **Wolfgang Borchert**: Draußen vor der Tür. Rowohlt, Reinbek bei Hamburg, o. J.
Die berühmte Tragödie des Kriegsheimkehrers Beckmann.

Ida Ehre: Gott hat einen größeren Kopf, mein Kind. Rowohlt, Reinbek bei Hamburg 1988
Autobiografie der Schauspielerin und Gründerin der Kammerspiele Hamburg.

Ralph Giordano: Die Bertinis. Fischer Taschenbuch, Frankfurt/M. 1985
Biografischer Roman, in dem R. G. die Leidenszeit seiner von den Nationalsozialisten verfolgten Familie in seiner Heimatstadt schildert.

Hans Henny Jahnn: Perrudja. Suhrkamp Taschenbuch, Frankfurt/M. 1998
Der 1929 erschienene Roman brachte Hans Henny Jahnn den Durchbruch als Schriftsteller.

Siegfried Lenz: Arnes Nachlaß. dtv, München 2001
Arne Hellmer, Überlebender einer Familientragödie, lebt als Pflegesohn in der Familie eines Ex-Kapitäns, verortet in einer Abwrackwerft im Hamburger Hafen.

> ⚠ *Baedeker* TIPP
>
> **Ein Haus wie ein Gedicht**
>
> Der Besuch des Literaturhauses (Schwanenwik 38, Tel. 22 70 20 11) lohnt allein wegen der wunderschönen Räumlichkeiten in einer ehemaligen Kaufmannsvilla im englisch-gotischen Stil. Für Literaturfreunde gibt es eine gut sortierte Buchhandlung und ein abwechslungsreiches Veranstaltungsprogramm. Im Café werden exzellente Speisen und Getränke und ein Frühstücksbuffet für Spätaufsteher serviert.

Hans Erich Nossack: Der Untergang. Suhrkamp, Frankfurt/M. 1996
Beschreibung von Hamburg im Kriegsjahr 1943.

Stadtspaziergänge **H. Bertram u. a.**: 20 thematische Spaziergänge, Junius Verlag, Hamburg 2009
Beatles-Spaziergang, Hausfassaden-Spaziergang, Hafencity-Spaziergang, Kriminal-Spaziergang, Kolonial-Spaziergang …

Bildband **C. Franz, A. Pinck, H. Maunder (Texte), M. Schröder (Fotos)**: DuMont Bildatlas Nr. 60 Hamburg. DuMont Reiseverlag, Ostfildern 2010
Fotos aus der Hansestadt, dazu Texte und Informationen.

Hafencity, Speicherstadt **Ralf Lange**: HafenCity + Speicherstadt, Junius Verlag, Hamburg 2010
Umfassende Informationen zu Historie und allen Gebäuden in der Speicherstadt und in der Hafencity, dazu Restaurants und Cafés, Museen, Adressen für Rundgänge, Führungen etc.

Michael Seufert/Annemarie Stoltenberg: Elbe, Alster, Jungfernstieg.   Hamburg-Porträt
Hamburger Landgänge. Picus Verlag, Wien 2002
Historische Hintergründe und wenig Bekanntes über Hamburger
Orte und Persönlichkeiten.

Kai-Uwe Scholz: Literarisches Hamburg – 99 Autoren und ihre Orte   Hamburg
in der Stadt, Verlag Jena 2002   literarisch
Auf den Spuren von Alfred Andersch, Arno Schmidt, Klaus Mann,
Samuel Beckett – wo sie wohnten, arbeiteten, spazieren gingen.

In Hamburg werden mehrere Literaturpreise vergeben, darunter der   Literaturpreise
Lessingpreis, der 1929 anlässlich des 200. Geburtstags von Lessing
vom Senat gestiftet wurde. Alle drei Jahre wird der »Hubert-Fichte-
Preis für Literatur« vergeben, und zwar namentlich an Schriftsteller,
die in ihren Arbeiten eine Beziehung zu Hamburg erkennen lassen.

Medien

Die »Hamburger Morgenpost« bringt das Neueste aus Hamburg und   Tageszeitungen
aller Welt bunt verpackt und knackig, ähnlich informiert die Hamburger Ausgabe der »Bild«-Zeitung. Das seriösere »Hamburger
Abendblatt« ist die meistgelesene Tageszeitung in der Hansestadt.
Und auch die »Welt« sorgt für regionale Berichterstattung.

Überregionale Wochenzeitungen bzw. -zeitschriften, die in Hamburg   Wochen-
erscheinen, sind »Die Zeit«, »Der Spiegel« und der »Stern«.   zeitungen

Monatlich erscheinen die **Stadt-**
magazine »Prinz«, »Oxmox« und
»Szene Hamburg«. Hier findet man
diverse Informationen über Veranstaltungen, Kulturtipps, Adressen von
Restaurants, Kneipen, Bars, Cafés,
Musikadressen, Theater und hunderte
Kleinanzeigen zu Hamburgs Szenele-
ben.

Das Hamburger **Straßenmagazin**
»Hinz & Kunzt«, das von Obdachlosen
und ehemaligen Wohnungslosen ver-
kauft wird und 2002 mit dem Max-Brauer-Preis für »die erfolgreiche
Verbindung von professionellem Journalismus und Reintegration
von Obdachlosen« ausgezeichnet wurde, erscheint in einer monatli-
chen Auflage von rund 70 000 Exemplaren. In Hinz & Kunzt sind regionale Reportagen und ausgewählte Veranstaltungstipps zu finden.

> **❗ *Baedeker* TIPP**
>
> **Feine Auslese**
>
> Das Stadtmagazin »Szene Hamburg« gibt das
> empfehlenswerte Sonderheft »Essen + Trink-
> en« mit Tests zu fast allen Restaurants
> heraus. Diese kann man auch auf den
> Internetseiten des Magazins nachlesen und
> dort für einige Restaurants gleich einen Tisch
> reservieren: www.szene-hamburg.de

Museen

Tipps für den Museumsbesuch

Die meisten Hamburger Museen haben montags geschlossen. Kleine Museen sind mitunter nur nach Vereinbarung zu besichtigen. Viele Ausstellungshäuser sind außerdem mit hübschen Cafés oder Restaurants für eine Verweilpause gerüstet. Inhaber einer Hamburg Card (▶Preise · Vergünstigungen) erhalten vielerorts Vergünstigungen.

Egal ob Bilder, Buddelschiffe oder Gewürze: Die Liste der Hamburg Museen ist lang und voller Überraschungen. Und nicht nur für das Museum für Hamburgische Geschichte oder das Museum für Arbeit gilt: Sie sind viel spannender, als es der Name vermuten lässt.

▶ HAMBURGS MUSEEN

MUSEUMSDIENST

▶ **Museumsdienst Hamburg**
Glockengießerwall 5a
Tel. 428 13 10, Mo.–Fr. 9.00–18.00
Spezielle Programme, Kurse, Museumstouren für Gruppen und Schulklassen.

DIE WICHTIGSTEN MUSEEN

■ Die Sammlungen der Hamburger Kunsthalle umfassen die Alten Meister ebenso wie Kunstwerke der Gegenwart.
■ Das Bucerius Kunst Forum zeigt spannende und aufwändige Wechselausstellungen.
■ Im Museum für Hamburgische Geschichte erfährt man alles über die Stadt.
■ Das Museum für Kunst und Gewerbe ist ein Muss für alle, die sich für Kunst und Design interessieren.
■ Das Spektrum des Museums für Völkerkunde reicht vom Archiv über den Hexenglauben bis zur Maorimaske.

MUSEUMSLISTE

▶ **Afghanisches Museum**
▶Speicherstadt

▶ **Alstertalmuseum im Torhaus**
▶Alstertal

▶ **Altonaer Museum für Kunst und Kulturgeschichte**
▶Altona

▶ **Ballinstadt – Auswandererwelt**
▶Hafen

▶ **Beatlemania**
▶S. Pauli

▶ **Brahms-Museum**
▶Peterstraße

▶ **Bucerius Kunst Forum**
▶Bucerius Kunst Forum

▶ **Buddelschiff- u. Muschelmus.**
▶Willkommhöft

▶ **Bunkermuseum**
Wichernsweg 16
Tel. 18 15 14 93
Do. 10.00–12.00, 15.00–18.00 Uhr
Ausstellung in einem Bunker von 1940/41 zu Luftangriffen auf Hamburg und London.

▶ **Dialog im Dunkeln**
▶Speicherstadt

▶ **Die Dachbodenbande**
▶Speicherstadt

Früher eine Markthalle, heute Ort für moderne Kunst: die Deichtorhallen

▶ **Deichtorhallen**
▶Deichtorhallen

▶ **Deutsches Maler- und Lackierer-Museum**
▶Vierlande und Marschlande

▶ **Deutsches Zollmuseum**
▶Speicherstadt

▶ **Ernst Barlach Haus**
▶Jenischpark

▶ **Freie Akademie der Künste**
Klosterwall 23
Di.–Fr. 11.00–17.00 Uhr

▶ **Freilichtmuseum am Kiekeberg**
▶Harburg

▶ **Gedenkstätte Ernst Thälmann**
Tarpenbekstr. 66
Tel. 47 41 84
Di. 10.00–13.00 und 17.00–20.00,
Mi. u. Sa. 10.00–13.00, Do. u. Fr.
10.00–17.00 Uhr

▶ **Gedenkstätte Janusz-Korczak-Schule und Rosengarten für die Kinder vom Bullenhuser Damm**
Bullenhuser Damm 92
So. 10.00–17.00 Uhr

▶ **Gedenk- und Bildungsstätte Israelitische Töchterschule**
Karolinenstr. 35
Tel. 34 97 21 75
Dauerausstellung über jüdisches
Schulleben am Grindel.
Do. nachm. geöffnet

▶ **Gedenkstätte KZ Fuhlsbüttel**
Suhrenkamp 98
(Torhaus)
So. 10.00–17.00 Uhr

▶ **Gedenkstätte Plattenhaus Poppenbüttel**
Kritenbarg 8
Tel. 428 96 06
So. 10.00–17.00 Uhr

Die Hamburger Kunsthalle ist nur eines der vielen Museen mit einem schönen Café.

▶ **Geologisch-Paläontologisches Museum**
　▶Universität/Universitätsviertel

▶ **Hamburger Hafenmuseum**
　▶Hafen

▶ **Hamburger Schulmuseum**
Seilerstr. 42
Mo.–Fr. 8.00–16.30, 1. So. im
Monat 12.00–17.00 Uhr

▶ **HafenCity InfoCenter im Kesselhaus**
　▶Speicherstadt

▶ **Heine-Haus**
　▶Elbchaussee

▶ **Helms-Museum**
　▶Harburg

▶ **HSV-Museum**
Vereinsmuseum im Stadion des
HSV; auch Stadionführungen

tgl. 10.00–19.00; Stadionführungen Mo.–Fr. 13.00, 15.00, 17.00,
Sa., So., Feiertage 11.00, 13.00,
15.00, 17.00 Uhr

▶ **Internationales Maritimes Museum Hamburg**
Di. – So. 10.00–18.00, Do. bis
20.00 Uhr; ▶Special HafenCity

▶ **Iran Museum Hamburg**
Vogt-Kölln-Str. 30

▶ **Jenischhaus**
　▶Jenischpark

▶ **Kaffeemuseum Burg**
Münsterstr. 23–25
Mo. – Sa. 10.00–16.00 Uhr

▶ **Klick Kindermuseum**
Achtern Born 127
Mo.–Fr. 9.00–18.00 Uhr

▶ **Krameramtswohnungen**
　▶Krameramtswohnungen

► **Kunstforum der GEDOK**
Koppel 66/Lange Reihe 75
Di. – Fr. 11.00–18.00 Uhr

► **Kunsthalle**
►Hamburger Kunsthalle

► **Kunsthaus**
►Kunsthaus • Kunstverein

► **Kunstverein Harburger Bahnhof**
Hannoversche Str. 85
Mi. – So. 14.00–18.00 Uhr

► **Kunstverein in Hamburg**
►Kunsthaus / Kunstverein

► **KZ-Gedenkstätte Neuengamme**
►Vierlande und Marschlande

► **Mineralogisches Museum**
►Universität/Universitätsviertel

► **Miniatur Wunderland**
►Speicherstadt

► **Museum der Arbeit**
►Museum der Arbeit

► **Museum der Elbinsel Wilhelmsburg**
►Wilhelmsburg

► **Museum für Bergedorf und die Vierlande**
►Bergedorf

► **Museum für Hamburgische Geschichte – Hamburg Museum**
►Museum für Hamburgische Geschichte – Hamburg Museum

► **Museum für Kunst und Gewerbe**
►Museum für Kunst und Gewerbe

Afrikanische Maske im Museum für Völkerkunde

► **Museum für Völkerkunde**
►Museum für Völkerkunde

► **Museum Friedhof Ohlsdorf**
Fuhlsbüttler Str. 756
Mo., Do., So. 10.00–14.00 Uhr

► **Museumsdorf Volksdorf**
►Museumsdorf Volksdorf

► **Museumshafen Oevelgönne**
►Hafen

► **Museumsschiff Cap San Diego**
►Hafen

► **Museumsschiff Rickmer Rickmers**
►Landungsbrücken

► **Panoptikum**
►St. Pauli

► **Planetarium**
►Stadtpark

► **Prototyp - Automobilmuseum**
Di. – So. 10.00–18.00 Uhr
►Special HafenCity

▶ **Puppenmuseum Falkenstein**
  ▶Blankenese

▶ **Sammlung Falckenberg**
  Wilsdorfer Str. 71, Harburg
  ▶Harburg

▶ **St. Pauli Museum**
  ▶St. Pauli

▶ **Speicherstadtmuseum**
  ▶Speicherstadt

▶ **Spicy's Gewürzmuseum**
  ▶Speicherstadt

▶ **Tabakhistorische Sammlung Reemtsma**
  ▶Museum der Arbeit
  Ca. 3000 Exponate dokumentieren die Geschichte des Tabakgenusses.

▶ **U-434**
  St. Pauli Fischmarkt 10
  Russisches Spionage-U-Boot
  Baujahr 1976
  Mo.–Sa. 10.00–18.00,
  So. 11.00–18.00 Uhr
  (bei Events und saisonbedingt ist das U-Boot zu Sonderöffnungs-zeiten zu besichtigen)

▶ **Vierländer Freilichtmuseum (Rieck-Haus)**
  ▶Vierlande und Marschlande

▶ **WasserForum**
  Billhorner Deich 2
  Di., Do., So. 10.00–16.00 Uhr

▶ **Zoologisches Museum**
  ▶Universität/Universitätsviertel

Post · Telekommunikation

▶ **Innerhalb Deutschlands**
  Tel. 040

▶ **aus Österreich und der Schweiz**
  Tel. 00 49 40

▶ **aus Hamburg**
  nach Österreich: Tel. 00 43
  in die Schweiz: Tel. 00 41

TELEFONSERVICE

▶ **Auskunft**
  Inland: Tel. 11 8 33
  Ausland: Tel. 11 8 34

POSTFILIALEN

▶ **Post im Hauptbahnhof**
  Wandelhalle/Kirchenallee
  Mo. – Fr. 8.00–18.00,
  Sa. 8.30 – 12.30 Uhr

▶ **Post in der Mönckebergstraße**
  Mönckebergstraße 7
  (Levantehaus)
  Mo. – Fr. 9.00–19.00,
  Sa. 9.00–15.00 Uhr

▶ **Post im Alten Wall**
  Alter Wall 38
  Mo. – Fr. 9.00 – 18.30 Uhr
  Sa. 10.00 – 13.00 Uhr

▶ **Post im Flughafen**
  Terminal 2
  Mo. – So. 9.00 – 21.00 Uhr

Preise · Vergünstigungen

Bei der Übernachtung in Hamburg kann man unter Umständen sparen. So bieten viele Hotels günstigere Tarife am Wochenende und öfters auch für Jugendliche an. Man sollte unbedingt nachfragen. **Übernachten**

Viele kleinere Lokale haben eine gute Küche, und wenn es nicht so viel und nicht so stilvoll sein soll, können auch eine Kleinigkeit, in einem Café verzehrt, oder ein leckerer Imbiss – zum Beispiel ein ordentliches Fischbrötchen – ausreichend sein. Relativ günstig, einfach und gut kann man beispielsweise im Schanzenviertel essen. **Essen**

Hamburg Card

Mit der Hamburg Card hat man freie Fahrt mit den öffentlichen Verkehrsmitteln des HVV im Großbereich Hamburg, außerdem erhält man etliche Ermäßigungen bei Stadt- und Hafenrundfahrten, sowie diversen Sehenswürdigkeiten und Freizeitangeboten (darunter auch der Michel, die Museumsschiffe oder Hagenbecks Tierpark). Mit der Hamburg Card zahlt man auch in einigen Restaurants und Geschäften sowie in einem Parkhaus weniger. Eine genaue Liste der Ermäßigungen gibt es unter www.hamburg-tourismus.de
Die Hamburg Card gibt es als Tageskarte (ca. 8,50 €), 3-Tage-Karte (ca. 19 €) oder 5-Tage-Karte (ca. 34 €) für einen Erwachsenen und bis zu drei Kinder unter 15 Jahren. Die Gruppenkarte gilt für bis zu fünf Personen beliebigen Alters (1 Tag ca. 13 €; 3 Tage ca. 32 €, 5 Tage ca. 55 €). **Hamburg Card**

Verkauft wird die Hamburg Card in Touristeninformationen (▶Auskunft), in vielen Hotels, in Jugendunterkünften, in Reisebüros, in HVV-Kundenbüros (▶Verkehrsmittel) und an Fahrkartenautomaten, außerdem telefonisch (Tel. 040–300 51 300) oder im Internet. **Verkaufsstellen**

Reisezeit

Das Hamburger Wetter ist besser als sein Ruf. Zwar ist Hamburgs »Schmuddelwetter« mit anhaltendem Nieselregen, der zu jeder Jahreszeit fallen kann, geradezu sprichwörtlich. Aber mit 714 mm Regen pro Jahr ist es in Hamburg weitaus trockener als zum Beispiel in München mit seinen fast 1000 mm Niederschlägen jährlich. Die Nähe zu Nordsee und Ostsee lässt maritime Einflüsse im Hamburger Raum wirksam werden, die insgesamt für ein mildes Klima sorgen: Die Temperaturen sind relativ ausgewogen – der wärmste Monat ist der Juli mit durchschnittlich 17,6 °C, der kälteste ist der Januar mit immerhin noch +0,9 °C. Auch mit relativ viel Sonnenschein kann man in Hamburg rechnen, mit mehr jedenfalls als in Trier oder in Bamberg! Der sonnenreichste Monat ist der Mai mit 230 Sonnenstunden. An etwa 52 Tagen im Jahr gibt es allerdings auch Nebel. Von den Meeren her weht immer eine mehr oder weniger starke Brise, die für vergleichsweise frische Luft und im Winterhalbjahr oft für Wind und Sturm sorgt.

Schiffsausflüge

Hamburg vom Wasser aus

Hamburg lässt sich bestens vom Wasser aus erkunden. Neben den gängigen Hafenrundfahrten (▸ Stadtbesichtigung) gibt es ein großes Angebot an attraktiven Schiffausflügen.

Die kleinen weißen Schiffe starten zur Alsterfahrt.

Zur **Alsterfahrt** geht es mit den kleinen weißen Alsterschiffen über Binnen- und Außenalster. Die **Alsterkreuzfahrt** führt mit Zwischenstops vom Jungfernstieg bis zum Winterhuder Fährhaus. Nostalgiker dürfte außerdem die **Alsterdampferfahrt** mit einem historischen echten Dampfschiff wie etwa der »St. Georg« begeistern (Information unter Tel. 792 25 99). Bei der ca. zweistündigen **Kanalfahrt** durch die Alsterkanäle lassen sich die schönen Hamburger Villen, Gärten und Parks von der Wasserseite bewundern, während die **Fleet-Fahrt** durch die Speicherstadt in das historische Hamburg führt. Wer etwas mehr Zeit mitbringt, sollte sich die etwa dreistündige **Vierlande-Fahrt** vom Jungfernstieg bis nach Bergedorf nicht entgehen lassen.

▸ **ATG Alster-Touristik GmbH**
Tel. 35 74 24-0
www.alstertouristik.de
Großer Veranstalter mit dem ganzen Programm. Die Fahrten starten ab Anleger Jungfernstieg.

▸ **Barkassen-Centrale**
Tel. 31 99 16 1-70
www.barkassen-centrale.de
Historische Fleetfahrt und thematische Hafenrundfahrten.

▸ **Bünau Erlebnistörns**
Tel. 219 46 27
www.elbe-erlebnistoerns.de
U. a. weitere Ausflüge nach Glückstadt und ins Alte Land.

▸ **HADAG Seetouristik und Fährdienst AG**
Tel. 311 707 0
www.hadag.de
Hafenrundfahrten und Niederelbe-Touren.

Shopping

Während westlich vom Hauptbahnhof im Bereich Mönckebergstraße **Wo gibt es was?**
und Spitalerstraße vor allem Warenhäuser und Einzelhandelsgeschäf-
te der gängigen Art zu finden sind, hat die Gegend um den Jungfernstieg, Neuen Wall und Große Bleichen überwiegend Spezialgeschäfte
exklusiven Zuschnitts zu bieten. Als gut sortiertes Hamburger Warenhaus gilt das »Alsterhaus«.
Außerhalb des unmittelbaren Stadtzentrums sind für **gehobene An-
sprüche** vor allem Pöseldorf mit dem Mittelweg und der Milchstraße
zu nennen. **Ausgefallene Geschäfte** findet man im Karolinen- und
Schanzenviertel, in St. Georg, Eppendorf, Ottensen und Altona sowie
im Univiertel. Eine reiche Auswahl an Hamburger **Souvenirs** gibt es
in den Läden an den ▶ Landungsbrücken. Lebensmittel erhält man
auf einem der knapp 50 Hamburger **Wochenmärkte**, die in den
Stadtbezirken mindestens zweimal in der Woche abgehalten werden.
Ein spezielles Angebot bietet natürlich auch der ▶ Fischmarkt, wo
man alles nur erdenklich Brauchbare und Nichtbrauchbare erhält.
Trödel und **Antiquitäten** gibt es auf Flohmärkten und in guten Antiquitätenläden bzw. im Antik-Center.
Die großen Kaufhäuser und Einkaufszentren öffnen montags bis   ◀ Öffnungszeiten
samstags um 10 Uhr und schließen um 20 Uhr. Einzelhandelsge-
schäfte haben variable Öffnungszeiten. Manche Lebensmittelläden
öffnen werktags bereits ab 7 Uhr. Läden und Kioske in den Bahn-
hofsgebäuden und am Flughafen sowie auf der Reeperbahn sind
abends länger offen (tgl. bis 22 oder 23 Uhr).
Insgesamt ist in Hamburg wirklich alles zu bekommen. In der folgenden Auswahl an Geschäften bekommt man eher Ausgefallenes.

In Pöseldorf reiht sich Boutique an Boutique.

⏵ ADRESSEN SHOPPING

AUS ALLER WELT

▸ **Ashanti**
Grindelallee 180
Afrikanische Kleidung und
Interieur.

▸ **ars japonica**
Hein-Hoyer-Str. 48
Ein Laden für Asienfans, in dem
Mal- und Kalligrafiebedarf, Bam-
busflöten, Puppen, Schuhe und
Fächer etc. verkauft werden.

▸ **Harry's Hamburger Hafenbasar**
Erichstr. 56
Ein skurriler Laden, der auf mehreren Etagen eine Sammlung selt-
samster Gegenstände aus der
ganzen Welt mit Schwerpunkt
»Überseeische Schnitzereien«
parat hält. Harry's Hafenbasar ist
gegen Eintrittsgeld zu besichtigen,
das aber bei Einkauf vergütet wird.
(Mo. geschl.)

ⓘ DAS BESTE ZUM SHOPPEN

- Das »stilwerk« ist die Topadresse für Design und Möbel.
- »Harry's Hafenbasar« bietet jede Menge Kuriositäten.
- Das »Antik Center« versammelt mehrere Antiquitätenhändler.
- »Walther Eisenberg«: Mützenanfertigung vom klassischen Elbsegler bis zur Prinz-Heinrich-Mütze
- Stilvolle ökokorrekte Mode gibt es bei »Fein«

▸ **De Hollandse Winkel**
Semperstr. 2
Für Holland-Fans: Lakritze, Scho-
ko- und bunte Zuckerstreusel,
Pfannen für Poffertjes, Kleidung
und Spielzeug für Kinder.

BÜCHER

▸ **Dr. Götze Land & Karte**
Alstertor 14-18
Deutschlands größte geografische
Fachbuchhandlung mit einer
riesigen Auswahl an Karten,
Reiseführern, Globen etc.

▸ **KulturBuch**
Grindelallee 83
Hier gibt es alles Gedruckte über
den Film: Bücher, alte Poster und
Postkarten mit Filmgrößen.

FAIRE PRODUKTE

▸ **Fein**
Marktstraße 8/9
Stilvolle und individuelle Mode;
alle Waren ökologisch korrekt
produziert und fair gehandelt.

▸ **fair & fair**
Rathauspassage
Secondhand-Artikel und junge
Designermode aus fairem Handel.

KAUFHÄUSER

▸ **Alsterhaus**
Jungfernstieg 16–20
Hamburgs Kaufhausklassiker, u. a.
mit hervorragender Stoff- und
Lebensmittelabteilung; Restaurant
mit Blick über die Alster.

ALLES FÜR DIE KÜCHE

▸ **Cucinaria**
Straßenbahnring 12
Von der Stoffserviette über die
Espressomaschine bis zum Koch-
kurs wird zum Thema Küche alles
geboten.

MÄRKTE

▸ **Altstadt**
Hopfenmarkt
Di. u. Do. 11.00–16.00 Uhr

▶ Eppendorf
Isemarkt, Isestraße
Di. u. Fr. 8.30–14.00 Uhr

▶ Eimsbüttel
Grundstraße
Mi. 8.30–14.00 Uhr,
Sa. 8.30–13.00 Uhr

▶ Neustadt
Großneumarkt
Mi. u. Sa. 8.30–13.30 Uhr

▶ Rotherbaum
Turmweg
Do. 8.30–14.00 Uhr

▶ Schanzenviertel
Schulterblatt / Sternschanze
Do. 13.30–18.00 Uhr Biomarkt

▶ St. Georg
Carl-von-Ossietzky-Platz
Do. 10.00–14.30 Uhr
Fr. 9.00–18.00 Uhr Biomarkt

▶ Wandsbek
Wandsbeker Quarree
Mo. – Sa. 8.00–13.00 Uhr

▶ Winterhude
Goldbekufer
Di., Do. u. Sa. 8.30–13.00 Uhr

▶ Ottensen
Spritzenplatz
Di. 8.00–13.00, Fr. 8.00–18.30 Uhr

▶ Altona
Neue Große Bergstraße
Mi. u. Sa. 8.00–13.00 Uhr

▶ Barmbek
Wiesendamm/
Bahnhof Barmbek
Di. 8.30–13.00,
Fr. 14.00–18.00 Uhr

Shopping in der neuen Europa Passage

▶ Blankenese
Blankeneser Bahnhofstraße
Di. 8.00–14.00, Fr. 8.00–18.00,
Sa. 8.00–13.00 Uhr

▶ Bergedorf
Chrysanderstraße
Di. u. Fr. 8.00–13.00 Uhr

▶ Harburg
Sand
Mo. – Sa. 8.00–13.00 Uhr

Alles schick – Shopping im Karolinenviertel

HUTANFERTIGUNG

▶ Rotkäppchen Designs
Glashüttenstr. 102
Individuelle Hüte und Mützen.

▶ Walther Eisenberg
Steinstr. 21
www.muetzenmacher.de
Hamburger Mützenfachgeschäft
mit langer Tradition, vom klassischen Elbsegler bis zur Prinz-
Heinrich-Mütze.

MARITIMES

▶ Maritim Antik
Rödingsmarkt 47
Schiffsmodelle, maritime Antiquitäten, Glasuhren, Galionsfiguren, Schiffsuhren, Kompasse.

MODE

▶ Herr von Eden
Marktstr. 33
Herren- und Damenkollektionen
im Stil der Old School – sehr
begehrt bei Modeliebhabern,
Künstlern und Brautpaaren.

▶ Baretta
Susannenstr. 19
Mode aus den Sechzigern.

▶ M39
Marktstr. 39
Kollektionen für den Alltag und
für die Party-Nacht.

▶ Garment
Marktstr. 25
Hamburger Mode-Design,
women's wear, men's wear,
Accessoires.

▶ Ladage & Oelke
Neuer Wall 11
Englisches Kleidermagazin für
Damen und Herren.

MÖBEL UND DESIGN

▶ stilwerk
Große Elbstr. 68
26 Geschäfte mit Einrichtungs-
gegenständen für Freunde des
Marken-Designs.

▶ Die Wäscherei
Jarrestr. 58
In den Räumen der ehemaligen
Großwäscherei wird heute schönes
Interieur verkauft, u. a. Marokka-
nisches, Naturholz, Designlampen.

▶ Manufactum
Fischertwiete 2 (Chilehaus)
Möbel und Interieur in klassi-
schem Design und solide verar-
beitet. Manches scheint aus »Omas
Zeiten« herübergerettet.

MUSIK

▶ Zardoz Schallplatten
Schulterblatt 36
Neue und gebrauchte Tonträger
aller Art; gut sortiert und eines der
ältesten Plattengeschäfte Hamburgs.

▶ Freiheit und Roosen
Paul-Roosen-Str. 41
Vinyl und CDs: Independent,
Elektro, Funk und HipHop.

▶ back-records
Wohlwillstr. 24
Kleiner Secondhand-Plattenladen.

▶ Selekta Records
Bartelsstr. 11
Plattenladen speziell für Reggae.

SCHMUCK
▶ Ware Werte
Eppendorfer Weg 273
Eigenwillige Unikate werden auf
den Charakter der Kunden zu-
geschnitten.

▶ Kuntztstück
Koppel 94
Kunstschmuck aus unterschiedlichen Materialien: vom Edelmetall
bis zur Angelschnur.

SCHNÄPPCHEN
▶ Outlet Boutique Herr von Eden
Kohlhöfen 8
Die Kollektionen der auslaufenden
Saison gibt es hier zum halben Preis.

SECONDHAND
▶ Secondella
Hohe Bleichen 5
Edle Kollektionen und Designer-
kleidung von Chanel, Bogner und
viele andere, nicht ganz billig.

▶ ManoLis
Marktstr. 24
Secondhand aus den 30ern, 40ern
und 80ern.

▶ Hip Cats
Paul-Roosen-Str. 16
Vintage Fashion Design und
Accessoires

SOUVENIRS
▶ Brücke 4
Bei den St.-Pauli-Landungs-
brücken 3

Seemännische Andenken, u. a.
Buddelschiffe, Prinz-Heinrich-
Mützen, Elbsegler und Finken-
werder Buscherump (blau-weißes
Arbeitshemd der Seefischer).

▶ Binikowski
Lokstedter Weg 68
Geschenkartikel und eine weithin
bekannte und umfangreiche Auswahl an Buddelschiffen.

Souvenirsuche? In Hamburg kein Problem.

Für Flohmarkt-Fans ist das Schanzenviertel die erste Adresse.

Antiquitäten

Großes Angebot in der Innenstadt

Wer nach Antiquitäten Ausschau hält, kann einen Rundgang durch das **Antik-Center** in der alten Markthalle nahe dem Hauptbahnhof machen, wo zahlreiche Antiquitätenläden eine große Auswahl aus allen Stilepochen anbieten. In der City liegt der Schwerpunkt der Antiquitätengeschäfte zwischen Rathausmarkt und Gänsemarkt, vor allem an der ABC-Straße, an der Neuen ABC-Straße und an der Poststraße sowie an den Straßen Hohe Bleichen und Große Bleichen. Auch ein Bummel durch die Milchstraße in ►Pöseldorf lohnt sich.

ANTIQUITÄTEN

▶ **Antik-Center**
Klosterwall 9 – 21
30 Geschäfte mit Antiquitäten
unter einem Dach.

▶ **Senator Watrin**
Marktstr. 29
www.senatorwatrin.de
Antikes und Kurioses.

FLOHMÄRKTE

▶ **Winterflohmarkt Messehallen**
Messehallen/Karolinenstraße
Im Winter wird etwa alle acht
Wochen ein beliebter Flohmarkt in
den Messehallen veranstaltet.

▶ **Schanzenflohmarkt**
Alte Rinderschlachthalle
Sa. 6.00–16.00 Uhr

Sport

Für Freunde des Sports – also sowohl für aktive Sportler als auch für begeisterte Zuschauer – bietet Hamburg immense Möglichkeiten.

Zuschauersport

Zwei traditionsreiche Fußballvereine gibt es in Hamburg: den HSV und den FC St. Pauli. Der Hamburger Sport-Verein (HSV) wurde 1887 gegründet und war wiederholt Deutscher Fußballmeister, zuletzt 1983. Die Bundesligaspiele des HSV finden in der HSV Arena bzw. Arena im Volkspark statt, wie das Stadion wegen seiner vielen Namenswechsel (Volksparkstadion, ab 2001 AOL-Arena, ab 2007 HSH Nordbank Arena, seit 2010 Imtech Arena) bezeichnet wird. Eine eingefleischte Fangemeinde, die ihren Club bei Auf- und oft Abstiegen begleitet, hat der FC St. Pauli – die Stimmung im Stadion am Millerntor ist einmalig. **Fußball**

Pferdesport hat in Hamburg eine lange Tradition. In Horn gibt es eine Galopprennbahn, auf der alljährlich am ersten Sonntag im Juli das Deutsche Derby stattfindet – ein gesellschaftliches Ereignis, zu dem sich die Schönen und Reichen treffen. Auf der Trabrennbahn am Volkspark finden zweimal pro Woche Rennen statt. Spring- und Dressurreiten gibt es auf dem Derbyplatz in Klein-Flottbek. **Pferdesport**

Hamburg ist Sitz des Deutschen Tennis-Bundes (DTB) und alljährlich Austragungsort der Internationalen Tennismeisterschaften von Deutschland. Der Wettbewerb wird im weltbekannten »Club an der Alster« am Rothenbaum ausgetragen. Das Stadion bietet über 11 000 Zuschauern Platz. **Tennis**

 ## AUSGEWÄHLTE SPORTVERANSTALTUNGEN

TENNIS

▶ **Tenniszentrum am Rothenbaum**
Rothenbaumchaussee
(Zugang von der Hallerstraße)
U 1 Hallerstraße

SPORTHALLEN

▶ **O₂ World Hamburg**
Sylvesterallee
S 1, S 21 Stellingen
Handball- und Eishockeyspiele aber auch Konzerte.

▶ **Sporthalle Hamburg**
Krochmannstraße 55
U 1 Alsterdorf

FUßBALLSTADIEN

▶ **Imtech Arena (HSV Arena)**
Sylvesterallee (Bahrenfeld) im Altonaer Volkspark
S 3, S 21 Stellingen

▶ **Millerntor-Stadion**
Heiligengeistfeld
U 3 Feldstraße, St. Pauli

Deutsches Galoppderby in Horn

PFERDESPORT

► **Galopprennbahn Horn**
Rennbahnstraße 96
U 3 Horner Rennbahn

► **Trabrennbahn am Volkspark**
Luruper Chaussee 30
(Bahrenfeld)
Bus 111

► **Derbyplatz Klein Flottbek**
Jürgensallee
S 1, S 11 Klein Flottbek

Und sonst Auf der Außenalster werden mehrmals im Jahr Ruder- und Segelregatten veranstaltet. Außerdem hat Hamburg im Eishockey mit den Freezers und im Handball mittlerweile wieder Erstligamannschaften.

Aktivsport

Joggen Zum Joggen bietet sich die Außenalster an. Wer sie einmal umrundet, hat eine Strecke von insgesamt 7,5 km zurückgelegt. Ein gängiges Jogging-Terrain ist außerdem der ►Stadtpark, und auch am Elbufer trifft man viele Jogger.

Marathon Ein sportlicher Höhepunkt für Marathonläufer ist der Hamburg-Marathon, der jedes Jahr im Frühjahr stattfindet. Er firmiert unter dem Namen des aktuellen Sponsors als »HASPA Hamburg Marathon« (www.marathon-hamburg.de)

Segeln, Rudern, Kanu Beliebtes Revier für Bootssportarten ist die Außenalster. Motorboote dürfen hier nicht fahren. Für ungeübte Segler ist die Außenalster nicht ganz einfach, da manchmal plötzliche Böen auftreten können.

Hamburg ist Europas heimliche Hauptstadt des **Golfsports**. Zum Hamburger Golf-Verband gehören 21 Clubs. Mehr als 20 weitere Plätze gibt es in Hamburgs Umgebung, ähnlich viele hat nur noch London. Als schönster Platz gilt der am Falkenstein, der aber auch teilweise schwer zu spielen ist. Weitere Auskunft erhält man beim Hamburger Golfverband: Tel. 227 79 60.

! *Baedeker* TIPP

Sein eigener Kapitän sein

Für Hamburg-Besucher gibt es rund um die Alster Möglichkeiten, sich Kanus, Tret- oder Ruderboote zu mieten. So kann man die kleinen Alsterkanäle erkunden und Hamburg auf dem Wasser genießen. Das Bootshaus Silwar hat vom Kanu bis zum Tretschwan alles im Programm: Eppendorfer Landstraße 148 b, Tel. 47 62 07, www.bootshaus-silwar.com

Auch an Tennisplätzen besteht in der Hansestadt kein Mangel: Mehr als 700 Plätze unter freiem Himmel und fast 150 Hallenplätze stehen Tennissportlern zur Verfügung. Infos gibt es beim Tennisverband: Tel. 651 29 73

Tennis

Am schönsten ist Eislaufen in Hamburg natürlich, wenn es richtig kalt ist und die Alster und die Kanäle zugefroren sind. Dann ist halb Hamburg auf dem Eis zu finden, und im Nu sind die Glühweinstände und Bratwurstbuden aufgebaut. Eine zentral gelegene Kunsteisbahn gibt es im Winterhalbjahr in den Großen Wallanlagen (►Planten un Blomen).

Eislaufen

Rollschuhlaufen kann man im Sommerhalbjahr in den Großen Wallanlagen (►Planten un Blomen).

Rollschuhlaufen

Bungee-Jumper können in der HafenCity von einem Kranausleger über dem Wasser springen (März – Okt.; Versmannstr./Brooktor).

Bungee-Jumping

Trotz der vielen Gewässer in und um Hamburg muss man sich zum Schwimmen und Baden in eines der Bäder begeben. Freibäder haben im Allgemeinen von Mitte Mai bis Ende August geöffnet, die Hallenbäder ganzjährig.

Schwimmen

Im Stadtpark-Freibad schwimmt man durch ungechlortes Alsterwasser.

Radfahren Hamburg und seine Umgebung bieten sich zum Radfahren an. Besonders schön sind Ausflüge mit der Fähre hinüber ins ▶Alte Land, wo man hervorragend über die flachen Deiche radeln kann. Im Stadtgebiet (▶Stadtbesichtigung) kann man die Außenalster mit dem Rad umrunden oder am Elbufer bis nach Wedel radeln.

SPORTANGEBOTE

INFORMATIONEN

▶ **Hamburger Sportbund**
Tel. 419 08 – 0

▶ **Sportadressen im Internet**
www.hamburgsports.de
www.hamburger-sportbund.de

! *Baedeker* TIPP

Skaten mit Blick

Hamburg gilt als eine der Skater-Hochburgen überhaupt. Wer über Hamburgs Dächern skaten will, findet oben auf dem Dach des Karstadt-Sporthauses direkt gegenüber vom Hauptbahnhof eine Skaterbahn, die im Winter zur Kunsteisbahn umfunktioniert wird.

SCHWIMMEN

▶ **Bäderland Hamburg**
Tel. 18 88 90
www.baederland.de
Informationen zu allen Hamburger Hallen- und Freibädern

▶ **Kaifu**
Hohe Weide/Kaiser-Friedrich-Ufer (Eimsbüttel)
U 3 Hoheluft
Zentrales, beliebtes Freibad mit großzügigen Grünanlagen

▶ **Alsterschwimmhalle**
Sechslingspforte/Ifflandstraße (Hohenfelde)
U 1 Lohmühlenstraße
Hallenbad mit 50-m-Bahn, 10-m-Turm und Sauna

FAHRRADVERLEIH

▶ **StadtRAD**
Ca. 1000 rote Leihfahrräder stehen an vielen S- und U-Bahnhöfen im erweiterten Innenstadtbereich und an touristischen Einrichtungen bereit. An ca. 80 Stationen können Räder spontan ausgeliehen und wieder zurückgegeben werden. Für eine halbe Stunde ist Stadt-RAD kostenlos, danach kostet es vier Cent/Min., ab der 61. Min. acht Cent. Service-Tel. 82 21 88 10

Stadtbesichtigung

Hamburgs Hauptsehenswürdigkeiten lassen sich bequem zu Fuß erkunden. Zudem organisieren mehrere Anbieter thematische Stadtrundgänge. Allseits beliebt sind Stadtrundfahrten mit dem Bus; Startpunkte sind der Hauptbahnhof/Ausgang Kirchenallee bzw. die

Landungsbrücken. Die Fahrten dauern ca. zwei Stunden, Tickets gibt es meistens beim Fahrer. Häufig können Stadtrundfahrten auch mit einer Alster- oder Hafenrundfahrt kombiniert werden. Viele Anbieter erlauben die Unterbrechung der Fahrt, weiter geht es dann mit dem nächsten Bus. Weitere Auskünfte und spezielle Angebote vermittelt die Tourismuszentrale (►Auskunft).

INFORMATIONEN SIGHTSEEING

STADTRUNDFAHRTEN

Hummeltour: Stadtrundfahrt klassisch im roten Doppeldeckerbus. Tel. 792 89 79
Der Rundfahrtverbund bietet ein Ticket für 15 €, das einen Tag lang in fünf verschiedenen Doppeldecker-Buslinien gültig ist, die zu allen Sehenswürdigkeiten fahren.

HAFENRUNDFAHRTEN

Hafenrundfahrten starten ab Landungsbrücken, Vorsetzen und Binnenhafen. Es geht zu den Containerhäfen oder mit kleinen Barkassen durch die Elbarme und in die Speicherstadt. Tickets erhält man beim Einsteigen an Bord. Die Abfahrtszeiten sind angeschlagen.

STADTRUNDGÄNGE

Tel. 300 51 300
Die Tourismus-Zentrale Hamburg bietet diverse Thementouren an, wie den »Bürgermeistergang«, die »Kieztour mit Inkasso-Henry«, den kulinarischen »Kökschenklatsch« o. ä.

ALSTER, FLEETE, KANÄLE

Tel. 35 74 24-0
www.alstertouristik.de
Hamburgs Gewässer mit dem Boot durchschippern

DREHORT HAMBURG

www.jasper.de
Unter dem Titel »Filmstadt Hamburg« wird eine Fahrt zu Drehorten in Hamburg angeboten, unter dem Titel »Studio Hamburg« eine Besichtigung des Film- und Fernsehstudios.

DURCH ST. PAULI

► **St. Pauli Tourist Office**
Tel. 98 23 44 83
www.pauli-tourist.de
Ausgefallene Stadtführungen durch St. Pauli

► **Landgang St. Pauli**
Tel. 31 79 49 34
www.stpauli-landgang.de
Vom Drehortbesuch für Cineasten bis zur Kulturtour durch St. Pauli

Rundgang mit Nachtwächter

Baedeker TIPP

Stattreisen

»Jüdisches Leben im Grindel«, »Das Kontor-hausviertel« oder »Die Beatles auf St. Pauli« – mit Stattreisen Hamburg lässt sich die Stadt unter einem bestimmten Motto jenseits des Bekannten entdecken: Tel. 870 80 10-0, www.stattreisen-hamburg.de

HAMBURG GANZ ANDERS

▶ **Schmuggelfahrt**
Tel. 28 05 07 08
Barkassenfahrt mit Schmuggel-gschichten durch Hafengewässer und Führung durch das Deutsche Zollmuseum

▶ **Mit der Gondel durch Hamburgs Kanäle**
Tel. 490 09 34
Wie in Venedig: Gondelfahrt durch Hamburgs Gewässer

▶ **Dämmertörn**
Tel. 35 74 24-0
Abendliche Lichterfahrt auf Alster und Kanälen

▶ **Hamburg per Fahrrad**
Tel. 01 51 – 52 84 44 48
Hafenrand oder Umland

▶ **Hamburg-Radtour**
Tel. 81 99 22 39
Rundfahrt durch die City

HAMBURG VON OBEN

▶ **Mit dem Flugzeug**
Im Kleinflugzeug, Tel. 70 70 88 90
Mit der JU 52, Tel. 50 70 17 17

▶ **Ballons über Hamburg**
Tel. 48 48 19
www.ballons-ueber-hamburg.de

▶ **Highflyer**
150 m hoch mit dem weltgrößten Fesselballon (Deichtorhallen)

Theater · Konzerte · Musicals

Theater

Von Hochkultur bis Volkstheater

Stars unter Hamburgs Bühnen sind so renommierte Häuser wie das ▶ **Deutsche Schauspielhaus** und das **Thalia-Theater**. Ein weiterer Publikumsmagnet sind die von Ida Ehre (▶Berühmte Persönlichkeiten) gegründeten **Hamburger Kammerspiele**. Neben klassischen Stücken stehen hier Musiktheater und Kabarett auf dem Programm. Das **Ernst-Deutsch-Theater** existiert seit etwa 50 Jahren als kleines Privat-theater, das erfolgreich auf traditionelle Klassiker-Inszenierungen setzt.

In der früheren Kranfabrik **Kampnagel** in Winterhude hat sich ein Zentrum von freien Theatergruppen etabliert. Hier finden zudem interessante Gastspiele und in jedem Sommer ein mehrwöchiges Theater-Festival statt (▶Barmbek).

Großer Publikumsgunst erfreut sich das **Ohnsorg-Theater** (▶Berühmte Persönlichkeiten; Richard Ohnsorg) mit seinen Volksstücken in plattdeutscher Sprache. Durch die Fernsehübertragungen ist es deutschlandweit bekannt geworden. Auf der Bühne wird – im Gegensatz zu den »entschärften« Fernsehfassungen – ausschließlich Plattdeutsch gesprochen. Namen wie Heidi Kabel (▶ Berühmte Persönlichkeiten) oder Henry Vahl sind untrennbar mit dem Ohnsorg-Theater verknüpft. Das **St.-Pauli-Theater** gehört zu Hamburgs führenden Theatern; gefeierte Produktionen von Theater-Klassikern mit namhaften Schauspielern sowie Kabarett und Comedy vom Feinsten stehen auf dem Programm.

Das **Schmidt-Theater** und gleich nebenan **Schmidt's Tivoli** sind Mischungen aus Theater, Kneipe und Varieté, wobei Schmidt's Tivoli mehr auf Varieté und Show spezialisiert ist. Eine erwähnenswerte Bühne für Kabarett ist das **Polittbüro** (www.polittbuero.de). Und mit dem wiedereröffneten

_i_ DIE BESTE KULTUR

- Ein Musicalbesuch ist Pflicht für alle, die es mögen.
- »Kampnagel« steht für innovatives Theater, Tanz und Performance.
- Das Ballett der Staatsoper unter John Neumeier gehört zur Weltspitze.
- Im Ohnsorg-Theater wird man auf Plattdeutsch unterhalten.

 THEATER

STAATSTHEATER

▶ **Deutsches Schauspielhaus**
mit den Nebenbühnen Malersaal, Rangfoyer und Kantine
Kirchenallee 39 – 41
Tel. 24 87 10

▶ **Thalia-Theater**
Alstertor
Tel. 32 81 40

▶ **Hamburgische Staatsoper**
Dammtorstraße 25 / Tageskasse:
Große Theaterstraße 35
Tel. 35 68 68

PRIVATTHEATER

▶ **Kampnagel**
Jarrestraße 20
Tel. 27 09 49 – 0

▶ **Ernst-Deutsch-Theater**
Friedrich-Schütter-Platz 1
Tel. 300 51 808

▶ **Hamburger Kammerspiele**
Hartungstraße 9 – 11
Tel. 0800 41 33 44 40

▶ **Ohnsorg-Theater**
Große Bleichen 25
Tel. 350 80 30

Probe in der Kampnagel-Fabrik

▶ **Schmidt Theater**
Spielbudenplatz 24 – 25
Karten-Hotline Tel. 31 77 88-99

▶ **Schmidts Tivoli**
Spielbudenplatz 27 – 28
Karten-Hotline Tel. 31 77 88-99

▶ **St.-Pauli-Theater**
Spielbudenplatz 29-30
Tel. 47 11 06 -0

▶ **Theater für Kinder**
Max-Brauer-Allee 76
Tel. 38 25 38

▶ **Komödie Winterhuder Fährhaus**
Hudtwalckerstr. 13
Tel. 480 680 80

WEITERE BÜHNEN

Adressen und Programm vieler kleiner Bühnen und Off-Theater in Hamburg sind in den Stadtmagazinen zu finden.

OPEN AIR

▶ **»Hamburger Jedermann«**
Open Air in der Speicherstadt vor dem Kesselhaus (nur im Sommer)

Hansatheater ist eine Hamburger Kultstätte erneut in der Hansestadt präsent (www.hansa-theater.de). Im Nikolaifleet liegt Europas einziges seetüchtiges **Theaterschiff**, »Das Schiff«, auf dem hauptsächlich Kabarett und Kleinkunst auf die Bühne gebracht wird.

Musik

Musiktradition Hamburg kann auf eine bedeutende Musikvergangenheit zurückblicken. Georg Philipp Telemann und Carl Philipp Emanuel Bach wirkten in Hamburg als Kirchenmusikdirektoren, Gustav Mahler als Operndirigent; die Komponisten Johannes Brahms und Felix Mendelssohn Bartholdy waren gebürtige Hamburger (▶ Berühmte Persönlichkeiten). Hamburgs große Musikbühne, die als erste deutsche **Oper** 1678 gegründete Hamburgische ▶ Staatsoper, zählt international zu den führenden Opernhäusern, und auch das Ballett unter Leitung von John Neumeier genießt Weltruhm.

Drei **Orchester** sind in Hamburg beheimatet: das Philharmonische Staatsorchester, die Hamburger Symphoniker und das Sinfonieorchester des Norddeutschen Rundfunks. Mittelpunkt des Konzertlebens in der Hansestadt ist die 1904 – 1908 erbaute Laeiszhalle (▶ Musikhalle • Laeiszhalle). 2013 soll die Elbphilharmonie in der Hafencity mit dem Sinfonieorchester des NDR als Hausorchester eröffnen.

Auch **Kirchenmusik** wird in Hamburg ausgesprochen groß geschrieben. In vielen Kirchen, vor allem in den Hauptkirchen St. Petri, St. Jacobi und St. Michaelis, St. Katharinen und St. Nikolai, werden regelmäßig Kirchenkonzerte mit Orgel- und Chormusik veranstaltet.

Musicals In Sachen Musical hatte Hamburg eine Vorreiterrolle, und die Popularität hält sich bis heute. Ganze 15 Jahre lang – von 1986 bis 2001 –

wurde im Operettenhaus an der Reeperbahn »Cats« von Andrew Lloyd Webber aufgeführt und Hamburg damit zur Musical-Hauptstadt. Nach »Cats« und »Fosse« zogen die Musicals »Mamma Mia!« und »Ich war noch niemals in New York« ins Operettenhaus. Ab 2011 wird hier »Sister Act« gezeigt. Im 1990 eröffneten Theater Neue Flora läuft derzeit »Tarzan« und im Zelttheater gegenüber den Landungsbrücken der »König der Löwen« mit Musik von Elton John. Weitere Musicaltheater sind das Imperial oder das Delphi.

KONZERTE, OPERN, MUSICALS

KONZERTE

► **Laeiszhalle**
(Großer und Kleiner Saal)
Johannes-Brahms-Platz
Tel. 35 76 66 66

► **Congress Centrum Hamburg**
(Großer Saal)
Dammtor/Marseiller Straße
Tel. 3 56 90

► **Forum und Orchesterstudio der Hochschule für Musik und Darstellende Kunst**
Harvestehuder Weg 12
(Eingang Milchstraße)
Tel. 42 84 82-771

► **Hamburger Konservatorium**
Sülldorfer Landstraße 196
Tel. 87 08 77 – 0

► **Norddeutscher Rundfunk**
(Sendesaal)
Rothenbaumchaussee 132
Tel. 41 56 – 0
Tel. 01801787980 (Tickets)

OPER

► **Hamburgische Staatsoper**
Dammtorstraße 28, Tageskasse:
Große Theaterstraße 25
Tel. 35 68 68
Spannend: die kleine Studiobühne
»Opera stabile« (Kl. Theaterstr. 1)

Die leichte Muse lässt die Nacht erstrahlen.

MUSICAL

▶ **Musical-Hotline**
Tel. 01805 – 44 44

▶ **Neue Flora**
Stresemannstr./Alsenstraße
Tickets Tel. 01805 – 44 44

▶ **Theater im Hafen**
Norderelbestr. 6 (Hafen)
Tickets Tel. 01805 – 44 44

▶ **TUI-Operettenhaus**
Spielbudenplatz 1
(Reeperbahn)
Tickets Tel. 01805 – 44 44

▶ **Delphi**
Eimsbütteler Chaussee 5
Tel. 41 30 42 60
Tel. 431 86 00

Übernachten

Hotels

Reservierung In Hamburg gibt es mehr als 250 Hotels und Pensionen. Eng wird es allenfalls mal während einer der Messen, ansonsten gibt es keine Probleme bei der Zimmersuche in der Hansestadt. Wer keine Unterkunft im Voraus gebucht oder bestellt hat, kann sich vor Ort an ein Büro der Hamburg Tourismus GmbH (▶Auskunft) wenden – hier kann man direkt reservieren lassen.

Preise Zwischen einer einfachen Pension und einem luxuriösen Hotel ist in Hamburg alles zu finden. Die angegebenen Preise sind Richtpreise für ein Doppelzimmer. Vor allem zu Messezeiten können die Preise erheblich nach oben gehen. Dagegen bieten viele Hotels günstigere Wochenend- oder Aktionsangebote an; man sollte unbedingt nachfragen.

▶ EMPFOHLENE HOTELS

INFOS UND BUCHUNG

▶ **Hamburg-Hotline**
Tel. 040 – 300 51 351
(tgl. 8 – 20 Uhr)
Zimmerauskunft und Buchung

▶ **Online-Buchung**
www.hamburg-tourism.de

▶ ① **etc. s. Plan S. 78/79**
Ohne Nr.: außerhalb des Plans

LUXUS: DZ ab 200

▶ **Abtei**
Abteistraße 14
20149 Hamburg (Harvestehude)
Tel. 44 29 05
Fax 44 98 20
www.abtei-hotel.de
11 Z. Äußerst stilvolle und exklusive Stadtvilla mit zeitgenössischem Design, die in der Nähe der Außenalster gelegen ist.

② **Kempinski Hotel Atlantic Hamburg**

An der Alster 72 – 79
20099 Hamburg (St. Georg)
Tel. 2 88 80, Fax 24 71 29
www.kempinski.atlantic.de
Hamburgs Klassiker an der
Außenalster mit 254 Zimmern.
Liz Taylor oder Michael Jackson
haben hier gewohnt, und Udo
Lindenberg residiert im Atlantic
seit Jahren in einer großen Suite.

▶ **Louis C. Jacob**

Elbchaussee 401 – 403
22609 Hamburg
Tel. 82 25 50, Fax 82 25 54 44
www.hotel-jacob.de
Außerhalb der Innenstadt in
Nienstedten gelegen mit 86
wunderschön eingerichteten Zimmern und mit der berühmten
Lindenterrasse, die Max Liebermann auf seinem Gemälde – zu
sehen in der Kunsthalle – verewigt
hat. Angeschlossen ist eines der
besten Restaurants in Hamburg.

i DIE BESTEN HOTELS

- Nicht gerade günstig, aber sehr besonders und schön: das Mövenpick Hotel in einem alten Wasserturm (▶Special Guide).
- Ganz japanisch gibt sich das »Nippon Hotel«, Zen-Garten inklusive.
- Das »25hours hotel« ist schon gestylt und dabei verhältnismäßig günstig.
- Die wohl ungewöhnlichste Hamburg-Übernachtung: in einer Kajüte auf dem Feuerschiff (▶Special Guide).

▶ ③ **SIDE**

Drehbahn 49
20354 Hamburg (Neustadt)
Tel. 30 99 90, Fax 30 99 93 99
www.side-hamburg.de
Hervorragende Materialien, entworfen von dem Mailänder Mat-
teo Thun, und mit einem com-
putergesteuerten Lichtprogramm
von Robert Wilson ausgestattet,
durch das in dem achtstöckigen
Hotel unterschiedliche Stimmun-
gen erzeugt werden.

Ein Traum von einem Hotel – das Atlantic liegt direkt an der Außenalster.

Im SIDE-Hotel paart sich Luxus mit Geschmack.

▶ ④ **Hotel Steigenberger Hamburg**
Heiligengeistbrücke 4
20459 Hamburg (Neustadt)
Tel. 36 80 60, Fax 36 80 67 77
www.hamburg.steigenberger.de
234 Z. Das Hotel Steigenberger Hamburg ist auf der attraktiven, neu bebauten Fleetinsel in zentraler Lage in der Innenstadt entstanden.

▶ ⑤ **Fairmont Hotel Vier Jahreszeiten**
Neuer Jungfernstieg 9 – 14
20354 Hamburg (Neustadt)
Tel. 34 94 31 51, Fax 34 94 26 00
www.hvj.de
Ein weiterer Hotel-Klassiker mit Gourmetrestaurant und 158 Zimmern direkt an der Binnenalster. Seit 1897 beherbergt das »Vier Jahreszeiten« Gäste aus aller Welt.

KOMFORTABEL: 100 – 200

▶ ① **The George Hotel Hamburg**
Barcastraße 3
22087 Hamburg (St. Georg)
Tel. 28 00 30-0
www.thegeorge-hotel.de
125 Z. Stilvolles Designhotel; Bar mit Blick über die Außenalster.

▶ **Courtyard Hamburg Airport**
Flughafenstr. 47
22415 Hamburg (Langenhorn)
Tel. 53 10 20, Fax 53 10 22 22
www.marriott.de
145 Z. Nur 500 m vom Flughafen entferntes First-Class-Hotel im Landhausstil, ruhige Zimmer.

▶ **Aussen Alster Hotel**
Schmilinskystraße 11 – 13
20099 Hamburg (St. Georg)
Tel. 28 40 78 57-0, -77
www.aussenalster.eu

24 Z. Kleines, aber sehr feines Haus mit typischer Gründerzeit-fassade und moderner Innen-einrichtung in klarem Design. Fahrräder und ein Segelboot stehen Gästen zur Verfügung.

▶ **Gastwerk Hotel Hamburg**
Beim Alten Gaswerk 3
22761 Hamburg (Bahrenfeld)
Tel. 89 06 20, Fax 890 62 20
www.gastwerk.com
Ein sehenswertes Designhotel mit 135 Zimmern. Eingerichtet in einem früheren Gaswerk, ist dieses Hotel sowohl architektonisch wie innenarchitektonisch eine Ham-burger Besonderheit.

▶ ⑥ **Hotel Hafen Hamburg**
Seewartenstraße 9
20459 Hamburg (Neustadt)
Tel. 31 11 30, Fax 311 17 06 01
www.hotel-hafen-hamburg.de
234 Z. im alten und 125 Z. im neuen Haus. Ersteres bietet nach vorn hinaus Hafenblick; das »Residenz« ist die moderne Vari-ante, allerdings ohne die berühmte Aussicht.

▶ **Nippon Hotel Hamburg**
Hofweg 75
22085 Hamburg (Uhlenhorst)
Tel. 227 11 40, Fax 22 71 14 90
www.nippon-hotel-hh.de
42 Z. Hotel mit japanischem Ambiente und schlichtem, ge-schmackvollem Design. An der Außenalster gelegen, kleiner Zen-Garten. Geräumige Zimmer mit Reispapier vor den Fenstern, Grasmatten auf dem Boden, Futonbetten, japanische Küche.

▶ **relaxa hotel Bellevue**
An der Alster 14
20099 Hamburg (St. Georg)

Das Gastwerk im ehemaligen Gaswerk.

Tel. 28 44 40, Fax 28 44 42 22
www.relexa-hotels.de
93 Z. Wunderschön an der Außenalster gelegenes kinder-freundliches Komforthotel, beliebt bei Prominenz von Film und TV. Individuelle Zimmer.

▶ **Smolka**
Isestraße 98
20149 Hamburg (Eppendorf)
Tel. 48 09 80, Fax 480 98 11
www.hotel-smolka.de
40 Z. Angenehmes Hotel mitten in einer Wohnstraße in Eppendorf.

▶ **Strandhotel Blankenese**
Strandweg 13
22587 Hamburg (Blankenese)
Tel. 86 13 44, Fax 86 49 36
www.strandhotel-blankenese.de
Kleines Jugendstilhaus im Villen-vorort Blankenese – berühmt für die Lage direkt an der Elbe. Geschmackvolle Einrichtung mit englischen Antiquitäten.

▶ Süllberg

Süllbergterrasse 12
22587 Hamburg (Blankenese)
Tel. 86 62 520, Fax 86 62 52 12
www.suellberg-hamburg.de
Hübsches kleines Hotel mit neun
Zimmern und zwei Suiten. Die
Lage auf dem Süllberg bietet
Elbblick und die angeschlossene
Luxus-Gastronomie »Seven Seas«.

▶ Zollenspieker Fährhaus

Zollenspieker Hauptdeich 143
21037 Hamburg (Kirchwerder)
Tel. 793 13 30, Fax 79 31 33 88
www.zollenspieker-faehrhaus.de
9 Z. Wen es aus der Großstadt
zieht, der findet im Zollenspieker
Fährhaus am Elbufer traditionelles
Fährhausambiente.

GÜNSTIG: DZ 50 – 100

▶ 25hours hotel

Paul-Dessau-Str. 2
22761 Hamburg (Bahrenfeld)
Tel. 85 50 70, Fax 85 50 71 00
www.25hours-hotel.de
Der Ableger des »Gastwerks« ist

*Das 25hours veranstaltet regel-
mäßig angesagte Szene-Partys.*

ebenfalls perfekt gestylt und dabei
wesentlich günstiger.

▶ ⑦ Motel One am Michel

Ludwig-Erhard Str. 26
20459 Hamburg (Neustadt)
Tel. 357 18 90-0, Fax 35718 90-10
www.motel-one.com
Günstig und angenehm modern
eingerichtet. Andere Hotels der
Motel-one-Kette gibt es in Hamburg hinter dem Hauptbahnhof,
in Altona und in Flughafennähe.

▶ Pension Fink

Rothenbaumchaussee 71 – 73
20148 Hamburg (Rothenbaum)
Tel. 44 05 71, Fax 45 71 62
www.hotel-fink.de
9 Z. Kleine Großstadtoase in
denkmalgeschütztem Altbau.

▶ ⑧ Hotel Ibis St. Pauli Messe

Simon-von-Utrecht-Str. 63
22359 Hamburg (Altona)
Tel. 65 04 60, Fax 65 04 65 55
www.ibishotel.com
162 Z. Ibis-Standard nahe dem
Operettenhaus; auch Landungsbrücken und Fischmarkt sind in
erreichbarer Nähe.

▶ ⑨ Hotel Pacific

Neuer Pferdemarkt 30
20359 Hamburg (Schanzenviertel)
Tel. 439 50 95, Fax 432 25 37
www.hotel-pacific.de
Nüchternes, gutes Familienhotel
in günstiger Lage zur Reeperbahn
und zum Schanzenviertel.

▶ ⑫ Schanzenstern

Bartelsstraße 12
20357 Hamburg (Schanzenviertel)
Tel. 439 84 41, Fax 439 34 13
www.schanzenstern.de
19 Z. Im lebhaften Szeneviertel;
auch Mehrbettzimmer.

▶ **Hotel-Pension Schwanenwik**
Schwanenwik 29
22087 Hamburg (Hohenfelde)
Tel. 220 09 18, Fax 229 04 46
www.hotel-schwanenwik.de
19 Z. In einem alten Bürgerhaus
an der Alster gelegen. Günstige
Zimmer nur mit Etagendusche.

▶ ⑬ **Stadthaushotel Hamburg**
Holstenstr. 118
22767 Hamburg (Altona)
Tel. 38 99 20-0, Fax 38 99 20 20
www.stadthaushotel.com
Europas berühmtestes Integra-
tionshotel – von Behinderten für
Menschen mit und ohne Handi-
cap, angenehme Atmosphäre.

▶ **Terminus**
Steindamm 5
20099 Hamburg (St. Georg)
Tel. 280 31 44, Fax 24 15 18
www.hotel-terminus-hamburg.de
20 Z. Zentral am Hauptbahnhof
gelegen mit ausreichendem Stan-
dard ohne besondere Extras. Auch
Dreibett- und Vierbettzimmer.

▶ **Village**
Steindamm 4
20099 Hamburg (St. Georg)
Tel. 48 06 49-0, Fax 48 06 49-49

www.hotel-village.de
17 Z. Schön restauriertes ehemaliges Bordell mit plüschig-schwü-
ler Einrichtung zum Ausspannen
und Wohlfühlen.

▶ ⑩ **Wedina**
Gurlittstr. 23
20099 Hamburg (St. Georg)
Tel. 280 89 00, Fax 280 38 94
www.wedina.de
38 Z. Zentral gelegenes Hotel garni
mit Garten.

▶ **YoHo**
Moorkamp 5
20357 Hamburg (Eimsbüttel)
Tel. 28 41 910, Fax 28 41 91 41
www.yoho-hamburg.de
30 Z. In der schönen Stadtvilla ist
man bestens untergebracht: schickes Design, und für junge Leute
extra günstige Preise.

FRAUENHOTEL

▶ ⑪ **Frauenhotel Hanseatin**
Dragonerstall 11
20355 Hamburg (Neustadt)
Tel. 34 13 45, Fax 34 58 25
www.hotel-hanseatin.de
Hamburgs erstes Frauenhotel,
zentral gelegen, individuell eingerichtet. EZ ab 64 €, DZ ab 99 €.

Weitere Übernachtungsmöglichkeiten

Die Hamburger Campingplätze liegen alle ein Stück außerhalb der
Stadt. Zahlreiche weitere Campingplätze sind auf niedersächsischem
und schleswig-holsteinischem Gebiet zu finden.

Camping

Für Jugendliche oder diejenigen, die besonders preisgünstig übernachten möchten, gibt es weitere Übernachtungsangebote.

Jugend-
unterkünfte

Es gibt mehrere Privatzimmervermittlungen, deren Adressen man
bei der Tourismus-Zentrale Hamburg (▶Auskunft) erhält.

Privatzimmer

▶ CAMPING / FÜR JUGENDLICHE / PRIVATZIMMER

PRIVATZIMMER

▶ **Home Company Mitwohnzentrale**
Schulterblatt 112, 20357 HH
Tel. 194 45, Fax 43 13 57 50
www.hamburg.homecompany.de

▶ **Privatzimmervermittlung »bed & breakfast«**
Markusstraße 9
20355 Hamburg
Tel. 491 56 66, Fax 491 42 12
www.bed-and-breakfast.de

▶ **St. Pauli Tourist Office**
Beim Grünen Jäger 7, 20359 HH
Tel. 98 23 44 83
www.pauli-tourist.de

CAMPING

▶ **Campingplatz Buchholz**
(0,5 ha; ganzjährig)
22525 Hamburg (Stellingen)
Kieler Straße 374
Tel. 540 45 32

▶ **Camping Schnelsen-Nord**
(3 ha; April – Oktober)
22457 Hamburg (Schnelsen)
Wunderbrunnen 2
Tel. 559 42 25

▶ **Elbe Camp**
(nur in den Sommermonaten)

22587 Hamburg (Blankenese)
Falkensteiner Ufer 101
Tel. 81 29 49, www.elbecamp.de
Idyllischer, naturbelassener Campingplatz direkt am Elbeufer mit Strand und guter City-Anbindung. Stellplätze für Wohnmobile und Zelte; Beach-Volleyball, Café

▶ **Camping Stover Strand**
(20 ha; ganzjährig)
Tel. 04177 – 430
21423 Drage/Elbe
Stover Strand 10
www.camping-stover-strand.de
Außerhalb Hamburgs mit eigenem Bootshafen und Badestrand.

JUGENDUNTERKÜNFTE

▶ **Jugendherberge »Auf dem Stintfang«**
20459 Hamburg
Alfred-Wegener-Weg 5
Tel. 31 34 88, 357 B.

▶ **Jugendgästehaus »Horner Rennbahn«**
Rennbahnstraße 100, 22111 HH
Tel. 651 16 71, 269 B.

▶ **Jugendpark Langenhorn**
Jugendparkweg 60, 22415 HH
Tel. 531 30 50
250 B.

Verkehr

Öffentlicher Nahverkehr

HVV Der Hamburger Verkehrsverbund (HVV) entstand 1965 als Zusammenschluss von mehreren Verkehrsunternehmen im Großraum

Wenn die U-Bahn ans Licht kommt, hat man immer wieder schöne Blicke auf die Stadt, wie hier auf die Häuserfassaden in Eppendorf.

Hamburg – übrigens der erste Verbund dieser Art in Deutschland. Als Verkehrsmittel kommen Bahnen (U-Bahn, S-Bahn, A-Bahn, R-Bahn; ►Übersichtsplan S. 124/125), Busse und ebenso die Hafenfähren zum Einsatz.

U- und S-Bahnen nehmen ihren Betrieb morgens gegen 4.30 Uhr auf und stellen ihn sonntags bis donnerstags gegen 0.30 Uhr ein. Anschließend kann man auf Nachtbusse umsteigen. An Wochenenden fahren U- und S-Bahn in Hamburg rund um die Uhr.

Das vom HVV bediente Streckennetz schließt ganz Hamburg und die sieben Umlandkreise ein und ist in Tarifzonen eingeteilt.

Einzelfahrscheine erhält man am Automaten oder beim Busfahrer. Der Preis richtet sich nach der Entfernung; für kürzere Fahrten gilt ein günstigerer Kurzstreckentarif. Bei häufiger Benutzung der öffentlichen Verkehrsmittel lohnen Tageskarten. Für Touristen empfiehlt sich die ► **Hamburg Card**. Die **Ganztageskarte** und die 9-Uhr-Tageskarte gelten für einen Erwachsenen mit bis zu drei Kindern unter 14 Jahren. Außerdem werden **3-Tages-Karten** und **Gruppenkarten** für bis zu fünf Personen beliebigen Alters angeboten. Fahrräder können auf den Hafenfähren jederzeit und in U- und S-Bahn-Zügen sowie auf einigen Buslinien Mo.–Fr. 9.00–16.00 und 18.00–6.00 Uhr, Sa. und So. ganztägig, unentgeltlich mitgenommen werden. Für die Züge des Regionalverkehrs muss eine Fahrrad-Tageskarte gelöst werden.

Fahrscheine und Preise

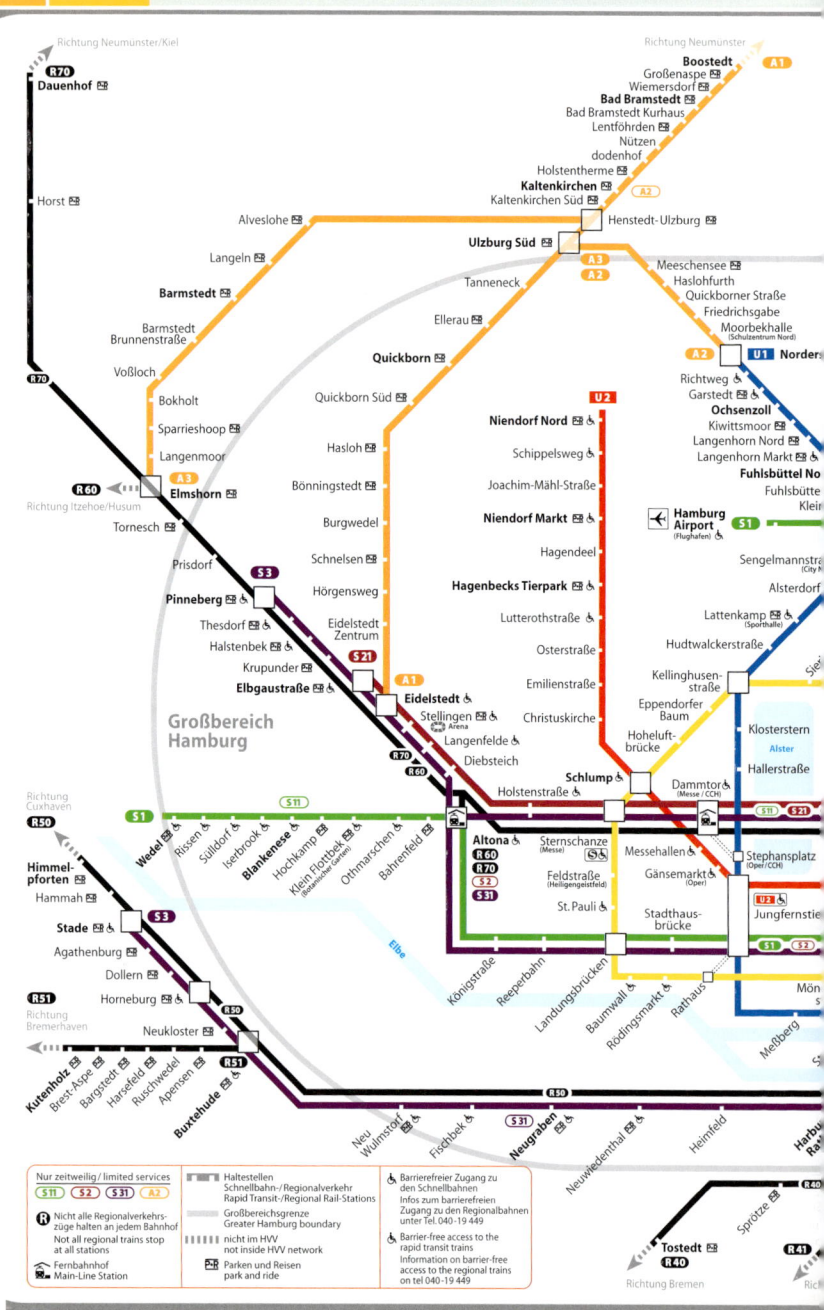

Schnellbahn-/Regionalverkehr
Rapid Transit/Regional Rail

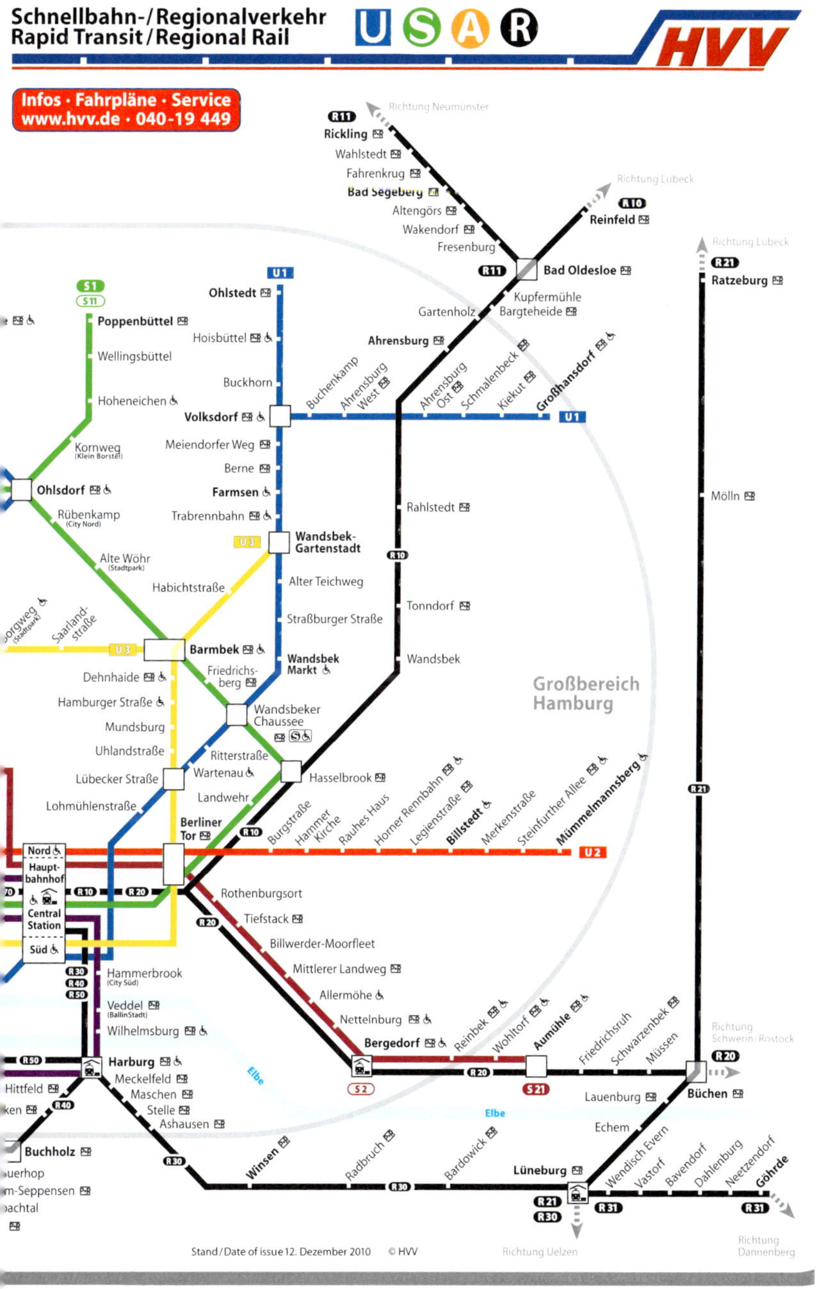

Infos · Fahrpläne · Service
www.hvv.de · 040-19 449

Stand/Date of issue 12. Dezember 2010   © HVV

▶ ÖFFENTLICHER NAHVERKEHR

INFORMATION
▶ **HVV infoline (24 h)**
Tel. 1 94 49, www.hvv.de

▶ **Information Park & Ride**
Tel. 32 88 – 25 53

▶ **Persönlicher Fahrplan**
Tel. 1 94 49, www.hvv.de

HVV-SERVICESTELLEN
▶ **HVV-Kundenzentrum**
Steinstr. 27
Mo. – Fr. 8.00 – 18.00 Uhr

▶ **Hauptbahnhof**
Wandelhalle/Eingang Kirchenallee

Mo. – Fr. 6.00 – 21.00 Uhr
Sa., So. 7.00 – 21.00 Uhr

▶ **U-Bahn/Hauptbahnhof Süd**
Eingang Kirchenallee
Mo. – Fr. 6.00 – 20.00 Uhr
Sa., So. 10.00 – 18.00 Uhr

▶ **U- u. S-Bahn-Jungfernstieg**
Eingang Neuer Wall
Mo. – Fr. 7.00 – 19.00 Uhr
(teilweise auch Sa. 10.00 – 18.00
Uhr)

▶ **S-Bahn Dammtor**
Konzertkasse Funke
Mo. – Fr. 8.00 – 19.45 Uhr

Fähren

Alternative Hafenrundfahrt — Um mit dem Boot in Richtung Hafen zu schippern bedarf es nicht unbedingt einer Hafenrundfahrt. Denn in Hamburg sind die Fähren – neben Brücke und Tunnel – ein wichtiges Transportmittel zur Elbüberquerung.

AB LANDUNGSBRÜCKEN
▶ **nach Oderhöft**
Linie 73

▶ **nach Steinwerder**
Linie 75

▶ **Neuhof**
Linie 61

▶ **Hafencity (Sandtorhöft)**
Linie 62

▶ **Altona – Neumühlen – Finkenwerder**
Linie 62

AB TEUFELSBRÜCK
▶ **nach Finkenwerder**
Linie 64

▶ **Blankenese – Cranz**

AUSWÄRTS
▶ **Glückstadt – Wischhafen**
Autofähre

▶ **Schulau – Lühe**
Personenfähre

▶ **Zollenspieker – Hoopte**
Autofähre (nur 1.3. – 30.11.)

⏵ PARKHÄUSER UND TAXI

PARKHÄUSER

▶ **Parkhaus Bleichenhof**
Große Bleichen 35

▶ **Parkhaus Gänsemarkt**
Dammtorwall/Welckerstraße

▶ **Parkhaus Am Hühnerposten**
Hühnerposten 1 – 2
(mit 3 €/Tag das günstigste Parkhaus in der Innenstadt)

▶ **Hanse-Viertel**
Hohe Bleichen 20 – 22

TAXI

▶ **das taxi**
Tel. 22 11 22, 22 11 21

▶ **Hansa Taxi**
Tel. 21 12 11

? WUSSTEN SIE SCHON …?

▪ Im September 1912 wurden in Hamburg die ersten Autorufsäulen aufgestellt, an denen man sich eine Kraftdroschke bestellen konnte – damals eine kleine Weltsensation. Die Rufsäulen bestehen in modernisierter Form noch heute – derzeit sind es über 100 Stück –, werden allerdings nun ausschließlich von den Taxifahrern selbst bedient.

Taxiruf
Tel. 44 10 11

▶ **Taxi Hamburg**
Tel. 66 66 66

▶ **A bis Z Jumbo Taxi**
Tel. 0800 3 33 99 90
(Großraumtaxi, Behindertentaxi)

Vorverkaufsstellen

▶ **Konzertkasse Hauptbahnhof**
Hachmannplatz 10
(Touristeninformation)
Tel. 32 87 38 54

▶ **Theaterkasse Alsterhaus**
Jungfernstieg 16
Tel. 35 35 55

▶ **Konzertkasse Gerdes**
Rothenbaumchaussee 77
Tel. 44 02 98
Tel. 45 33 26

▶ **Theaterkasse E. Schumacher**
Colonnaden 37
Tel. 34 30 44

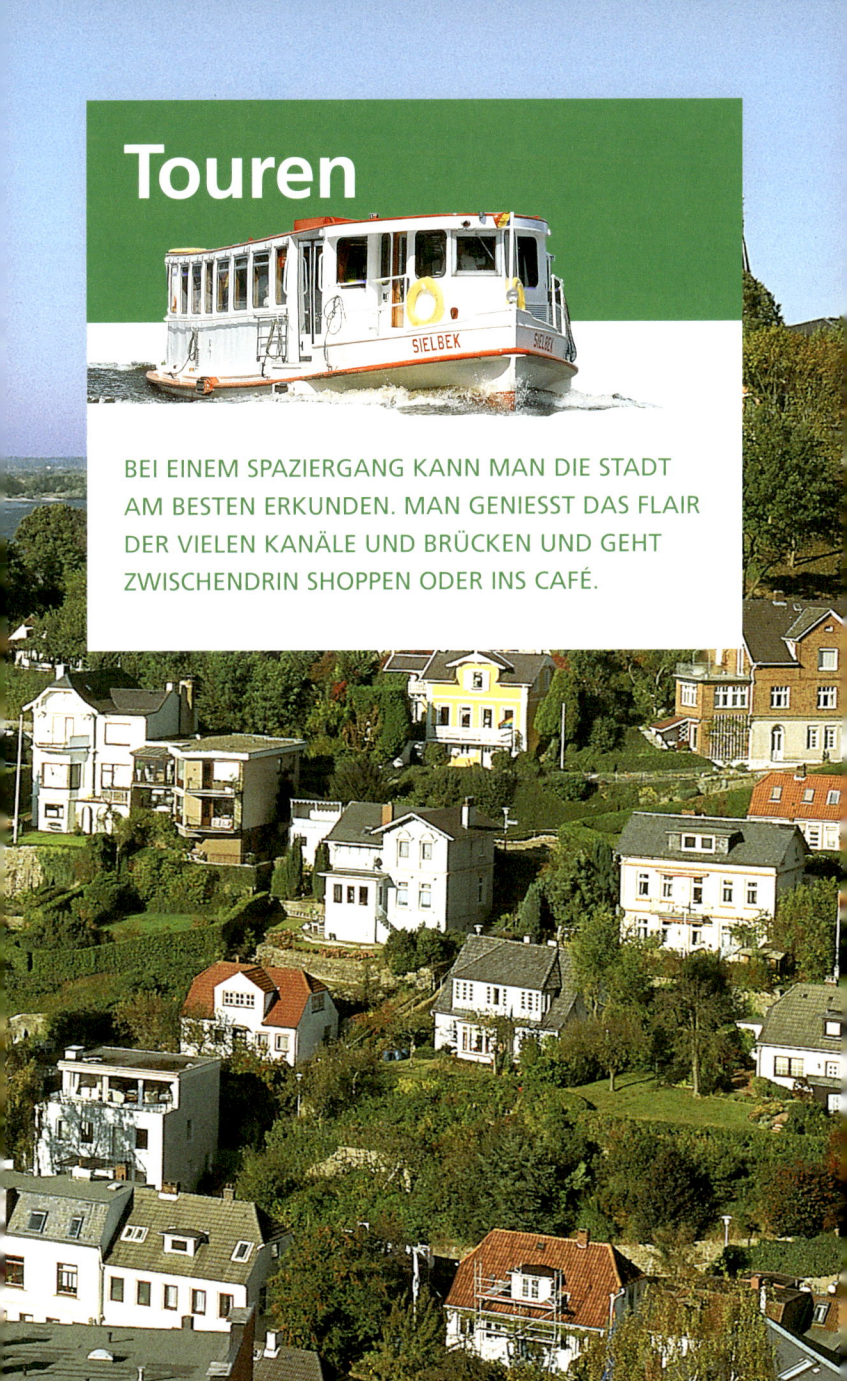

Touren

BEI EINEM SPAZIERGANG KANN MAN DIE STADT AM BESTEN ERKUNDEN. MAN GENIESST DAS FLAIR DER VIELEN KANÄLE UND BRÜCKEN UND GEHT ZWISCHENDRIN SHOPPEN ODER INS CAFÉ.

TOUREN DURCH HAMBURG

Mit den folgenden Routenempfehlungen kann man der Stadt und vielen ihrer berühmten Sehenswürdigkeiten auf einem Spaziergang begegnen.

TOUR 1 **Innenstadt und Binnenalster**
Kleine Runde zum Kennenlernen ▶ **Seite 132**

TOUR 2 **Altstadt und Speicherstadt**
Hamburg als Handelsstadt erleben ▶ **Seite 134**

TOUR 3 **Tour 3 »Michel« – Landungsbrücken – Neustadt**
Auf den Spuren der Geschichte ▶ **Seite 136**

TOUR 4 **Von spät bis früh: Reeperbahn und Fischmarkt**
Nächtlicher Ausgehklassiker ▶ **Seite 138**

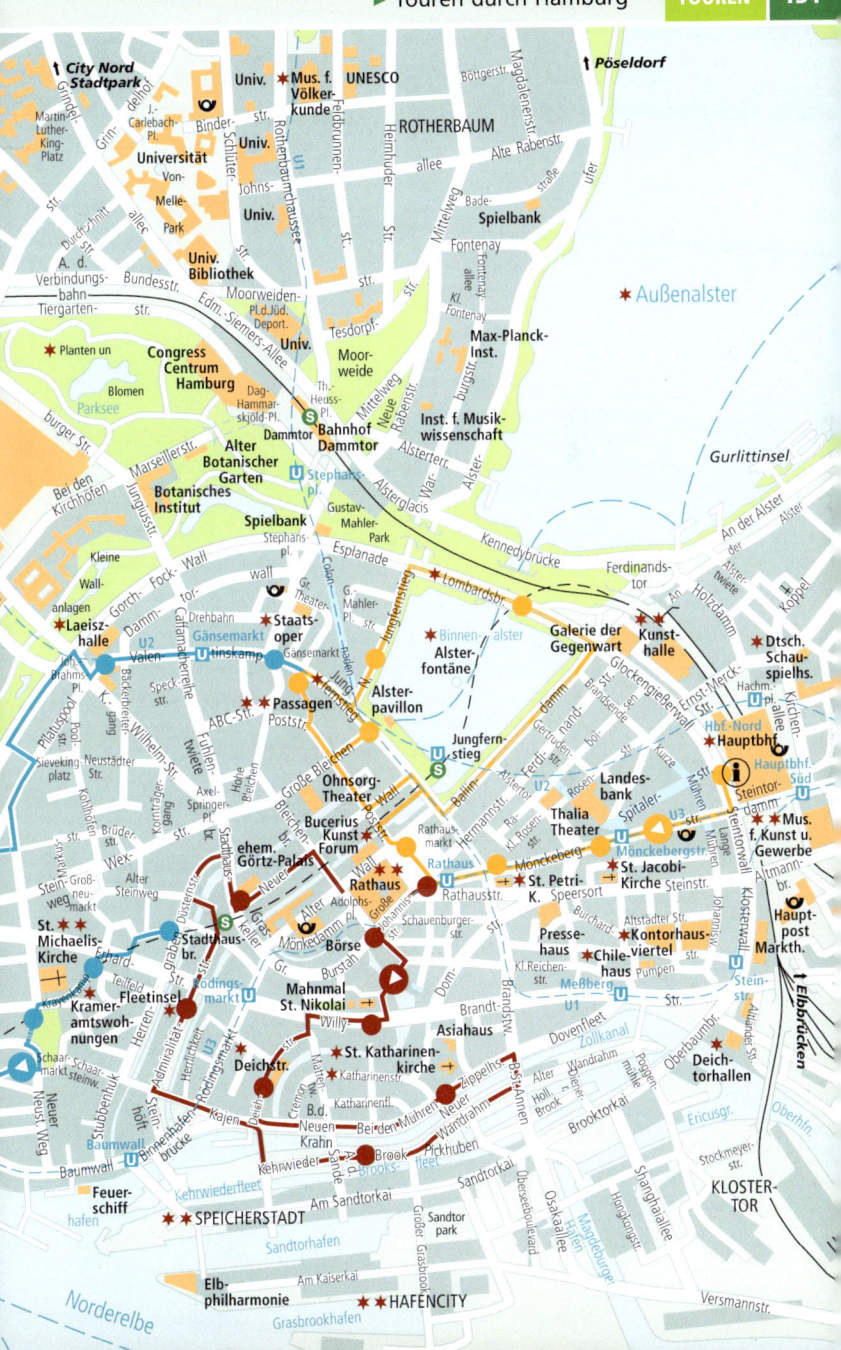

Unterwegs in Hamburg

Wer wenig Zeit und viel Kondition hat, kann die einzelnen Rundgänge auch miteinander verbinden, denn viele der Sehenswürdigkeiten konzentrieren sich im Innenstadtbereich. Für den Weg ins Zentrum wählt man am besten die öffentlichen Verkehrsmittel; das dichte Netz aus S- und U-Bahn erlaubt eine bequeme Anreise von jedem Punkt der Stadt. Autofahrer suchen den Parkplatz am besten gleich in einem der Parkhäuser im Zentrum.

Für eine Stippvisite bietet sich außerdem eine organisierte **Stadtrundfahrt** durch Hamburg an (ca. 1,5 Std.). Eine weitere Möglichkeit ist eine kombinierte Stadt- und Hafenrundfahrt (ca. 2,5 Std.) (►Praktische Informationen: Stadtbesichtigung).

Tour 1 Innenstadt und Binnenalster

Start und Ziel: Hauptbahnhof – Rathausmarkt

Dauer: ca. 2,5 Stunden

Für eine erste Begegnung mit der Stadt lohnt dieser Gang durch die Innenstadt, der sich mit einem Einkaufsbummel oder einem Museumsbesuch verbinden lässt.

Vom ❶ ✱ **Hauptbahnhof** aus, der mit seiner belebten Wandelhalle an sich schon ein Erlebnis ist, geht es durch die Mönckebergstraße,

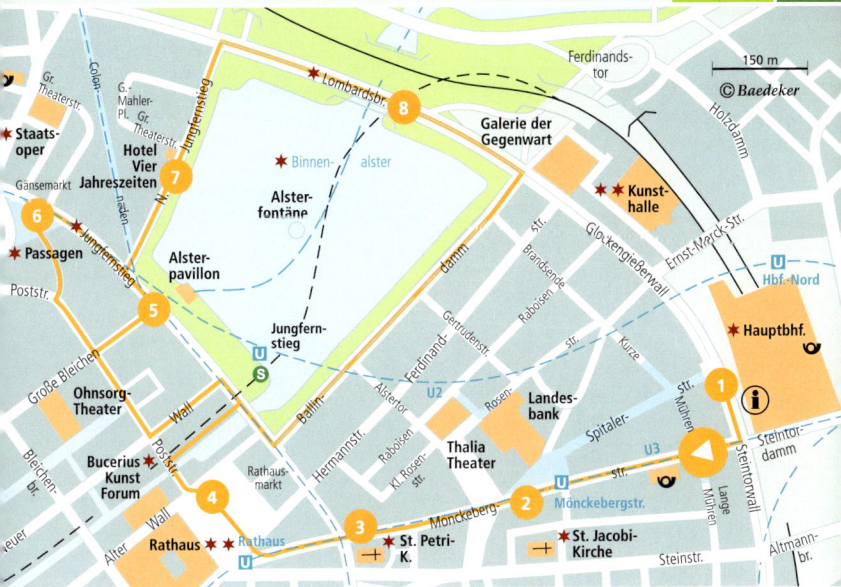

eine der beliebtesten Einkaufstraßen in der Innenstadt. Von dieser aus ist es zur ② ✳ **Jacobikirche** nur ein kleiner Abstecher; später führt sie direkt an der ③ ✳ **Petrikirche** vorbei. Man landet dann am Rathausmarkt mit dem ④ ✳ ✳ **Rathaus** und dem benachbarten ✳ **Bucerius Kunst Forum**. Von der Nordecke des Rathausmarktes blickt man über die **Kleine Alster** zur ✳ **Binnenalster** mit der Alsterfontäne – eine der schönsten Sichtachsen in Hamburg. Durch die Alsterarkaden geht man entlang der Kleinen Alster zum berühmten ⑤ ✳ **Jungfernstieg**. Hier wie auch in den benachbarten Straßen wie Große Bleichen, Neuer Wall oder Poststraße sind zahlreiche Geschäfte mit ausgesuchtem Angebot und diverse Ladenketten zu finden. Wer einkaufen oder einfach nur staunen möchte, bummelt durch die zahlreichen ⑥ ✳ ✳ **Passagen** zwischen Rathausmarkt und **Gänsemarkt**.

Gut ausspannen kann man im herrlich gelegenen **Alsterpavillon**. Anschließend bietet sich ein Spaziergang rings um das Becken der Binnenalster an. Der Neue Jungfernstieg führt vorbei am berühmten ⑦ **Hotel »Vier Jahreszeiten«** zur ⑧ ✳ **Lombardsbrücke** (►Alster), von der sich der herrliche Blick auf die türmereiche Innenstadt mit ihren Kupferdächern bietet. Zur anderen Seite öffnet sich das weite Becken der ✳ **Außenalster**, die man in einem gesonderten, rund zweistündigen Spaziergang umrunden kann. Entweder kehrt man jetzt über den Ballindamm zurück zum Rathausmarkt oder schließt noch einen Besuch in der nah gelegenen ✳ ✳ **Kunsthalle** an.

← Entlang der Alster gibt es viele ruhige Stellen zum Ausspannen.

Tour 2 Altstadt und Speicherstadt

Start und Ziel: Rathausmarkt   **Dauer:** 2 Stunden

Von der Börse über die Deichstraße und die Speicherstadt bis zur Admiralitätsstraße mit ihren Büroneubauten: Die Tour entlang der Fleete zeigt die Metropole als prosperierende Handelsstadt.

Südlich vom ❶ **Rathausmarkt** geht es vorbei an der ❷ **Börse** in Richtung Altstadt. Auf der Trostbrücke, an der früher das alte Hamburger Rathaus stand und nun die Patriotische Gesellschaft ihren Sitz hat, überquert man das gewundene Nikolaifleet und kommt wenig später am ❸ **Nikolaikirchturm**, der Ruine der alten Nikolaikirche, vorbei, von der nach der Zerstörung im Zweiten Weltkrieg der Turm als Mahnmal stehengelassen wurde. Jenseits der Willy-Brandt-Straße liegt die ❹ ✳ **Deichstraße**, die sich am Nikolaifleet entlangzieht und in der mit einigen schönen alten Häusern Überbleibsel der Hamburger Altstadt erhalten sind. Das Nikolaifleet mündet an der Hohen Brücke in das Wasser des Binnenhafens. Von hier aus blickt man auf die schönen Backsteinhäuser der Speicherstadt, die sich am Ufer gegenüber aneinanderreihen. Am Zollkanal entlang geht es

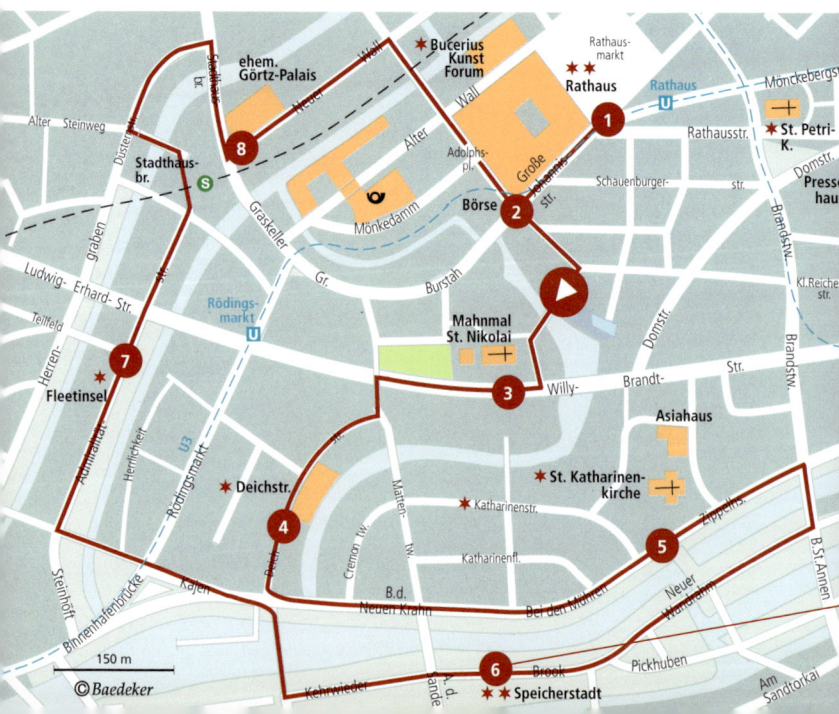

Der Fleethof ist ein Beispiel moderner Architektur, die die Admiralitätsstraße
auf der Fleetinsel ziert.

dann weiter zur **⑤ ✳ Katharinenkirche**. Über die Kornhausbrücke
erreicht man nun die **⑥ ✳ ✳ Speicherstadt**, die man auf beliebigen Wegen erkunden kann. Hier lohnt der Besuch des Deutschen
Zollmuseums, des Speicherstadtmuseums, des Gewürzmuseums, des
Miniaturwunderlands, des Dialogs im Dunkeln oder des Hamburg
Dungeon. Als Rückweg ins Zentrum kann man die **⑦ Fleetinsel**
zwischen Alsterfleet und Herrengrabenfleet/Bleichenfleet wählen.
Entlang der Admiralitätsstraße, die längs über die Fleetinsel verläuft,
stehen einige historische Häuser im Kontrast zu imposanter moderner Architektur. Der Weg zur Innenstadt führt an einem der wenigen, erhaltenen Barockbauten Hamburgs vorbei, dem ehemaligen
⑧ Görtzschen Palais.

Im Gewürzmuseum in der
Speicherstadt kann man nicht
nur schauen, sondern vor allem
die Düfte genießen.

Tour 3 »Michel« – Landungsbrücken – Neustadt

Start und Ziel: Stadthausbrücke – Gänsemarkt

Dauer: 3 Stunden

Die Wegpunkte führen an Orten vorbei, die das historische Hamburg nachempfinden lassen. Der Michel, das Treiben an den Landungsbrücken oder die Modelleisenbahn im Museum für Hamburgische Geschichte dürften auch Kinder begeistern.

Von der S-Bahn-Station ❶ **Stadthausbrücke** gelangt man durch die Michaelisstraße in den Krayenkamp. Im Hof von Nummer 10 sollte man unbedingt die historische Wohnhofanlage mit den so genannten ❷ ✳ **Krameramtswohnungen** besuchen. Vom äußersten Hofende hat man eine ungewöhnliche Perspektive auf den imposanten Turm des »Michel«, also der ❸ ✳ ✳ **Michaeliskirche**, dem nächsten Etappenziel. Neben dem Kircheninneren ist vor allem der herrliche Panoramablick vom Turm unbedingt empfehlenswert. Anschließend geht es hinunter zu den ❹ ✳ **Landungsbrücken**. Am Ostende liegen mehrere historische Schiffe vor Anker. Beim Bummel über die Landungsbrücken kann man dem Schiffbetrieb auf der Elbe

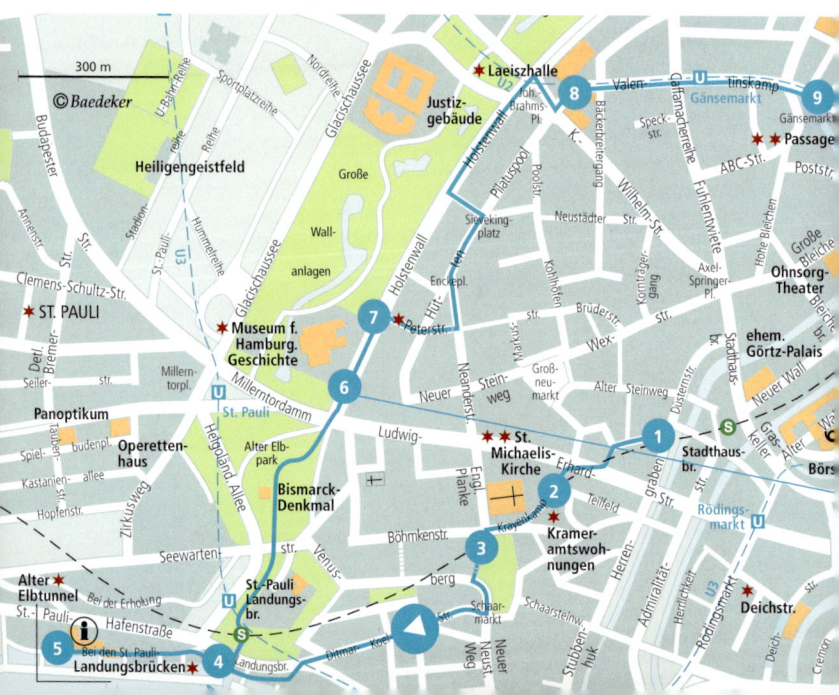

Auch der Hamburger flaniert gern entlang der Landungsbrücken.

zugucken oder von hier zu einer Rundfahrt durch den ✴ ✴ **Hafen** starten und dabei die »großen Pötte« aus nächster Nähe betrachten. Am Westende sollte man unbedingt einen Blick hinunter in den ❺ ✴ **Alten Elbtunnel** (► Elbtunnel) werfen. Hat man genug vom Wasser, kann man entweder mit der U 3 zum Rathaus zurückfahren – eine schöne Strecke, die direkt am Wasser entlangführt – oder man gelangt zu Fuß über den Stintfang zu den Wallanlagen (►Planten un Blomen). Hier lohnt ein Abstecher ins ❻ ✴ **Museum für Hamburgische Geschichte – Hamburg Museum**, das neben Historischem auch eine riesige Modellbahnanlage bietet. Der Weg führt weiter in die ❼ ✴ **Peterstraße**, wo man ein Stück Alt-Hamburg nachgebaut hat. Am Johannes-Brahms-Platz stehen gleich zwei interessante Gebäude: das DAG-Haus von 1922 (jetzt Brahmskontor) und die ❽ ✴ **Musikhalle • Laeiszhalle**. Von hier aus ist man in Kürze wieder im Zentrum am ❾ **Gänsemarkt**.

So schön wie schick: ein Wohnzimmer aus den 1950er-Jahren im Museum für Hamburgische Geschichte – Hamburg Museum.

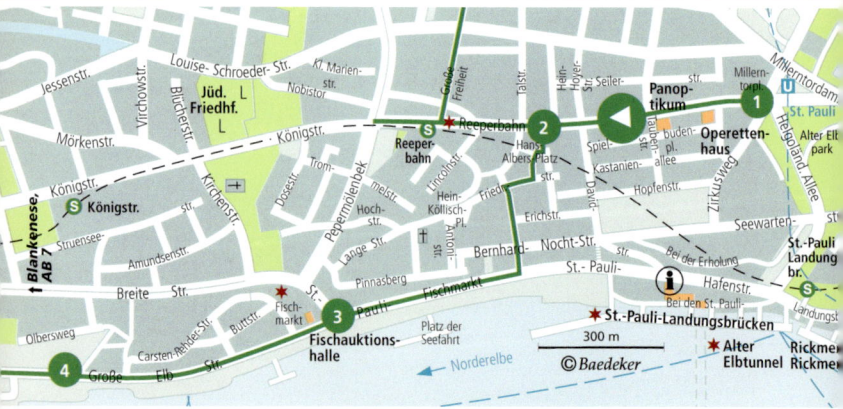

Tour 4 Von spät bis früh: Reeperbahn und Fischmarkt

Start und Ziel: Millerntorplatz – Altona

Dauer: 1 Nacht

Die Tour für Nachtschwärmer: Wenn man sich auf der Reeperbahn genügend amüsiert hat, geht es am Sonntagmorgen weiter zum berühmten Fischmarkt.

Klassischerweise macht man die Tour zu nachtschlafender Zeit. Die Reeperbahn bietet genügend Attraktionen, sodass der Ausflug die ganze Nacht dauern kann. Wer früh um fünf noch fit ist, kann sonntags gleich noch einen Fischmarktbesuch anschließen.

Vom ❶ **Millerntorplatz** aus geht es einmal die ❷ ✳ **Reeperbahn** entlang. Hier herrscht vor allem an den Abenden am Wochenende Hochbetrieb, aber auch sonst kann man sich hier getrost einmal umsehen. Ob Szene-Bar, Spielcasino, Schmidt-Theater oder Herbertstraße: Der Kiez bietet etwas für jeden Geschmack (▶ St. Pauli). Selbst Ausstellungsbesuche bis Mitternacht sind möglich, nämlich samstagabends im Panoptikum. Als Seitenstraßen der Reeperbahn haben vor allem die Große Freiheit, die Herbertstraße und der Hans-Albers-Platz Berühmtheit erlangt.

Zum Elbeufer gelangt man am besten durch die Davidstraße oder die Silbersackstraße. Von letzter lohnt ein kleiner Abstecher zum abseits des Trubels gelegenen Hein-Köllisch-Platz mit netten Cafés und Bars. Das nächste Ziel ist der berühmte ❸ ✳ **Fischmarkt**, eine der touristischen Attraktionen der Hansestadt für Wochenendbesucher. Aber auch wenn man nicht den legendären Fischmarktbesuch am

Sonntagmorgen machen kann, lohnt sich ein Bummel ans Elbufer von **Altona** entlang der **4 Großen Elbstraße** in Richtung des Kreuzfahrtterminals. In der interessanten Neubaubebauung am Ufer wie auch in den restaurierten Speicherhäusern finden sich exklusive Restaurants und szenige Bars, aber auch das imposante Luxuseinrichtungshaus »stilwerk«.

Und weiter …

In der Stadt lassen sich ausgedehnte Spaziergänge unternehmen, die tagesfüllend sein können. Zudem gibt es ein großes Angebot an thematischen Stadtrundgängen (▶ Praktische Informationen: Stadtbesichtigung). Interessant für alle, die Hafenatmosphäre lieben, ist ein Gang über die ✱ **Hafenrandpromenade**. Architekturinteressierte müssen das beeindruckende Ensemble des ✱ **Kontorhausviertels** mit dem ✱ **Chilehaus** aus den 1920er-Jahren besuchen und die Ha-

Spaziergänge

Hamburg Sehenswertes im Stadtgebiet

! **Baedeker** TIPP

Linie 36
Bequemer als zu Fuß geht's mit dem 36er-Bus von der City nach Blankenese. Der Bus fährt die wunderschöne Strecke oben an der Elbe entlang und klappert alle westlichen Elbvororte ab.

fencity durchstreifen. Wer das Grün liebt, findet dies reichlich in den Parkanlagen ✳ **Planten un Blomen**, im ✳ **Stadtpark**, auf dem ✳ **Ohlsdorfer Friedhof** oder in ✳ ✳ **Hagenbecks Tierpark**.

Mit etwas Kondition kann man von **Altona** aus am Elbufer entlang nach ✳ ✳ **Blankenese** wandern. Auf der ca. 10 km langen, wunderschönen Strecke kommt man u. a. nach ✳ **Övelgönne**, wo sich der beliebte Museumshafen befindet, und zum ✳ **Jenischpark**.

Weiter weg Wer genügend Zeit hat, kann von Hamburg aus schöne Ausflüge in die Umgebung unternehmen. Organisierte Bus- und Schiffstouren werden beispielsweise über die Hamburg Tourismus GmbH angeboten (▶Praktische Informationen: Auskunft).

Westlich von Hamburg liegen gleich zwei beliebte Ausflugsziele. Das ✳ ✳ **Alte Land** lockt mit Obstbäumen und schmucken, alten Bauernhöfen. Auf der anderen Elbseite liegt das hübsche Städtchen Wedel mit der Schiffsbegrüßungsanlage ✳ ✳ **Willkommhöft**. Von Wedel aus kommt man ein Stück weiter nordwestlich nach Uetersen mit dem bekannten Rosarium.

Östlich von Hamburg erstreckt sich das ländliche ✳ **Vierlande und Marschlande** mit alten Dorfkirchen und Gehöften. Näher am Stadtgebiet liegt Reinbek mit einem schönen kleinen Schloss. Östlich von Reinbek kann man im **Sachsenwald** ausgedehnte Waldspaziergänge machen und in Friedrichsruh das Bismarck-Mausoleum besuchen.

Etwas weiter weg liegt die Lüneburger Heide und das alte Salzstädtchen **Lüneburg**. Für den Weg entschädigt die herrlichen Altstadt mit wunderschönen Bauten aus Renaissance und Gotik.

Mit dem Schiff

Bei gutem Wetter gehören Bootsfahrten zu den schönsten Hamburg-Erlebnissen. Eine Hafenrundfahrt ist ein Muss für Besucher der Stadt. Bei einer Alsterrundfahrt oder einer Fahrt durch die Fleete entfaltet Hamburg venezianisches Flair (▶ Praktische Informationen: Schiffsausflüge).

Durch die Stadt

Schön sind auch die Fahrten **auf der Elbe**. Die HADAG veranstaltet Ausflugsfahrten ab St.-Pauli-Landungsbrücken über Blankenese, Schulau (▶ Willkommhöft) nach Lühe, eine Fahrt, die besonders zur Zeit der Obstblüte im ▶Alten Land zu empfehlen ist. Längere Touren führen Elbabwärts bis nach Glückstadt, einer hübschen Kleinstadt am rechten Elbufer in Schleswig-Holstein. Außerdem fährt ab Landungsbrücken der Elbe-City-Jet über Lühe nach Stade; die Schnellfähre benötigt für die Strecke nur eine knappe Stunde.

Baedeker TIPP

Maritime Circle Line

Ein Törn durch den Hafen, bei dem interessante Haltepunkte angesteuert werden: BallinStadt, Hafenmuseum, Speicherstadt, HafenCity und die Cap San Diego. Startpunkt ist an den Landungsbrücken, Brücke 10, oder an jeder der anderen oben genannten Stationen. Man kann die Fahrt unterbrechen und mit dem nächsten Schiff weiterfahren. Im Sommer fahren tgl. fünf Schiffe, im Winter drei (www.maritime-circle-line.de).

Nordsee, Ostsee

Als Stadt in der Nähe von zwei Meeren eignet sich Hamburg hervorragend als Ausgangspunkt für Kurzreisen zur See. Lohnend sind Tagesfahrten nach **Helgoland**, die von den Landungsbrücken aus starten. Etwas Besonderes sind auch Ausflüge nach **Neuwerk**, einer kleinen Insel in der Elbmündung, die zu Hamburg gehört.
Ausgangshäfen für Fahrten auf der Ostsee sind Lübeck-Travemünde (Skandinavienkai) und Kiel (Schwedenkai bzw. Oslokai). Beide Häfen kann man von Hamburg aus per Auto, Bahn oder Bus in 1 bzw. 1,5 Stunden Fahrzeit erreichen.
Auch Fahrten ins **Wattenmeer** der Nordsee werden angeboten. Es geht per Bus von Hamburg nach Büsum in Schleswig-Holstein und von dort dann weiter mit dem Schiff.

← *Im Duvenstedter Brook, Hamburgs größtem zusammenhängenden Naturschutzgebiet, leben u. a. 400 Pflanzen- und 170 Vogelarten.*

Sehenswertes von A bis Z

OB ELBE, MICHEL ODER HAFEN-CITY – DIE HANSESTADT HAT JEDE MENGE SEHENSWERTES ZU BIETEN, UND WIR SAGEN IHNEN, WAS SIE KEINESFALLS VERPASSEN DÜRFEN.

★★ **Alster**

N–T 10–22

Lage: Innenstadt und Nordosten des
Stadtgebiets

**Zentrales
Gewässer**

Das Bild der Hamburger Innenstadt ist ganz entscheidend von der
Alster geprägt – die Wasserflächen von Binnenalster und Außenalster
setzen höchst reizvolle Akzente in der Stadtlandschaft.
Die Alster ist ein rechter Nebenfluss der ▶Elbe, der gut 25 km nörd-
lich vom Hamburger Stadtkern im Henstedter Moor entspringt, den
Nordosten des Hamburger Stadtgebiets in natürlichen Windungen
durchfließt (▶ Alstertal), später kanalisiert verläuft und danach zu
Außenalster, Binnenalster und Kleiner Alster aufgestaut ist. Durch
abgeschleuste Fleete mündet die Alster schließlich in die Norderelbe.
Insgesamt hat sie eine Länge von 56 km.

← *Der »Michel«
bei Nacht, da-
vor die Rickmer
Rickmers*

Kaffeepause unter den Alsterarkaden mit Blick auf das Rathaus

Die Binnenalster verleiht Hamburgs Innenstadt einen besonderen Charme. Das ca. 18 ha große Becken ist durch den im 17. Jh. angelegten Festungsgürtel von der Außenalster abgetrennt worden. In der Mitte steigt im Sommer die Alsterfontäne bis 60 m hoch (tgl. 9.00 bis 24.00 Uhr). Die Binnenalster wird von den drei Uferpromenadenstraßen ► Jungfernstieg, Neuer Jungfernstieg und Ballindamm und der Lombardsbrücke umzogen (Umwanderung 30 – 40 Min.).

Binnenalster

Ringsum von Ufergrünstreifen und Parks gesäumt ist die gut 160 ha große, maximal 2,50 m tiefe Außenalster; lediglich die Fahrrinne der Alsterdampfer ist 4 m tief. In strengen Wintern kann die Außenalster zufrieren; das Begehen des Eises wird dann zu einem volksfestartigen Ereignis. In die Außenalster münden mehrere Zuflüsse, die größtenteils schiffbar sind. Unbedingt zu empfehlen ist die Fahrt mit einem der »Alsterdampfer« genannten Motorschiffe (Abfahrt am ► Jungfernstieg). An das westliche Alsterufer grenzen die vornehmen Stadtteile Rotherbaum und Harvestehude mit ►Pöseldorf, an das östliche Winterhude, Uhlenhorst, Hohenfelde und ►St. Georg.

Außenalster

> ! *Baedeker* TIPP
>
> **Relaxen**
> Eine schöne Möglichkeit, sich zu entspannen, bietet der Alsterpark: Wer hier im Sommer noch einen der weißen Parksessel erwischt, schnappt sich einen – und genießt den Gesang der Vögel.

Am Nordwestufer erstreckt sich der 1953 anstelle einstiger Villenvorgärten angelegte Alsterpark, in dem etliche Kunstwerke aufgestellt sind, u. a. die Bronzeplastiken »Kniende« (Gustav Seitz, 1962), »Orpheus und Eurydike« (Ursula Querner, 1958), »Drachensteigen« (Gerhard Brandes, 1963), »Große Stehende« (Jörn Pfab, 1958).

 ◄ Alsterpark

Die besten Ausblicke über die Außenalster auf die Stadtsilhouette hat man von den Straßen Bellevue in Winterhude und von der Uferpromenade »Schöne Aussicht« am Nordostufer im Stadtteil Uhlenhorst, einem bevorzugten Wohngebiet mit prächtigen Villen. Nach Süden schließen sich der Schwanenwik und die breite Uferstraße »An der Alster« mit dem Nobelhotel »Atlantic Kempinski« an. Erwähnenswert in diesem Bereich: die Bronzeplastik »Drei Männer im Boot« und das Denkmal für Wolfgang Borchert (Schwanenwik) sowie die Skulptur »Rhythmus im Raum« von Max Bill (kurz vor der Kennedybrücke/Höhe Holzdamm). Das wohl beliebteste Hamburger Kunstwerk im öffentlichen Raum ist »Der Mann auf der Boje« (Stephan Balkenhol, 1993). Noch an drei anderen Stellen in Hamburgs Gewässern wurden die Herren mit weißem Hemd und schwarzer Hose postiert. In der Annahme, ein echter Mann treibe auf dem Gewässer, sollen besorgte Touristen schon die Polizei verständigt haben.

Bellevue

Die Wasserverbindung zwischen Binnen- und Außenalster wird von der Lombardsbrücke überspannt. Ihren Namen verdankt sie dem »Lombard« genannten Pfandleihhaus, das 1651 am Westufer der Als-

 **Lombardsbrücke**

Wenn die Alster gefriert, kommt Volksfeststimmung auf.

ter errichtet worden war und dort bis 1827 bestand. Die dreibogige steinerne Straßenbrücke von Johann Hermann Maack ersetzte 1865 die frühere Holzbrücke. Als Nadelöhr für den zunehmenden Verkehr wurde sie in der Folgezeit mehrmals verbreitert.

Von der Lombardsbrücke bietet sich nach Süden eine der klassischen Ansichten der türmereichen Hamburger Innenstadt mit der Binnenalster im Vordergrund.

Zur Entlastung der alten Lombardsbrücke wurde 1951–1953 die Neue Lombardsbrücke für den Autoverkehr gebaut, die nach der Ermordung des US-amerikanischen Präsidenten John F. Kennedy in **»Kennedybrücke«** umgetauft wurde. Eine Markierung auf der Ostseite des nördlichen Gehsteiges zeigt den Verlauf des zehnten Längengrades östlich von Greenwich.

Kleine Alster und Alsterfleet

Die Alster verlässt das Binnenalsterbecken an seiner Südspitze und zieht sich in kleinen Kanälen und Fleeten weiter durch das Stadtgebiet, bis sie am Binnenhafen (▶ Hafen) in die Norderelbe mündet. Dabei wird sie von zahlreichen Brücken überspannt, die in Hamburg Venedig-Flair aufkommen lassen. Die so genannte Kleine Alster, ein rechteckiges Becken, das nördlich von den Alsterarkaden (▶ Passagen) und südlich von den breiten Wassertreppen des Reesendamms eingegrenzt wird, geht hinter der Schleusenbrücke über in das Alsterfleet. Auch durch das parallel zum Alsterfleet verlaufende Bleichenfleet und das anschließende Herrengrabenfleet fließt das Alsterwasser seiner Mündung zu. Ursprünglich folgte die Alster in ihrem natürlichen Lauf dem Bogen des ▶Nikolaifleets, in dem auch der erste Hamburger Hafen angelegt worden war.

Alstertal

O–T 17–22

Lage: nordöstlich der Innenstadt
Bus: 179 (ab Ohlsdorf), 276 (ab Poppenbüttel)

S-Bahn: S 1, S 11 (Kornweg, Hohen-
eichen, Wellingsbüttel, Poppenbüttel)

Als »Alstertal« werden die nördlichen Wohngebiete Wellingsbüttel **Alsterwander-**
und Poppenbüttel sowie benachbarte Gegenden im Bereich der **weg**
Oberalster bezeichnet. Durch diese führt der Alsterwanderweg entlang des Flusses. Er zieht sich von Bargfeld-Stegen durch das Wiesen-
tal der Oberalster (Naturpark) und durch das Hamburger Stadtgebiet
bis zur Mündung in den Binnenhafen bzw. in die Elbe.
Besonders reizvoll ist der Teil zwischen dem holsteinischen Rade und
dem Hamburger Ortsteil Klein Borstel am Nordrand des ▶Ohlsdor-
fer Friedhofs. Berührt werden bei der Wanderung durch das Alstertal
das Naturschutzgebiet Rodenbeker Quellental, die alte Mellingburger
Schleuse (S 21) mit einer schönen Einkehrmöglichkeit, der Hohen-
buchenpark (S 21) und der Hennebergpark (S 20/21).

Weiter flussabwärts liegt am Alsterufer unter alten Eichen und Bu- **Gut Wellings-**
chen das einstige Gut Wellingsbüttel, von dem noch das Torhaus **büttel/Alstertal-**
(Wellingsbütteler Weg Nr. 75 a) erhalten ist, ein langer Fachwerkbau **museum**
von 1757 mit spitzem Glockenturm. Hier zeigt das Alstertalmuseum
bäuerliche Geräte und Kleidung sowie vorgeschichtliche Funde aus
dem Alstertal. Ein Raum ist der früheren Treidelschifffahrt gewidmet (geöffnet nur Sa. und So. 11.00–13.00 und 15.00–17.00 Uhr, ☉
Gruppen auch außerhalb der Öffnungszeiten: Tel. 602 42 84).

Südwestlich von Wellingsbüttel liegt zwischen dem ▶ Ohlsdorfer **»Santa Fu«**
Friedhof und dem ▶Flughafen Fuhlsbüttel die Hamburger Strafvoll-
zugsanstalt Fuhlsbüttel (»Santa Fu«).

Alte Post

M 10

Lage: Poststraße 11
U-Bahn: U 1, U 2 (Jungfernstieg),
U 3 (Rathaus)

S-Bahn: S 1, S 2, S 3 (Jungfernstieg)

Der markante Backsteinbau wurde 1845 – 1847 von Alexis de Cha- **Post für viele(s)**
teauneuf im Stil der toskanischen Renaissance errichtet. In dem
Gebäude hatten die Hamburgische (Freistädtische) Post, die Thurn
und Taxissche Post, die Königlich Hannoversche Post und die Königlich Schwedische Post ihren Sitz. Auffällig ist vor allem der oben
achteckige Turm – ein Zitat flandrischer Gotik –, der eine Zeit lang
der Nachrichtenübermittlung nach Cuxhaven durch den optischen

Telegrafen diente. Bis zur Eröffnung des Postgebäudes am Stephansplatz 1887 wurde der Bau von der Post genutzt, später diente er für Verwaltungs- und Archivzwecke. Heute ist die Alte Post ein Büro- und Geschäftshaus mit einer Ladenpassage (▶Passagen).

✶✶ Altes Land

Ausflugsziel

Lage: 10–30 km südwestlich der Innenstadt
Bus: 150, 257, 357

Zufahrt: B 73 von Harburg westwärts
Elbfähren: Blankenese – Cranz; Schulau – Lühe (ganzjährig)

Fruchtbarer Norden

Das Alte Land ist ein rund 30 km langer und bis zu 7 km breiter Marschgürtel, der sich westlich von Hamburg am Südufer der Elbe bis nach Stade erstreckt. Das von Este, Lühe und Schwinge und zahllosen Entwässerungsgräben durchzogene, fruchtbare Gelände ist das am weitesten nördlich gelegene geschlossene Obstanbaugebiet der Erde. Es werden vor allem Apfel- und Kirschbäume kultiviert. Das Alte Land wurde im 12. und 13. Jh. von holländischen Einwanderern besiedelt und war bis 1932 selbstverwaltet. Von bäuerlichem Wohlstand zeugen die stattlichen Altländer Bauernhäuser mit ihren kunstvoll gezimmerten und verzierten Prunkpforten.

Typisches Bauernhaus im Alten Land - hier in Guderhandviertel

In Neuenfelde lohnt ein Besuch der barocken Kirche St. Pankratius, mit einem Kanzelaltar von 1688 und einer schönen Orgel des berühmten Orgelbaumeisters **Arp Schnitger** (1648 – 1719), der hier einen Bauernhof hatte und in der Kirche begraben liegt; Orgelkonzerte April bis Dezember jeden ersten Sonntag im Monat um 16.30 Uhr (außer während der Hauptferienzeit). Weitere Schnitger-Orgeln finden sich in Steinkirchen und Estebrügge.

Neuenfelde

Im Neuenfelder Ortsteil **Nincop** stehen einige besonders schöne Bauernhäuser: Nincoper Straße Nr. 45 (von 1778; mit Prunkpforte von 1683), Stellmacherstraße Nr. 9 (von 1660; mit erneuertem Fachwerkgiebel und Prunkpforte von 1619) sowie Nr. 14 (von 1779).

> ! **Baedeker TIPP**
>
> ### Volle Blütenpracht
>
> Das Alte Land ist ein beliebtes Ausflugsziel, das sich zur Obstbaumblüte im April/Mai von seiner schönsten Seite zeigt. Besonders genießen lässt sich dies bei einer Fahrt mit dem HADAG-Schiff nach Lühe, der man eine schöne Wanderung auf dem Lühedeich von der Schiffsanlegestelle nach Steinkirchen anschließt.
> Für alle, die einkehren möchten: Einen wunderbaren Elbblick hat man vom »Fährhaus Twielenfleth«.

Der Ort Jork liegt im Zentrum des Alten Landes. Neben den alten Bauernhäusern und einem schönen Rathaus (teilweise 12. Jh.) gefällt hier besonders die kleine Barockkirche St. Matthias von 1709, in der 1776 Gotthold Ephraim Lessing mit Eva König getraut wurde.

Jork

Lohnend ist eine Fahrt auf dem so genannten Obstmarschenweg über Jork, Guderhandviertel, Steinkirchen, Grünendeich und Hollern nach Stade. Viele schöne Altländer Bauernhäuser, z. T. mit Prunkpforten, und auch einige alte Dorfkirchen liegen am Wege.

Obstmarschenweg

Von April bis September bietet Kapitän Prüsse an Wochenenden Schiffsfahrten von den Landungsbrücken über die Elbe und die Este nach Buxtehude an (Informationen unter Tel. 31 31 30 oder Tel. 0 41 61 – 50 12 97).

Schiffsfahrten nach Buxtehude

Altona

J/K 9–11

Lage: ca. 4 km westlich der Innenstadt   **S-Bahn:** S 1, S 2, S 3, S 11, S 31 (Altona) S 1, S 2, S3 (Königstraße)

Bis 1937 war Altona eine selbstständige schleswig-holsteinische Stadt. Dann wurde Groß-Hamburg geschaffen und Altona eingemeindet. Altona entwickelte sich im frühen 16. Jh. aus einer Fischersiedlung, gehörte zunächst den schaumburgischen Grafen von Holstein-Pinneberg und ab 1640 als Teil von Schleswig-Holstein zu Dänemark. 1867 wurde Altona preußisch. Im Lauf der Zeiten gab es diverse

Nachbarn und Rivalen

Das Altonaer Rathaus mit dem Reiterstandbild von Kaiser Wilhelm I.

Rivalitäten zwischen Altona und Hamburg, und auch heute noch fühlen sich die Altonaer als Altonaer und nicht als Hamburger.

Altonaer Rathaus Wer vom Altonaer Bahnhof in Richtung Rathaus geht, kommt an dem bronzenen Stuhlmannbrunnen (Türpe, 1900) vorbei, dessen um einen Fisch kämpfende Zentauren die Rivalität Altonas und Hamburgs als ►Fischmarkt symbolisieren sollen. Das Altonaer Rathaus entstand 1896–1898 unter Einbeziehung des Südflügels des »Dänischen Bahnhofs«, der zuvor hier stand; er war 1844 von Gottfried Semper errichtet worden. Die Rückfront zeigt noch die alte Bahnhofsfassade. Der parkartige »Platz der Republik« zwischen Bahnhof und Rathaus ist an der Stelle der früheren Bahnanlagen entstanden. Das Giebelrelief am Rathaus schuf Karl Gerbers unter Mitwirkung von Ernst Barlach. Vor dem Rathaus steht ein Reiterstandbild, das Kaiser Wilhelm I. zeigt (G. Eberlein, 1898). Der 1989 in den Grünanlagen auf der anderen Straßenseite aufgestellte schwarze Steinblock des US-amerikanischen Künstlers Sol LeWitt erinnert an die von den Nationalsozialisten ermordeten Altonaer Juden.

✳ Altonaer Museum für Kunst und Kulturgeschichte

Lage: Museumstr. 23

Das Museum bietet Einblicke in Kulturgeschichte und Landeskunde des norddeutschen Küstengebietes, wobei Schwerpunkte auf Altona, dem Niederelbegebiet und Schleswig-Holstein liegen. 1863 hatte eine private Museumsgesellschaft das »Öffentliche Museum in Altona« in einem Haus an der Palmaille eingerichtet, 1901 zog die Sammlung in das damals neue Museumsgebäude an der Museumstraße. 1945 wurden rund zwei Drittel des Gebäudes und etwa ein Drittel der Sammlungen zerstört. Nach dem Krieg entstanden zwei Neubauteile. 2010 beschloss der Hamburger Senat die Schließung des Museums, nach massiven Protesten wurde der Beschluss rückgängig gemacht.

🕐 Öffnungszeiten:
Di. – So.
10.00 – 17.00

Originale Bauernstuben, verschiedene Haus- und Mühlenmodelle wie die so genannte Vierländer Kate und eine reichhaltige Trachtensammlung geben vielfältige Einblicke in die ländliche Kultur des 17. bis 19. Jh.s, darunter ein Lebensmittelladen, der seit 1890 auf der Elbinsel Altenwerder betrieben wurde. Der städtischen Kultur entstammt dagegen eine große Spielzeugsammlung. Eindrücke der norddeutschen Landschaft sind auf Gemälden vom Ende des 18. Jh.s bis zur Gegenwart festgehalten. Der bewegten Geschichte Altonas schließlich ist eine eigene Abteilung gewidmet. Die Schifffahrtsab-

Sammlung

Blick in die maritime Sammlung

teilung zeigt Fahrzeug- und Werftmodelle, das Schiffbauhandwerk bis zum Beginn der Industrialisierung sowie alte nautische Instrumente. Originale Fanggeräte und Modelle bieten einen Überblick über die Entwicklung der Küsten- und Hochseefischerei sowie des Walfanges. In der Halle »Schiff und Kunst« ist eine Sammlung von Galionsfiguren ausgestellt – viele »Damen« sind hier verewigt worden. Im Hörsaal hängt die Reihe der so genannten Volkslebenbilder als anschauliche Ergänzung der volkskundlichen Sammlungen. Seit 2006 gibt es eine interaktive Kinderabteilung.

Weitere Sehenswürdigkeiten in Altona

Westlich vom Altonaer Rathaus steht die 1735–1738 erbaute evangelische Christianskirche, benannt nach dem dänischen König Christian IV. (1577–1648), der Altona großzügig ausbauen ließ. Die barocke Saalkirche wurde im Zweiten Weltkrieg beschädigt und ist

Christianskirche

1946–1952 wiederhergestellt worden. Erhalten blieben von der alten Ausstattung u. a. ein Taufbecken (13. Jh.), der Taufengel von 1739, die barocke Kanzel sowie die Turmfahne mit der Jahreszahl 1718. Gleich hinter der Christianskirche beginnt die ►Elbchaussee.

Klopstock-Grab ►   Auf dem 1758 angelegten Kirchhof findet man die Grabstätte des Dichters Friedrich Gottlieb Klopstock (1724–1803) und seiner beiden Ehefrauen. Das Begräbnis des schon zu Lebzeiten hochverehrten Dichters glich einer nationalen Huldigungsfeier. Die Grabsteine sind Abgüsse, die Originale werden in der Kirche aufbewahrt.

Rainvilleterrasse   Hinter der Christianskirche hat man von der Rainvilleterrasse eine schöne Aussicht. Der Schleswig-Holstein-Brunnen erinnert an Altonas schleswig-holsteinische Vergangenheit: Er wurde zum Gedenken an M. Fr. Chemnitz, den Dichter des Schleswig-Holstein-Liedes (»Schleswig-Holstein meerumschlungen...«), und dessen Komponisten K. G. Bellmann hier aufgestellt.

Altonaer Balkon   Südlich des Altonaer Rathauses erstreckt sich über dem Elbuferrand eine Grünanlage, die als »Altonaer Balkon« bezeichnet wird. Von hier bietet sich ein eindrucksvoller Blick über die Terminals des Altonaer Hafens, über den Hamburger ► Hafen, die Elbe mit der ► Köhlbrandbrücke und auf die Harburger Berge (►Harburg). Die hier aufgestellte Bronzeplastik »Maritim« schuf Gerhard Brandes 1966. Jenseits der zum Hafen hinabführenden Kaistraße steht eine 4 m hohe Holzskulptur der kroatischen Bildhauerin Ljubica Matulec von 1989 zum Gedenken an die vielen Millionen Menschen, die einst über Hamburg auswanderten.

Bei dieser Aussicht verweilt man gern.

Die Palmaille, Altonas schöne aber kurze Prachtstraße zwischen Rat- **Palmaille**
haus und Breite Straße, geht auf eine Kugelspielbahn (italienisch
»palla a maglio«) zurück, die Graf Otto V. von Holstein-Schaumburg
1638/39 mit drei 647 m langen Bahnen hier angelegt hatte. Die Spiel-
bahn verfiel schon nach wenigen Jahrzehnten, und im 18. Jh. wurde
sie zu einer Fahrbahn verbreitert und mit Linden bepflanzt.
Zwischen 1786 und 1825 bebauten der dänische Architekt Christian
Frederik Hansen und sein Neffe, Matthias Hansen, die Allee mit
schönen Wohnhäusern im klassizistischen Stil. Trotz schwerer Zerstörungen im Zweiten Weltkrieg sind etliche Häuser erhalten geblieben und vermitteln noch heute einen Eindruck von der vornehmen
Geschlossenheit der ursprünglichen Bebauung. Hervorzuheben sind
das 1801 von C. F. Hansen für den Kaufmann G. F. Baur erbaute
Haus Nr. 49 mit einer von Säulen getragenen Loggia an der Elbseite
sowie das Haus Nr. 116, das Hansen 1803/04 für sich selbst errich-
te. Weitere Bauten von C. F. Hansen sind die Häuser Nr. 112–120 aus
der Zeit um 1800, während die Häuser Nr. 51–65 sein Neffe M. Hansen erbaute. Im Hause Nr. 100 wohnte von 1892 bis 1901 der Dichter Detlev v. Liliencron.
Am Hang zwischen Palmaille und Großer Elbstraße beginnt der Elbuferweg (►Elbchaussee).

Unterhalb der Palmaille liegt das Areal des ehemaligen Altonaer **Fischereihafen**
Fischereihafens. Heute landen hier keine Fischkutter mehr. Im Bereich des Fischereihafens steht das »Dockland«, das einem Schiffsbug
nachempfundene gläserne Bürogebäude. Man kann hinaufsteigen
und eine herrliche Aussicht auf den Hamburger Hafen genießen.

Die Trinitatiskirche an der Ecke Königstraße/Kirchenstraße ist 1743 **Trinitatiskirche**
von dem Architekten Cay Dose als Barockkirche aus einem ersten
Bau von 1650 errichtet worden. Auffällig ist der Turmaufbau mit
zwei welschen Hauben und achteckiger Laterne von 1688-1694.

Nördlich der Trinitatiskirche liegt jenseits der Königstraße ein über ✸
400 Jahre alter israelitischer Friedhof mit mehreren tausend Gräbern **Jüdischer**
u. a. zahlreicher portugiesischer Juden. Angehörige berühmter Fami- **Friedhof**
lien wie Guggenheim, Heine oder Mendelssohn sind hier bestattet
(geöffnet: Di., Do. und So. nachmittags).

Die »Neue Flora« an der S-Bahn-Station »Holstenstraße« ist eine der **Neue Flora**
jüngeren Attraktionen. Das Musicaltheater mit eigenwillig gestalte-
tem Eckeingang und Industriedesign im Innern wurde 1990 mit
Andrew Lloyd Webbers Musical »Das Phantom der Oper« eröffnet,
das der Betreiber ursprünglich in der »Alten Flora« am Schulterblatt
im ►Schanzenviertel aufführen lassen wollte. Die Bewohner des sozial schwachen Schanzenviertels befürchteten durch die Musicalgäste
eine Umstrukturierung ihres Viertels und besetzten die »Alte Flora«,
die jetzt als »Rote Flora« ein Zentrum alternativer Stadtteilkultur ist.

Barmbek

O–R 13/14

Lage: ca. 5 km nordöstlich der
Innenstadt
U-Bahn: U 2, U 3 (Barmbek)

S-Bahn: S 1, S 11 (Barmbek)

Einstiges Arbeiterviertel

Barmbek, einst ein reines Arbeiterviertel, wurde in der zweiten Hälfte des 19. Jh.s systematisch besiedelt: Als Hamburg seinen Freihafen (▶Hafen) baute, wurden dort ganze Viertel abgerissen, und 20 000 Menschen mussten umgesiedelt werden – ein Großteil davon landete in Barmbek. Offenbar war es damals aber ein attraktiver Stadtteil, der auch Arbeitsmöglichkeiten bot, denn Barmbeks Bevölkerung wuchs innerhalb von 100 Jahren enorm an – von 1240 Einwohnern im Jahr 1840 auf 225 000 im Jahr 1938. In den 1920er Jahren wurden große Wohnblocks aus rotem Backstein gebaut, die bis heute typisch für den Stadtteil sind und ihm den Beinamen »rotes Barmbek« eintrugen. Hauptachse des älteren Teils von Barmbek ist die Hamburger Straße, an der sich Hamburgs größtes geschlossenes Einkaufszentrum befindet. In Barmbek gibt es zwei weithin bekannte Kultureinrichtungen, die an die Arbeitertradition des Viertels anknüpfen: Kampnagel und das ▶Museum der Arbeit.

Kampnagel

Auf dem Gelände der früheren Kranfabrik Kampnagel AG (Jarrestr. 20-26), die 1874 als Eisenwerk Nagel & Kaemp gegründet worden war, hat sich das wohl wichtigste Zentrum der freien Theaterszene

Tanzkunst aus Brasilien beim Kampnagel Sommerfestival

Hamburgs etabliert. Es gehört bereits zu dem an Barmbek angrenzenden Stadtteil Winterhude. Hier baute die Kampnagel AG bis 1968 hauptsächlich Hafenkräne (Haupthalle von 1913 und 1923). Entstanden ist das Kulturzentrum 1981, als das Schauspielhaus wegen Renovierungsarbeiten hier vorübergehend seine Spielstätte hatte. Heute gastieren hier neben freien Theater- und Tanzgruppen der Hansestadt auch renommierte internationale Ensembles. Kampnagel ist außerdem Ort für Ausstellungen und verschiedene große Festivals.

Bergedorf

Außenbezirk

Lage: ca. 15–20 km südöstlich der Innenstadt

S-Bahn: S 2, S 21 (Bergedorf)

Bergedorf im Südosten von Hamburg ist zwar flächenmäßig der zweitgrößte Bezirk der Hansestadt, seine Einwohnerzahl jedoch die kleinste aller Stadtbezirke. Das beliebte, von Grünflächen durchzogene Wohngebiet liegt an der Bille, einem rechten Nebenfluss der Elbe. Im Sommer kann man mit einem der Alsterschiffe ab Jungfernstieg bis nach Bergedorf fahren. **Beliebtes Wohngebiet**

Ursprünglich der Sitz der Grafen von Orlamünde, kam die Burg Bergedorf 1420 unter die gemeinsame Verwaltung der Hansestädte Lübeck und Hamburg. Erst 1867 erwarb Hamburg mit der Zahlung von 200 000 preußischen Talern das Amt Bergedorf ganz.

Das Bergedorfer Schloss beherbergt heute ein Museum.

Schloss/ Museum für Bergedorf und die Vierlande

Das im frühen 13. Jh. errichtete Wasserschloss wurde von den Herzögen von Lauenburg als Grenzfeste gegen Hamburg ausgebaut. 1420 wurde es von hamburgischen und lübischen Truppen gemeinsam gestürmt. Im frühen 19. Jh. hat man die Verteidigungswälle und -gräben zu einem Park umgewandelt.

Heute beherbergt das Schloss das Museum für Bergedorf und die Vierlande. Gezeigt werden vorgeschichtliche Funde, Schlossmodelle und Bilder aus früheren Jahrhunderten sowie Exponate der Wohnkultur. Bemerkenswert sind außerdem auch ein Festzimmer mit Stuckaturen – ursprünglich aus einem Haus am Sachsentor (Nr. 28) – und das 1901 für die Landherrenschaft der Vier- und Marschlande eingerichtete Landherrenzimmer mit reichem Intarsienschmuck aus den Vierlanden (geöffnet Di.–Do., Sa., So. 10.00–18.00, Nov. – März bis 17.00 Uhr).

Kirche St. Petri und Pauli

Schon 1162 wurde die Kirche St. Petri und Pauli erwähnt, der heutige Ziegelfachwerkbau stammt aber im Wesentlichen erst aus der Zeit um 1500. Im Inneren sind u. a. die Kanzel von 1586 und verschiedene Holzreliefs aus dem späten 16. Jh. erwähnenswert. Am Küsterhaus ist eine Gedenktafel für den ungemein produktiven Komponisten Johann Adolf Hasse (1699–1783) angebracht, der in Bergedorf geboren wurde.

Fachwerkhäuser am Sachsentor

Das schöne Fachwerkhaus Sachsentor Nr. 2 gilt als der älteste erhaltene Profanbau Hamburgs nach dem Leuchtturm von ▶ Neuwerk. Das ursprünglich um 1550 erbaute Eckhaus zieren reiche Schnitzornamente. Mit den Häusern Sachsentor Nr. 50, 52 und 54 sind bemerkenswerte Fachwerkbauten aus dem 17. Jh. erhalten.

Rathaus

Das repräsentative Rathaus an der Wentorfer Straße – einst eine Kaufmannsvilla – ist heute Sitz des Bezirksamtes Bergedorf. Im ursprünglichen Zustand erhalten sind der Spiegelsaal und das mit vergoldeten Stuckaturen, Marmorstufen und schmiedeeisernem Geländer versehene Treppenhaus.

Bischofsburg

N 9/10

Lage: Speersort 10 **U-Bahn:** U 3 (Rathaus)

Hamburgs Ursprünge

Bei Ausschachtungsarbeiten für einen Neubau machte man 1962 eine der bedeutendsten archäologischen Entdeckungen in der Hamburger Altstadt: In 3 m Tiefe wurde ein mächtiges kreisförmiges Steinfundament freigelegt. Unbehauene Findlinge bilden einen 4 m starken Steinring von 19 m Durchmesser. An den Hauptring ist westlich ein kleinerer Steinkreis von 4,50 m Durchmesser angefügt – deutlich ein ehemaliger Brunnenschacht.

Domburg *Situation und Ausgrabungen*

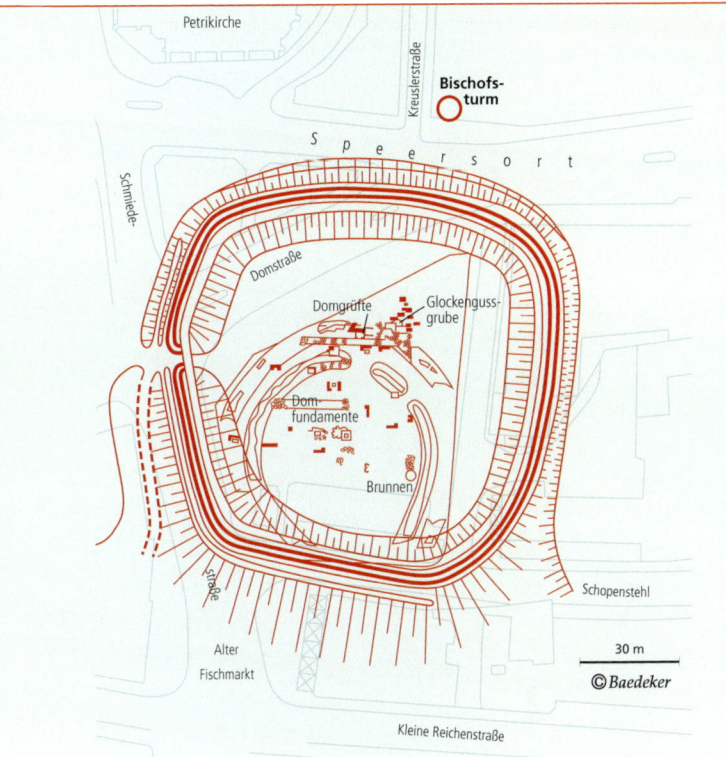

Bei den Ausgrabungen handelt es sich um das Fundament eines um die Mitte des 11. Jh.s errichteten Rundturms, der als Wachturm im Torbereich des so genannten Heidenwalls stand. Der Heidenwall sicherte den Geestsporn der Hamburger Altstadt nach Osten ab. Der als Bischofsturm bezeichnete Bau gilt als der älteste bekannte Befestigungsbau aus Stein nördlich der Elbe. Durch den gläsernen Boden in einer Bäckereifiliale mit kleinem Cafébetrieb an dieser Stelle sind die Ausgrabungen zu sehen.

Nach Süden schloss sich an die Bischofsburg die Domburg an. Sie wurde um 900 von den Franken als Verteidigungsanlage und Missionsstation gegründet. In der mit Graben und Palisaden versehenen quadratischen Holz-Erde-Burg von etwa 130 m Seitenlänge lag der Amtssitz des Bischofs. Bei jüngeren archäologischen Grabungen stieß man auf Fayence-Fragmente vom Grab des Papstes Benedikt V., der in Hamburg Zuflucht gesucht hatte und 965 hier starb.

Domburg

Mariendom *Grundriss-Rekonstruktion*

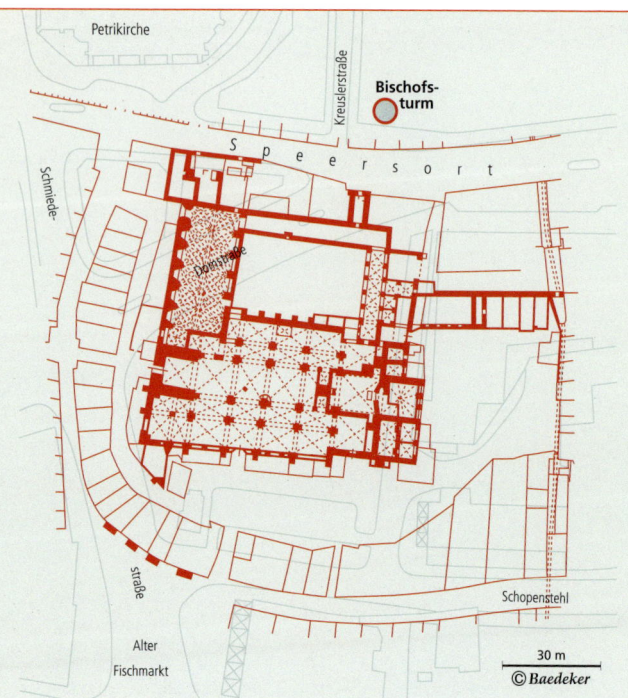

Mariendom 842 ließ Erzbischof Ansgar im Bereich der Domburg Hamburgs erste Kirche, eine der Maria geweihte hölzerne Hallenkirche, bauen. An ihrer Stelle wurde im 13. Jh. der größere Mariendom aus Backstein errichtet. Von Hamburgs Dom ist nichts mehr erhalten, er wurde 1806 als Zeichen der Vorherrschaft der bürgerlichen über die kirchliche Macht abgerissen. Auf die einstige Existenz weisen heute illuminierte Plexiglaswürfel auf dem Domplatz hin, die entsprechend den früheren Säulen im Gotteshaus angeordnet sind. Ein Wall aus Stahlblech versinnbildlicht den Befestigungswall, der den Dom umgab.

✶ ✶ Blankenese

Außenbezirk

Lage: ca. 14 km westlich der Innenstadt   **S-Bahn:** S 1, S 11 (Blankenese)

Noblesse und Idylle Gegen Ende des 18. Jh.s entdeckten Hamburger Kaufleute Blankenese und bauten oberhalb des alten Ortes ihre stattlichen Landhäuser – sie wussten die einmalig schöne Lage am Südhang des Geestrückens

Blankenese ist Idylle pur.

zu schätzen. Blankenese, das sich sanft über dem Elbufer den Hang hinaufzieht, gilt wegen eben dieser Lage und seiner alten Fischerhäuschen und noblen Villen als einer der schönsten Stadtteile Hamburgs. Über Jahrhunderte lebten hier Fischer, Lotsen und Kapitäne und bauten ihre weiß getünchten Backsteinhäuser an das Elbufer. Viele kleinere Fischerhäuser aus dem 18. Jh. sind heute im alten Ortskern noch erhalten. Sie sind auf engem Raum an den Hang gebaut und nur durch kleine Treppen und schmale Gänge zu erreichen. Der Name des Ortes leitet sich vom niederdeutschen »blanke Nees« (= »helle Nase« des Geestrückens) ab.

Der Strandweg unten an der Elbe mit etlichen Traditionsgaststätten und der Landungsbrücke »Blankeneser Bulln« ist beliebte Flaniermeile. Malerische Gassen und Treppchen führen hinauf zu den höher gelegenen Blankeneser Ortsteilen. **Strandweg (Bus 48)**

Aus dem einstigen Privatbesitz wohlhabender Patrizier sind mehrere, heute öffentliche Parks erhalten, u. a. Baurs Park, der Hessepark, Goßlers Park oder der Hirschpark mit einem Wildgehege und riesigen alten Rhododendronhecken. Die einstigen Herrenhäuser werden heute zumeist kommerziell genutzt. Einige Landhäuser (z. B. Elb- **Parkanlagen Landhäuser** chaussee 547 und Blankeneser Landstraße 34) sowie das ansehnliche Herrenhaus in Goßlers Park gehen auf Pläne des dänischen Architekten Christian Frederik Hansen zurück.

Puppenmuseum
(Bus 189, 286)

Im Landhaus Michaelsen (Grotiusweg 79), zwischen 1923 und 1925 im Bauhaus-Stil nach Entwürfen von K. Schneider errichtet, befindet sich das Puppenmuseum Falkenstein von Elke Dröscher. Mehr als 300 Puppen und 60 Puppenstuben, zeitgenössische Kinderbildnisse, Daguerrotypien, Kupferstiche, Bilderbögen und Kinderbücher geben einen guten kulturgeschichtlichen Einblick in die zurückliegenden zweihundert Jahre (geöffnet Di. – So. 11.00–17.00 Uhr).

✱
Süllberg
(Bus 48)

Blankenese wird vom Süllberg überragt, der sich 75 m über dem Elbufer hochzieht. Zur Sicherung des seit dem 9. Jh. bestehenden Elbübergangs wurden auf dem Berg zweimal Burgen erbaut (1050 und 1258), die aber beide jeweils nur wenige Jahre bestanden und dann abgetragen worden sind. 1837 eröffnete hier eine erste Gastwirtschaft, die sich im Laufe der Jahre zu einem Etablissement mit Festsaal und großem Garten entwickelte. Die weit über Hamburgs Grenzen bekannten Süllbergterrassen waren für ganze Generationen der Mittelpunkt des gesellschaftlichen Lebens in Blankenese und Umgebung. Noch bis 1990 befanden sie sich in Familienbesitz – über 150 Jahre achtete man darauf, in den Süllbergterrassen alles im ursprünglichen Stil zu lassen. Heute wird das Haus von Starkoch Karlheinz Hauser geführt (▶Praktische Informationen: Essen und Trinken).

> **!** *Baedeker* **TIPP**
>
> **Herrliche Aussichten**
>
> Der 1887 errichtete Aussichtsturm erhebt sich 20 Meter über dem Süllberg, sodass man hier für Hamburger Verhältnisse ziemlich hoch oben ist. Man kann den Blick über die inzwischen zusammengewachsenen, unbewohnten Elbinseln Neßsand und Schweinesand in dem von Schiffen belebten Strom bis weit ins ▶Alte Land schweifen lassen (Schlüssel an der Hotelrezeption).

Börse

M/N 9/10

Lage: Adolphsplatz (Rathausrückseite)   **U-Bahn:** U 3 (Rathaus)

Älteste Börse
Nordeuropas

Die Hamburger Börse gilt als die älteste Institution dieser Art in Nordeuropa; sie wurde bereits 1558 gegründet. 1841 verlegte man die Börse von der Trostbrücke (▶Nikolaifleet) neben den alten Rathaus an die heutige Stelle. Der ursprünglich spätklassizistische Bau wurde von Carl Ludwig Wimmel und Franz Gustav Forsmann entworfen und konnte beim Großen Brand von 1842 gerettet werden. Später erfolgten mehrfache Erweiterungen: 1882–1884 Flügel am Alten Wall, 1909–1912 Flügel mit dem Uhrturm an der Großen

Johannisstraße; beide Flügel wurden mit dem ▶Rathaus verbunden. Auf dem internationalen Parkett spielt die Hamburger Börse heute keine wichtige Rolle mehr.

Die Börse untersteht der 1665 ins Leben gerufenen Handelskammer, die hier ebenfalls ihren Sitz hat. Seit 2006 findet nur noch für den Versicherungshandel eine Präsenzbörse statt. Die Börsenhändler der Hamburgischen Wertpapierbörse und der Hamburger Getreidebörse arbeiten in Büros.

✳ Bucerius Kunst Forum

M 10

Lage: Rathausmarkt 2
U-Bahn: U 3 (Rathaus); U 1, U 2 (Jungfernstieg)

S-Bahn: S 1, S 2, S 3 (Jungfernstieg)
Internet: www.buceriuskunstforum.de

In der ehemaligen Reichsbank unmittelbar neben dem Hamburger Rathaus hat seit Oktober 2002 das von der ZEIT-Stiftung getragene Bucerius Kunst Forum sein Zuhause. Das Gebäude entstand zwischen 1914 und 1917 als neoklassizistischer Bau. An der klar gegliederten Muschelkalkfassade fallen die Figuren am Giebel auf, die typische Hamburger Berufe – vom Senator bis zum Wasserträger – darstellen. Ein umfassender Umbau ermöglichte die Bespielung als Ausstellungsraum auf zwei Ebenen. Besonders eindrucksvoll ist der ehemalige Kassenraum mit dem Oktagon aus mosaikbesetzten Säulen. Im Untergeschoss ist das vegetarische Restaurant Season zu finden. Renommierte Kuratoren realisieren jedes Jahr vier wechselnde Ausstellungen. Der thematische Bogen der Präsentationen spannt sich von der Antike bis zur Gegenwart – internationaler Austausch ist ein wichtiger Bestandteil des Konzepts.

Zum Konzept des Bucerius Kunst Forums gehört weiterhin, zu den meisten Ausstellungen ein umfangreiches Begleitprogramm mit öffentlichen Symposien, Vorträgen, Lesungen, Konzerten und Filmen, Exkursionen und Kunstreisen zu veranstalten.

🕐
Öffnungszeiten:
Mo.–So.
11.00 – 19.00
Do. bis 21.00

Bucerius Kunst Forum:
Ort für aufwendige Ausstellungsprojekte

✶ Chilehaus

N 9

Lage: Burchardplatz   **U-Bahn:** U 1 (Meßberg)

Nachts wird die spektakuläre Architektur besonders deutlich.

Mit seinem unkonventionellen Baukörper ist das langgestreckte Chilehaus das wohl bekannteste Gebäude im Hamburger ▶ Kontorhausviertel. Es wurde nach Plänen von Fritz Höger zwischen 1922 und 1924 für den durch Salpeterhandel mit Chile erfolgreichen Kaufmann Henry B. Sloman erbaut und gilt als repräsentativstes Beispiel der expressionistischen norddeutschen Backsteinarchitektur. Besonders eindrucksvoll zeigt sich das zehnstöckige monumentale Bauwerk an der Ecke Burchardstraße/Pumpen mit dem spitzen Winkel, der an einen Schiffsbug erinnert. In einer leichten Schwingung zieht sich das Gebäude an der Straße Pumpen entlang, die der gegenüberliegende Meßberghof aufnimmt. Beachtung verdienen der von Richard Kuöhl gestaltete keramische Wandschmuck, außerdem sollte man sich unbedingt die Eingangshalle und die Treppenhäuser an den Längsfronten ansehen.

Dammtor

M 11

Lage: Theodor-Heuss-Platz   **S-Bahn:** S 11, S 21, S 31 (Dammtor)
U-Bahn: U 1 (Stephansplatz)

Vom Stadttor zum Bahnhof

Als »Dammtor« wird landläufig der Bereich um den Bahnhof Dammtor bis hin zum ▶ Stephansplatz und zur Moorweide bezeichnet. Einst verließen die Hamburger durch das Dammtor, das bis 1817 unmittelbar südwestlich vom heutigen Bahndamm stand, ihre Stadt in Richtung Norden. 1817 wurde an Stelle des Stadttores ein erster Bahnhof gebaut. 1903 weihte man den heutigen Bahnhof ein: ein Jugendstilbau als repräsentatives Empfangsgebäude mit einer Stahl-Glas-Konstruktion, die die höher gelegenen Gleise überspannt.

Am Dammtordamm fällt das von Richard Kuöhl entworfene, 1936 eingeweihte und später heftig umstrittene Kriegerdenkmal auf. Der mächtige Muschelkalkklotz wird durch antifaschistische »Gegendenkmale« von Alfred Hrdlicka ergänzt. Fertig gestellt sind allerdings nur die Teile »Hamburger Feuersturm« (1985) und »Untergang von KZ-Häftlingen« (1986).

Kriegerdenkmal

Nordwestlich vom Dammtorbahnhof liegt die Moorweide, eine ca. 18 000 m² Grünfläche, die einen Rest des Hamburger Glacis – einer vor dem Festungsgraben aufgeschütteten Fläche – darstellt. Die Skulptur »Große Liegende« ist einer der Abgüsse von Henry Moores bekannter Frauenskulptur. Was an der südwestlichen Seite wie ein alter Stadtturm aussieht, ist ein Luftschutzbunker von 1940.

Moorweide

Jenseits des alten Universitätsgebäudes liegt der »Platz der Jüdischen Deportierten«, der zu Zeiten der nationalsozialistischen Gewaltherrschaft einer der Sammelplätze für Juden war, die in Vernichtungslager deportiert wurden. Von Ulrich Rückriem wurde 1983 das »Monument für die Deportierten« gestaltet.

Monument für die Deportierten

An der Ecke Mittelweg/Kleine Fontenay sind noch zwei schlichte Sommerhäuser (Nr. 183 und 185) als letzter Rest des einst idyllischen Wohnviertels erhalten, das der Grundbesitzer John Fontenay um 1790 damals vor den Toren der Stadt geschaffen hatte.

Alte Sommerhäuser

★ Deichstraße

M 9

Lage: Altstadt, am Nikolaifleet   **U-Bahn:** U 3 (Rödingsmarkt)

Die Deichstraße taucht erstmals 1304 in Urkunden auf. Sie verläuft entlang dem ► Nikolaifleet – dem alten Alsterlauf und ersten Hafen von Hamburg – auf jenem Deich, der das im 13. Jh. besiedelte Rödingsmarktviertel schützte. Die mehrstöckigen Häuser an der Wasserseite stammen aus dem 17. bis 19. Jh. und bilden das letzte Ensemble althamburgischer Bürgerhäuser. Die Gebäude der Westseite wurden durch den Großen Brand, der 1842 in dieser Straße ausbrach, zerstört und sind anschließend durch modernere Bauten wesetzt worden. In vielen der hier ansässigen Gaststätten lässt sich der Althamburger Stil auch von innen bewundern.

Ein letztes Stück Alt-Hamburg

Die Gaststätte in diesem Haus heißt »Zum Brandanfang«, weil hier das Feuer von der Westseite der Straße auf die Wasserseite übersprang. Ein erstes Haus an dieser Stelle war 1659 erbaut worden. Im Jahr 1728 erhielt es das Portal, das den Brand überstand. An der Fleetseite ist noch die alte Fachwerkfront erhalten; im Inneren existieren bemalte Balkendecken aus dem 17. Jahrhundert.

Sehenswerte Häuser
◄ Nr. 25

Nr. 27 ► Dieses Haus wurde 1780 als Warenspeicher errichtet und ist der älteste Speicher Hamburgs. Lange Zeit diente er als Gemüsespeicher. Die massiven Backsteinfassaden mit den Mitteltüren in den Obergeschossen zeugen noch von der einstigen Verwendung.

Nr. 37 ► Das Haus Nr. 37 entstand 1686 und ist das letzte Hamburger Kaufmannshaus, das trotz starker Brandschäden noch vollständig in seiner typischen Bauweise erhalten ist.

Nr. 39 ► Dieses Bürgerhaus ist um 1700 entstanden und trägt noch seine einfache Barockfassade mit verziertem Stufengiebel.

Nr. 42 ► Im Hinterhaus dieses Grundstücks nahm der Große Brand von 1842 seinen Anfang, der fast die gesamte Hamburger Altstadt vernichtete.

Nr. 43 ► Ursprünglich wurde dieses schmale Bürgerhaus 1697 errichtet. Der barocke Volutengiebel ist 1974 wiederhergestellt, die alte Fachwerkfront auf der Fleetseite war bereits 1738 erneuert worden.

Nr. 45–47 ► Auffällig an den Häusern sind die Volutengiebel, am Haus Nr. 47 von 1658 ist außerdem ein eingesetztes Barockportal beachtenswert, das von dem abgerissenen Haus Nr. 29 stammt.

Fleetgänge Die schmalen Gassen zwischen einigen Häusern heißen Fleetgänge. Sie dienten den Häusern auf der gegenüberliegenden Straßenseite als Zugang zum Wasser. Der Gang zwischen Nr. 39 und Nr. 41 bietet eine gute Aussicht auf die wasserseitigen Hausfassaden.

Hohe Brücke Am Ende der Deichstraße überspannt seit 1260 die Hohe Brücke die Stelle, an der das Nikolaifleet in den Binnenhafen mündet. Von hier bietet sich ein schöner Blick auf das Fleet.

Blick vom Nikolaifleet auf die Wasserfront der Deichstraße

Die Kirche St. Nicolai ist nach dem großen Brand nur noch ein Trümmerhaufen (Ölgemälde von H. D. Martens, 1842).

»FÜER! FÜER IN DE DIEKSTRAAT!«

… rufen die Nachtwächter und schwingen ihre Knarren, die Sturmglocken läuten, die Turmwächter schmettern die Trompeten. Am 5. Mai 1842 hallen um 1 Uhr morgens die stillen Gassen der Innenstadt wider vom Feueralarm.

5. Mai

In einem Speicher in der Deichstraße 42 war aus ungeklärten Gründen ein Feuer ausgebrochen, das schnell auf die umliegenden Speicher übergriff. Binnen kurzem entwickelte sich die schwerste Brandkatastrophe, die Hamburg – abgesehen vom Zweiten Weltkrieg – je erleiden musste.

Die verheerenden Flammen vernichteten innerhalb von knapp 80 Stunden einen Großteil des alten Hamburg: 71 Straßenzüge mit 1749 Wohnhäusern lagen in Schutt und Asche. 20 000 Menschen waren obdachlos, 51 ums Leben gekommen.

Am 5. Mai um 4.30 Uhr morgens hatte der leitende Spritzenmeister Adolph Repsold noch einen Vorschlag gemacht, der die Katastrophe womöglich hätte verhindern können. Er wollte ganze Straßenzüge sprengen und mit der Schneise den Flammen Einhalt gebieten. Aber als der Rat sieben Stunden später seine Einwilligung gab, war es bereits zu spät. Gegen Mittag hatten die Flammen bereits den Hopfenmarkt erreicht und bedrohten die Nikolaikirche – bereits um 18 Uhr war die Kirche mit all ihren Kunstschätzen nur noch ein rauchender Trümmerhaufen. Die Übermacht des Feuers wurde immer größer und überforderte die Feuerwehr. Auch aus der Bevölkerung kam wenig Unterstützung. Viele Menschen ergriffen mit ihrem Hab und Gut die Flucht, anstatt selbst etwas gegen den

Die Feuerwehrleute waren völlig überfordert. Einige von ihnen waren zu allem Überfluss außerdem betrunken, nachdem sie sich in den Kellern der Weinhandlungen bedient hatten (Lithografie von H. Jessen 1847).

Brand zu unternehmen. Andere schleppten mit Töpfen, Eimern und Kübeln Wasser aus den Fleeten an – Wasserleitungen gab es noch nicht. Einigen wenigen standhaften Bürgern gelang es, die Katharinenkirche vor den Flammen zu bewahren.

6. Mai

In der Nacht zum 6. Mai näherte sich der Brand dem alten Rathaus an der Trostbrücke. Mit 800 Pfund Schwarzpulver wurde es um 2.30 Uhr in die Luft gejagt, um die Flammen daran zu hindern, sich noch weiterzufressen. Das Feuer ließ sich aber auch an dieser Feuerschneise nicht mehr aufhalten. Erst morgens gegen 7.00 Uhr bekam man es durch die Sprengung eines Häuserblocks am Graskeller unter Kontrolle. Dafür griffen die Flammen jetzt auf den Neuen Wall über. Die Löschmannschaften waren mittlerweile vollends erschöpft, das Chaos in der Stadt war grenzenlos. Feuerwehrleute aus Altona, Wandsbek und sogar aus Stade, Bremen und Lübeck kamen zu Hilfe.

7. Mai

Am Morgen des 7. Mai stürzte auch die Petrikirche ein. Kurze Zeit später fiel die St. Gertruden-Kapelle den Flammen zum Opfer. Die Luft war

Die alte Börse und das Rathaus gehen in Flammen auf; das Feuer vernichtete die historische Altstadt fast vollständig (Lithografie von Peter Suhr, 1842).

von Glut erfüllt, man konnte kaum atmen. Tote wurden aus den Häusern geholt. Teilweise übersprang das Feuer ganze Straßen und loderte an völlig

In der brennenden Stadt herrschte extreme Hitze, stumme Zeugen sind die geschmolzenen Untertassen.

anderer Stelle plötzlich auf. Von Brandstiftung war jetzt die Rede. Unschuldige wurden verdächtigt. Bei Einbruch der Nacht war die Altstadt schließlich zu weiten Teilen zerstört.

»Brandsende«

Erst am frühen Morgen des 8. Mai – ein Sonntagmorgen – zwischen sieben und acht erlosch das Feuer an den Wallanlagen – etwa dort, wo heute die Straße »Brandsende« verläuft. Die noch verbliebenen Kirchenglocken wurden geläutet, Gottesdienste abgehalten.

Nach dem Ende des Großen Brandes lag eine freie Fläche vor den Hamburgern, die wiederaufgebaut und neu geplant werden musste. Brandschutt wurde zu breiten Straßendämmen aufgeschüttet – der heutige Ballindamm und der Reesendamm entstanden. Der Rathausstandort wurde von der Trostbrücke an den heutigen Platz verlegt. Gottfried Semper war in der Zeit nach dem Brand mit städteplanerischen Arbeiten betraut. Er erdachte – gemeinsam mit Alexis de Chateauneuf – das Konzept des Rathausmarktes etwa so, wie er heute zu sehen ist.

✶ Deichtorhallen

Lage: Deichtorplatz/Altländer Straße
U-Bahn: U 1 (Steinstraße, Meßberg)

S-Bahn: Hauptbahnhof
Internet: www.deichtorhallen.de

🕐
Öffnungszeiten:
Di.–So.
11.00–18.00
1. Do. im Monat
bis 21.00

1911/14 wurden die Deichtorhallen als Hauptmarkthallen gebaut. Die durch ihre Dachkonstruktion als Architektur- und Ingenieurleistung interessanten Hallen wurden durch Josef Paul Kleihues zu Ausstellungsräumlichkeiten umgebaut, die 1989 eingeweiht wurden. Geldgeber war der Hamburger Unternehmer und Kunstmäzen Kurt A. Körber (1909–1992). Seitdem sind sie international beachtete Adresse für Zeitgenössisches. In der nördlichen Deichtorhalle wird auf 3800 m² zeitgenössische Kunst präsentiert, in der südlichen befindet sich seit 2005 das »Haus der Photographie« mit einer Ausstellungsfläche von 1800 m².

✶ Deutsches Schauspielhaus

Lage: Kirchenallee 39–41
U-Bahn: U 2 (Hauptbahnhof-Nord)

S-Bahn: Hauptbahnhof
Internet: www.schauspielhaus.de

**Größte Bühne
Deutschlands**

Das Schauspielhaus wurde Ende des 19. Jh.s nach Plänen der Wiener Theaterarchitekten Ferdinand Fellner und Hermann Helmer erbaut. An der Fassade lassen sich die Büsten von Goethe, Schiller, Lessing, Kleist und Shakespeare ausmachen, oben sind Skulpturengruppen der ernsten und der heiteren Muse zu sehen. Das Hauptdeckengemälde im Zuschauerraum, auf dem Apoll und Hammonia dargestellt sind, stammt vom Münchener Maler Carl Marr.

Seit seiner Neueröffnung im September 1984 ist das Hamburger Schauspielhaus mit 1192 Sitzplätzen das größte Sprechtheater in Deutschland. Es gehört zu den führenden Bühnen des Landes und wurde mehrfach als »Theater des Jahres« ausgezeichnet. Bedeutende Epochen waren insbesondere die Intendanzen von Gustaf Gründgens (1955–1963) und von Peter Zadek (1985–1989). Einen Namen hat sich das Theater vor allem durch seine experimentierfreudigen Produktionen gemacht.

Nächtlich erleuchtet: die Fassade des
Deutschen Schauspielhauses

✳ Elbchaussee

Verlauf: von Altona nach Blankenese
parallel zum Elbufer

Die Elbchaussee gehört zu den berühmtesten Straßen Europas – zum **Prominente**
einen wegen ihrer herrlichen Lage hoch oben auf dem Elbufer, zum **Straße**
anderen wegen der teilweise schlossartigen Villen, die sie säumen.
Die illustre Straße beginnt in ►Altona und führt oberhalb der Elbe
durch die Elbvororte nach ►Blankenese. Da die Elbchaussee mittler-

Wer so viel Wohnfläche mit Leben füllen muss,
kann sich nicht auch noch um den Garten kümmern.

weile auch eine wichtige Verkehrsader ist, wird der Spaziergang am Straßenrand kaum zum Vergnügen. Wer sie mit öffentlichen Verkehrsmitteln abfahren möchte, kann das mit dem Schnellbus 36 tun (▶ S. 140). Eine schöne Alternative ist eine kleine Wanderung auf dem Elbuferweg oder auf dem Elbhöhenweg, die weiter unterhalb an der Elbe entlangführen (s. u.).

1831 wurde die Elbchaussee von wohlhabenden Hamburger Kaufleuten und Reedern angelegt, die von ihren Landsitzen in den Vororten eine schnelle Verbindung zu ihren Kontorhäusern im Zentrum benötigten. Viele von ihnen legten um ihre Landhäuser weitläufige Parks an, die heute noch erhalten sind, so Donners Park, Rosengarten, Schröders Elbpark, Hindenburgpark, ▶Jenischpark und Hirschpark.

Heine-Haus

An der Elbchaussee 31 steht das restaurierte Gartenhaus des Bankiers Salomon Heine – Onkel des Dichters Heinrich Heine. Das 1832 erbaute Haus, dessen Gartensaal im Stil der Erbauungszeit wieder hergerichtet ist, ist heute ein Museum für jüdische Kultur (geöffnet Di. – So. 10.00 – 18.00 Uhr). Gegenüber sticht die futuristische Villa E96, erbaut von dem Architekten Heinrich Stöter, ins Auge.

Elbterrassen

Die Elbterrassen (Nr. 139) sind 1988/89 nach Plänen der Hamburger Architekten Gerkan, Marg & Partner gebaut worden. Das interessante Bauensemble zieht sich in lang gestreckten Terrassen über den Hang und endet in einem schiffsbugförmigen »Promenadendeck« mit »Kommandobrücke« aus Glas und Aluminium.

Ältere Prachtbauten

Bemerkenswerte Bauten an der Elbchaussee sind das Säulenhaus mit halbrunder Säulenhalle (Nr. 186), das Matthias Hansen 1817 entworfen hat – beeinflusst wurde er durch ein Schloss, das er bei einer Reise auf der Krim gesehen hatte. Der »Halbmond« (Nr. 228) stammt ebenfalls von Matthias Hansen – ein niedriger Halbrundbau mit Reetdach von 1798.

Teufelsbrück

An der Mündung des Flüsschens Flottbek in die Elbe führt die Elbchaussee hinab zur Landungsbrücke »Teufelsbrück« und zur Traditionsgaststätte im »Fährhaus« (Nr. 322). Das Elbschlösschen (Nr. 372) ist ein feiner tempelartiger Bau, den wiederum Matthias Hansen 1804–1806 gebaut hat.

? WUSSTEN SIE SCHON …?

■ dass die wunderschöne Elbuferpartie zwischen Altona und Wedel ein Produkt der Eiszeit ist? Die hier zu sehenden Geesthügel sind vom Eis aufgeschobene Grund- bzw. Endmoränen.

Altbekannt ist auch das Hotel-Restaurant »Jacob« in **Nienstedten** (Nr. 401), dessen stimmungsvolle Lindenterrasse von Max Liebermann im Bild festgehalten wurde. Gegenüber steht die Pfarrkirche von Nienstedten, ein hübscher Barockbau von 1759 und beliebte Hochzeitskirche.

Wunderschön sind die sandigen Elbstrände,
an denen der Elbuferweg vorbeiführt.

Elbuferweg

Für ausgedehnte Spaziergänge an der Elbe bietet sich der Elbuferweg an. Er beginnt an der Palmaille in ►Altona und endet in Wedel-Schulau und führt fast die ganze Zeit direkt am Ufer entlang (9 km bis Blankenese, 15 km bis Schulau). Zunächst geht es oberhalb der Elbe durch Donners Park und durch den Rosengarten, dann durch das idyllische Lotsenviertel ►Övelgönne, am Schiffsanleger Teufelsbrück und am Mühlenberger Jollenhafen unterhalb vom Hirschpark vorbei und in den Strandweg in ►Blankenese. Westlich von Blankenese führt der Elbuferweg weiter am Falkensteiner Ufer und am Rissener Ufer entlang über Wittenbergen, vorbei am Gelände des Kohlekraftwerks Wedel und endet am Schulauer Fährhaus mit der Schiffsbegrüßungsanlage ►Willkommhöft.

✶ Elbhöhenweg

Eine lohnende Alternative zum Elbuferweg ist der Elbhöhenweg, der weiter oben durch die baumbestandenen Elbhanghöhen verläuft, die fast Mittelgebirgscharakter haben. Zahlreiche Berge wie der Süllberg (▶Blankenese), der Polterberg oder der Bismarckstein bieten schöne Ausblicke auf den Strom. Bevor der Elbhöhenweg bei Tinsdal wieder auf den Elbuferweg trifft, passiert er das Naturschutzgebiet Wittenbergener Heide.

Elbtunnel

L9 / H9

Alter Elbtunnel ✶

Der markante Kuppelbau an den ▶ Landungsbrücken markiert die Einfahrt zum Alten Elbtunnel. Der Elbtunnel wurde 1907–1911 (Architekten: L. Raabe und O. Wöhlecke) zur Entlastung des Fährverkehrs zwischen St. Pauli und der

Werftinsel Steinwerder gebaut. Die beiden 448,50 m langen gekachelten Röhren haben jeweils einen Durchmesser von 6,06 m, sie liegen seit der Elbevertiefung – durch eine Stahlplatte geschützt – nur noch einen Meter unter der Stromsohle. Pro Röhre gibt es eine 1,92 m breite Fahrbahn. In die Tiefe geht es für Personen (gratis) wie für Pkw (Gebühr) per Aufzug! Für Pkw ist nachts und sonntags keine Durchfahrt möglich (Sanierung bis 2013; nur eine Tunnelröhre offen).

Neue Elbtunnel Etwa 3 km westlich vom Alten Elbtunnel entstand 1975 der dreiröhrige Neue Elbtunnel, durch den die Autobahn A 7 die Elbe unterquert. Mit insgesamt 3325 m Länge – 2813 m misst die eigentliche Tunnelstrecke – gehört er zu den längsten Unterwasserstraßentunneln der Welt. Damit der Verkehr bei weit über 120 000 Fahrzeugen am Tag (darunter die Buslinien 150 und 250) am fließen bleibt, wurde er 2002 um eine vierte Tunnelröhre erweitert. Für die bergmännische Grabung der neuen Röhre wurde eine Schildmaschine mit außergewöhnlichem Durchmesser eingesetzt. Dies war notwendig, weil sowohl der hohe Wasserdruck der Elbe, als auch die dichte Unterfahrung der vorhandenen Bebauung und die Bodenverhältnisse die Grabungen erschwerten.

> ! *Baedeker* TIPP
>
> **Trude**
>
> »Trude« heißt das Schneidrad, das sich für die vierte Röhre ferngesteuert und zentimetergenau durchs Erdreich fraß – mit 14,2 m Durchmesser seinerzeit das größte weltweit. Den wohlverdienten Ruhestand fristet Trude auf dem Gelände des Museums der Arbeit. Warum sie ausgerechnet »Trude« heißt? »Tief runter unter die Elbe!«, meint der Herr an der Museumsinformation.

Eppendorf

Lage: 5 km nördlich der Innenstadt   **U-Bahn:** U 3 (Eppendorfer Baum, Kellinghusenstraße)
U 1 (Klosterstern, Kellinghusenstraße)

Eppendorf ist mit seinen schmuck renovierten Altbauten und den   **Einkaufsparadies**
vielfältigen Ausgehmöglichkeiten am Abend einer der attraktivsten
Hamburger Stadtteile. Einkaufsbummler finden zudem in den zahlreichen Läden und Boutiquen zwischen Eppendorfer Baum und Eppendorfer Marktplatz fast alles, was das Herz begehrt. Bei den Hamburgern sehr beliebt ist außerdem der Wochenmarkt in der Isestraße
unter der Hochbahn (►Praktische Informationen: Shopping).

In Eppendorf macht Shoppen Spaß, wie hier auf dem Isemarkt.

Interessante Bauwerke ...	Sehenswerte Bauwerke in Eppendorf sind die St. Johannis-Kirche an der Alster – die einstige Dorfkirche von Eppendorf –, das evangelische Damenstift St.-Johannis-Kloster sowie das Holthusenbad von 1914 (Goernestraße 21). Hamburgs ältestes erhaltenes Landhaus aus der Zeit um 1700 steht in der Ludolfstraße 19.
... und Natur	Ein hübsches Plätzchen ist der vom Alsterzufluss Tarpenbek durchzogene Hayns Park; und ein Stückchen weiter nördlich liegt ein weiteres Idyll inmitten der Großstadt: das Naturschutzgebiet »Eppendorfer Moor« in der Alsterniederung.

⁕ Fernsehturm

L/M 11

Standort: Rentzelstraße/Lagerstraße
U-Bahn: U 2 (Messehallen), U 3 (Sternschanze)

S-Bahn: S 11, S 21, S 31 (Sternschanze)

Der Hamburger Fernsehturm, offiziell Heinrich-Hertz-Turm, ist mit Abstand der höchste Turm der Hansestadt. Im Volksmund wird er in Anlehnung an Hamburgs Wahrzeichen, den Michel (▶ Michaeliskirche), auch »Tele-Michel« genannt. Der Fernsehturm wurde 1965 bis 1968 nach Plänen der Architekten Fritz Trautwein und Fritz Leonhardt gebaut. Er hat eine Gesamthöhe von 280 m, wobei der konische Betonschaft in 204 m Höhe endet.
Da sich kein Investor für die dringend erforderlichen Modernisierungsmaßnahmen im Innern des Fernsehturms findet, ist die Aussichtsplattform in 130 m Höhe für Besucher nicht mehr begehbar.

Finkenwerder

Außenbezirk

Lage: ca. 10 km südwestlich der Innenstadt
HADAG-Schiff: Linie 62 (ab Landungsbrücken), Linie 64 (ab Teufelsbrück)

Bus: 150 (ab Altona)

Einstiges Fischerdorf	Das einstige Fischer- und Bauerndorf Finkenwerder, 1236 erstmals urkundlich erwähnt, ist heute ein Wohnviertel am Hafenrand am Südufer der Elbe. Bis zur Abdeichung der Süderelbe nach der Flutkatastrophe von 1962 war Finkenwerder eine Insel (Werder = Flussinsel). Im Hafen liegen mehrere historische Schiffe vor Anker, und auch noch heute befahren etliche Fischkutter von hier aus die Nord- und Ostsee. Ein typisches Fischgericht in einer der lokalen Gaststätten ist deshalb unbedingt empfehlenswert. Das alte Bauerndorf liegt innerhalb eines großen Deichringes, auf dem man es in eineinhalb

Wer zur Blütezeit in Hamburg ist, sollte sich unbedingt zu einem Spaziergang in Finkenwerder überreden lassen.

Stunden bequem umwandern kann. Besonders idyllisch – und nicht nur zur Obstblüte ein Erlebnis – ist der Weg am Süder- und Osterfelddeich, wo er entlang der Alten Süderelbe führt.
Weithin bekannt geworden ist Finkenwerders Heimatdichter Johann Kinau, alias **Gorch Fock** (▶ Berühmte Persönlichkeiten), dessen Geburtshaus am Neßdeich 6 zu finden ist.

Zu den größten Industriebetrieben der Hansestadt gehört die Airbus Deutschland GmbH, die an der Nordwestspitze von Finkenwerder eine eigene Landebahn hat. Im Airbus-Werk in Finkenwerder werden Teile der drei Airbustypen A 318, A 319 und A 321 gebaut. Für die Beteiligung an der Montage des doppelstöckigen Airbus-Riesen A 380 wurde nach langen Protesten von Ökologen das Werksgebiet erweitert. Dazu wurde das 675 ha große Mühlenberger Loch – das letzte Süßwasserwatt Europas mit einer einzigartigen Flora und Fauna – zugeschüttet. Für eine nächste Erweiterung droht die Zerstörung von Teilen des Dorfs Neuenfelde.

Flugzeugbau

◀ Mühlenberger Loch

◀ Weiter auf S. 178

Ob Aale oder Ahle: Hier wird fast alles verkauft.

ZUM FISCHMARKT FRÜH UM FÜNF

»Aale, Aale, Aale!«, tönt eine laute Stimme weithin über den Fischmarkt. Vor der Kulisse der riesigen Hafenkräne verkauft Aale-Dieter, eines der Fisch-markt-Originale, seine Räucherware. Er ist ein Meister seines Fachs und versteht es, mit Sprüchen und Verkaufstalent so manchen müden Marktbe-sucher zu überzeugen, dass ein leckerer Räucheraal das einzig richtige Mitbringsel für zu Hause ist.

Feilschen

Nebenan lädt mit gleicher Überzeugungskraft ein anderer »Rappohändler« – Bananen-Fred – zum Kauf von Südfrüchten ein. Die Rappohändler sind eine Institution auf dem Hamburger Fischmarkt. Der Name kommt aus dem Italienischen und bezeichnet Händler, die auf Messen und Märkten ihre Waren zu einem Preis anbieten, den sie später stark herabsetzen. So auch die Hamburger Rappohändler: Von ihren Wagen herunter feilschen sie mehr mit sich selbst als mit dem erstaunten Besucher, der plötzlich zu dem Aal noch einen Aal, zu den fünf Bananen noch eine Ananas oder zur Yuccapalme noch einen kleinen Ficus Benjamini dazu bekommt.

Kampf um Fische

Seinen Namen hat der Hamburger Fischmarkt tatsächlich den Fischen zu verdanken, wenn diese auch inzwischen das kleinere Angebot darstellen. Bereits 1703 hatten die Altonaer Elbfischer die Genehmigung, den leicht verderblichen Fisch noch vor dem obligaten Kirchgang zu verkaufen. Ende des 19. Jahrhunderts gab es

in Hamburg und dem damals selbstständigen Altona zwei Fischauktionshallen: Die Altonaer so genannte »Kathedrale des Fischs« wurde 1895 gebaut. Die Hamburger eröffneten drei Jahre später und nur ca. 50 Meter entfernt eine eigene Fischhalle. Ein Konkurrenzkampf entbrannte, den man u. a. am Stuhlmannbrunnen in der Nähe des Altonaer Bahnhofs dargestellt findet. Der Zwist endete 1971 mit dem Abriss der Hamburger Halle.

Vom Fisch zur feinen Location

Bereits in den 1930er-Jahren wurden in der Altonaer Fischauktionshalle nur noch die Fänge der Kleinfischerei verkauft. Nach schweren Zerstörungen im Zweiten Weltkrieg und drohendem Abriss wurde das Gründerzeitgebäude in den 1980er Jahren doch noch saniert. Heute dient es zu Fischmarktzeiten in erster Linie dem leiblichen Wohl und wartet am Sonntagmorgen von 6.00–12.00 Uhr mit einem ordentlichen Brunch auf seine Besucher: ein schöner Ausklang nach dem Fischmarktbesuch. Zugleich ist die Fischauktionshalle heute ein beliebter Veranstaltungsort für gesellschaftliche Events und Konzerte.

Im Angebot: alles

Im Schnitt kommen 70 000 Besucher. Zwischen Gemüse, Obst und Räucherfisch finden sie fast alles, was das Herz begehrt: Stände mit Blumen, Kleidung, Nippes oder nur eine Tasse Kaffee zum Wachwerden. Im Sommer kräht und gurrt es auf dem Kleintiermarkt schräg gegenüber der Halle. Fangfrischen Fisch gibt es übrigens auch. Am Fähranleger Fischmarkt-Altona wird direkt ab Kutter verkauft, was das Meer bzw. die Elbe zu bieten hat. Diese letzte Enklave des frischen Fisches sollte man keinesfalls verpassen. Um 9.30 Uhr hat der Marktzauber ein Ende und man kann gemächlich die Live-Musik genießen.

★ Fischmarkt

K/L 9

Lage: westlich der Landungsbrücken
U-Bahn: U 3 (Landungsbrücken)

S-Bahn: S 1, S 2, S 3 (Landungsbrücken, Reeperbahn, Königstraße)

🕐 Marktzeit:
April – Okt.:
So. 5.00 – 9.30
Nov. – März:
So. 7.00 – 9.30

Wo im 18. Jh. die Fischer ihren frischen Fisch vor Beginn des sonntäglichen Gottesdienstes feilboten, wird heute in aller Herrgottsfrühe von Obst und Gemüse über Kurzwaren und Trödel bis hin zur Zimmerpflanze so ziemlich alles angeboten. Fisch und andere Meerestiere gibt es selbstverständlich auch. Sie werden hier teilweise direkt vom Kutter verkauft.

Den Fischmarkt besuchen viele Nachtschwärmer nach einer ausgedehnten Kneipentour, aber auch Ausgeschlafene, die sonntags etwas Frisches im Haus haben möchten. Und Spätaufsteher können hier ausnahmsweise mal das ganz große Los ziehen: Gegen Ende der Marktzeit werden die Reste zu Schleuderpreisen unter die Leute gebracht. Nicht nur dann sind die »Rappohändler«, wie die Marktschreier von Altona genannt werden, ein echtes Erlebnis. Zu der strikt eingehaltenen Marktzeit sind auch die Gaststätten, Hafenkneipen und mittlerweile ziemlich hippen Bars rings um den Fischmarkt geöffnet und bestens gefüllt.

In der Nähe der Fischauktionshalle von 1895 – eine dreischiffige Eisenskelettkonstruktion mit Backsteinverkleidung und einer großen Kuppel – ist in einem historischen Gebäude einer ehemaligen Mälzerei das **»stilwerk«** mit über 20 Geschäften auf sieben Etagen untergebracht (Große Elbstraße 68) – Design und Möbel von Leuchtern und Teppichen bis Büro- und Kücheneinrichtungen (▶ Praktische Informationen: Shopping).

Die Altonaer Fischauktionshalle von 1895

Eine baumbestandene Klinkerpromenade führt entlang der Flutschutzufermauer in Richtung Landungsbrücken. Sturmfluten sorgen hier im Winterhalbjahr immer wieder für Überflutungen.

Fleetinsel

Lage: zwischen Stadthausbrücke und
Baumwall
U-Bahn: U 3 (Baumwall, Rödingsmarkt)

S-Bahn: S 1, S 2, S 3 (Stadthausbrücke)

Als Fleetinsel bezeichnet man den zwischen Alsterfleet und Herrengrabenfleet gelegenen Inselstreifen. Im Krieg zerstört blieb sie bis weit in die 1980er-Jahre hinein eine Ödfläche. Inzwischen ist die lang gezogene Fleetinsel ein komplett neues Viertel mit modernen Büro- und Geschäftshäusern, Galerien und Gastronomien. Unter den Neubauten fallen besonders das Steigenberger-Hotel, das Bürohaus »Fleethof«, ein dreieckiges Bürogebäude mit siebengeschossigem Lichthof, und das Deutsch-Japanische Zentrum im nördlichen Teil der Insel auf.

Moderner City-Treffpunkt

Über die gesamte Fleetinsel zieht sich die Admiralitätsstraße, die 1772–1774 angelegt wurde. Hier sind noch einige der alten Kontor-

Admiralitätsstraße

Dank der zahlreichen Lokale eignet sich die Fleetinsel auch zum Ausgehen.

häuser aus dem 18. und 19. Jh. erhalten (Nr. 72, 74 und 76), an deren Wasserseite man die Windenluken erkennt.

Görtz-Palais Bemerkenswert ist ein Gebäudekomplex gegenüber der Fleetinsel an der Ecke Stadthausbrücke/Neuer Wall: das ehemalige Görtz-Palais, einer der wenigen Barockbauten Hamburgs. Das Gebäude wurde 1710–1712 für den holsteinisch-gottorfischen Gesandten in Hamburg, Georg Heinrich Freiherr von Schlitz, genannt von Görtz (1675–1719), erbaut. Von dem dahinter gelegenen Stadthaus blieb die Fassade erhalten.

Flughafen

L–O 17–20

Lage: Fuhlsbüttel, 8,5 km nordwestlich der Innenstadt
Bus: 26, 39, 274, 292, 606

S-Bahn: S 1

Internet: www.ham.airport.de

Fünftgrößter Flughafen Deutschlands Deutschlands dienstältester Flughafen wurde 1911 als Luftschiffstützpunkt gegründet. Gemessen am Passagieraufkommen ist er heute der fünftgrößte Flughafen Deutschlands. Unter dem Projektnamen »HAM21« wurde er in den letzten Jahren umfassend modernisiert. Seit 2005 verfügt der Hamburg Airport über zwei Terminals. Beide Terminals beherbergen diverse Serviceeinrichtungen und Gastronomieangebote. Der Flughafen verfügt außerdem über ein Konferenzcenter. Seit Ende 2008 gibt es eine direkte S-Bahn-Verbindung zwischen dem Flughafen und der Hamburger City.

! *Baedeker* TIPP

Erlebnis Flughafen

Am Hamburg Airport gibt es nicht nur zwei Besucherterrassen, sondern man kann das Flughafengeschehen ebenfalls an der weltweit einmaligen Flughafenmodellanlage im Maßstab 1 : 500 verfolgen (Di.–So. um 10.00, 12.00, 14.00 und 16.00 Uhr).

Gänsemarkt

M 10

Lage: Innenstadt

U-Bahn: U 2 (Gänsemarkt)

Zentraler Platz der Neustadt Der Gänsemarkt ist ein zentraler Platz in der Hamburger Neustadt. Hier finden sich mehrere Einkaufspassagen (▶Passagen), jede Menge Geschäfte und Gastronomien. Unter den großen Bauten, die den Platz säumen, fällt die Finanzbehörde mit ihrer hohen Klinkerfassade und Rundturmecke besonders ins Auge. Das Gebäude wurde zwischen 1918 und 1926 nach Plänen von Fritz Schumacher geschaffen; Richard Kuöhl gestaltete die Keramiken im Eingangsbereich.

Das 1881 von Friedrich Schaper geschaffene Denkmal erinnert an **Lessing-Denkmal** die Hamburger Jahre des Dichters und Philosophen Gotthold Ephraim Lessing (1729–1781), der von 1767–1769 als Dramaturg am Deutschen Nationaltheater wirkte. Seine »Minna von Barnhelm« wurde hier uraufgeführt.

Großneumarkt

M 10

Lage: Neustadt   **S-Bahn :** S 1, S 2, S 3 (Stadthausbrücke)

Der Großneumarkt ist der Hauptplatz der im 17. Jh. angelegten Neustadt. Wegen der vielen Kneipen und Clubs rings um den Platz und in den umliegenden Straßen – darunter auch der bekannte Jazzkeller »Cotton Club« (Alter Steinweg 10) – ist er ein beliebtes Ausgehziel. **Beliebtes Ausgehziel**

Um den Großneumarkt herum sind noch Reste althamburgischer **Althamburgische** Bebauung erhalten. Westlich vom Großneumarkt ist die ►Peterstraße **Bebauung** im althamburgischen Stil saniert worden. Im Bäckerbreitergang ist eine geschlossene Reihe Fachwerkhäuser (Nr. 49–58) aus dem 18.–19. Jahrhundert originalgetreu restauriert worden.

Der von Richard Kuöhl geschaffene Hummelbrunnen an der Ecke **Hamburger** Rademachergang/Breiter Gang erinnert an das Hamburger Original **Originale** »Hummel« (►Berühmte Persönlichkeiten). Eine weitere Hamburger Legende, die »Zitronenjette«, steht in der Nähe der Michaeliskirche.

✶ ✶ Hafen

F–R 7–9

Lage: südlich der Innenstadt

Obwohl der Hafen 110 km von der Nordsee entfernt im Binnenland **Herz der** liegt, gilt er dennoch als Seehafen. Mit 72 km² Gesamtfläche ist er **Hansestadt** der zweitgrößte Containerhafen Europas.
Der Hafen ist trotz der Entwicklung Hamburgs zu einer der größten deutschen Industriestädte und einem der wichtigsten Dienstleistungszentren das Herzstück der Hansestadt geblieben. Kein Besucher sollte »Deutschlands Tor zur Welt« verlassen, ohne sich die verwirrende Vielfalt und Größe des Hamburger Hafens auf einer der geradezu obligatorischen Hafenrundfahrten (►Praktische Informationen: Stadtbesichtigung) vor Augen geführt zu haben.
Im Empfangsgebäude der ►Landungsbrücken zwischen den Durch- ◄ **Tourist** gängen zu den Brücken 4 und 5 ist die »Tourist Information am **Information** Hafen« eingerichtet. Hier erhält man Auskünfte über Hafenrundfahrten, aber auch alle weiteren Informationen zu Hamburg.

Hamburger Hafen Orientierung

Untereelbe

Othmarschen

Altona

Elbchaussee

Max-Brauer-Allee

← Elbe

Elbtunnel

Köhlfleet-hafen

Parkhafen

Kohlenschiff hfn.

Vorhafen

Petroleumhafen

Köhlfleet

Köhlbrand

Waltershof

Waltershofer Hafen

7

Ostfriesendstr.

Finkenwerder Vorhafen

Aue-Hauptdeich

Dradenau-hafen

Rugen-berger Hfn.

Köhlbrand-brücke

Neuhöfer

Finkenwerder Str.

AS Hamburg-Waltershof

Rethe

Sandauhafen

Alte Süderelbe

Altenwerder

Neuhöfer Hafen

Hohenwischer

Kattwyk-hfn.

sand-hafen

Str.

Moorburger Elbdeich

Hinter

Ipendeel

Hohenwisch

Moorburger

1000 m

© Baedeker

Moor-

burg

Elbdeich

Kattwykdamm

Seeschifftiefe Wasserflächen

St. Pauli

Neustadt
HAMBURG

St. Georg

Altstadt

Hafencity

Klostertor

Steinwerder

Rothenburgsort

Grasbrook

AS Hbr.-Veddel

Veddel

Peute

Wilhelmsburg

Hohe

Schaar

Harburg
Harburg

Entwicklung Zu Zeiten des Schaumburger Grafen Adolf III. (1164–1225) entstand vor der Mündung der ▶Alster in die Elbe ein erster Hafen (▶Nikolaifleet). Um die Mitte des 13. Jh.s schaffte man eine Wasserverbindung mit der Billemündung, den heutigen Zollkanal. Erst im 16. Jh. wurde die Norderelbe in das Hafengebiet mit einbezogen. Im 17. Jh. richtete man vor der Alstermündung den Niederhafen ein, und während der beiden folgenden Jahrhunderte dehnte sich das Hafenareal immer weiter südwärts aus. Der Terminal »Toller Ort« war lange Zeit als Zollort – daher der Name – die Grenze zum benachbarten Dänemark. Als um die Mitte des 19. Jh.s der Schiffsverkehr rasch anwuchs und die ersten Dampfer die Segelschiffe ersetzten, begann der planmäßige Ausbau der Hafenanlagen. Schon nach wenigen Jahren erstreckten sie sich über das Gebiet zwischen den beiden Armen der Elbe (▶Wilhelmsburg) und sind immer wieder erweitert und verbessert worden. Heute gehört Hamburg zu den wichtigsten europäischen Umschlagplätzen für Seegüter und zu den bedeutendsten Containerhäfen weltweit. Wo einst das Dorf Altenwerder lag, wurde 2002 der HHLA Container Terminal Altenwerder in Betrieb genommen, der wegweisend für den Containerumschlag der Zukunft ist, insbesondere mit Blick auf die Abfertigung der neuen Mega-Containerschiffe. Das CTA trägt entscheidend dazu bei, das Wachstum der Containermengen im Hamburger Hafen zu bewältigen.

Zum Hafengeburtstag zeigen sich immer wieder historische Großsegler aus aller Welt.

Der Hafen befindet sich in einem stetigen Anpassungsprozess an die Erfordernisse der Modernisierung und Rationalisierung. Die Abkehr vom altgewohnten Bild der Hafenanlagen wird dort am deutlichsten, wo Containerschiffe ihre Ladung umschlagen – die Hafenromantik vergangener Jahrhunderte ist hier endgültig verschwunden.   **Moderner Hafen**

Mit seinen modernen Anlagen ist der Hamburger Hafen ein großer und »schneller« Universalhafen, in dem die teuren Liegezeiten der Schiffe auf ein Minimum verkürzt sind – ein wesentlicher Faktor, denn ein Großcontainerschiff kommt auf Tageskosten von bis zu 60 000 – 100 000 $. 1999 wurde die Elbe von Hamburg bis zur Nordsee vertieft, sodass selbst extrem große Containerschiffe – von einer Radarkette und Lotsen geleitet – den 110 km weiten Weg ins Binnenland sicher zurücklegen können. Damit der Containerhafen für die Zukunft gerüstet ist, soll die Elbe aber nochmals vertieft werden. Durch die Verlagerung der Stückguttransporte auf den Containerbetrieb wird außerdem ein 155 ha großes Hafenareal zwischen Baakenhafen und Speicherstadt frei für andere Zwecke, das mit dem Projekt »HafenCity« in ein Wohn- und Geschäftsgebiet umgewandelt wird (▶Baedeker Special, S. 262).

Jedes Jahr um den 7. Mai wird mit dem »Hafengeburtstag« die Unterzeichnung des Barbarossa-Freibriefs im Jahr 1189 gefeiert, der den Hamburgern Zoll- und Abgabenfreiheit auf der Unterelbe zusicherte;   **Hafengeburtstag**

◀ Weiter auf S. 188

Manchmal sieht man vor lauter Containern das Schiff nicht mehr.

CAP SAN DIEGO

✶✶ An einem äußeren Ponton der Überseebrücken liegt das einstige Frachtschiff »MS Cap San Diego«. Als letztes Exemplar dieses Schiffstyps wurde sie 1962 auf der Deutschen Werft in Hamburg gebaut. Die »Cap San«-Schiffe wurden wegen ihrer eleganten, fast yachtartigen Form auch die »Weißen Schwäne des Südatlantiks« genannt. Das Schiff fuhr bis 1981 als Stückgutfrachter für die Hamburg-Südamerikanische Dampfschifffahrtsgesellschaft, danach bis 1986 für ausländische Reedereien. Im Zeitalter der Containerverladung war sie nicht mehr zeitgemäß und wurde an eine Abwrackwerft verkauft. Glücklicherweise erwarb die Stadt Hamburg die »Cap San Diego« zurück und übereignete sie der Stiftung »Hamburger Admiralität«. Nach der Instandsetzung ist das Museumsschiff heute Zeuge längst vergangener Seefahrertage.

Öffnungszeiten:
täglich 10.00 bis 18.00 Uhr
(im Winter bis Einbruch der Dunkelheit)
Restaurant an Bord
Tel. 36 42 09 / www.capsandiego.de

① **Ankerstation**
Ein Anker wiegt 4,8 t und ist an einer Kette von 300 m Länge befestigt.

② **Schwergutbaum**
Vor jeder Luke findet sich Ladegeschirr, so dass die Ladung direkt vom Schiff aufgenommen werden konnte. Der große Schwergutbaum konnte bis zu 50 t heben.

③ **Eventluke III**
Die Luke wird für Konzerte und Großveranstaltungen genutzt. Auf vier Decks haben hier bis zu 1000 Personen Platz. Einmal im Jahr legt das Schiff übrigens noch ab – ein begehrtes Event.

④ **Werftschild**
Als letztes der »Cap San«-Schiffe verließ die 159,4 m lange und 21,4 m breite Cap San Diego nach 7-monatiger Bauzeit die Werft. Sie hat ein Eigengewicht von 6700 t.

⑤ **Wohnraum des Kapitäns**
Im Hafen war dies, neben der Bar, der wichtigste Konferenzraum für die Abwicklung der Geschäfte. Eine offene Tür bedeutete, dass Besucher erwünscht waren. Auf See war diese übrigens aus Sicherheitsgründen niemals verschlossen.

⑥ **Ladetanks**
Es wurden ausschließlich Flüssigkeiten wie Öle und Fette transportiert. Die unangenehme Reinigung der Tanks wurde extra honoriert.

⑦ **Reservepropeller**
Der Propeller entspricht mit 5,6 m Durchmesser und 16,6 t Gewicht dem originalen Vorbild. Er wurde jedoch erst 1987 an Bord installiert.

Maximal 12 Personen nahm das Schiff mit auf die Reise nach Südamerika, 5000 DM kostete das 1972. Heute kann man eine Nacht an Bord wesentlich günstiger verbringen (Doppelzimmer: 90 €, Einzelzimmer: 72 €). Unbedingt rechtzeitig reservieren!

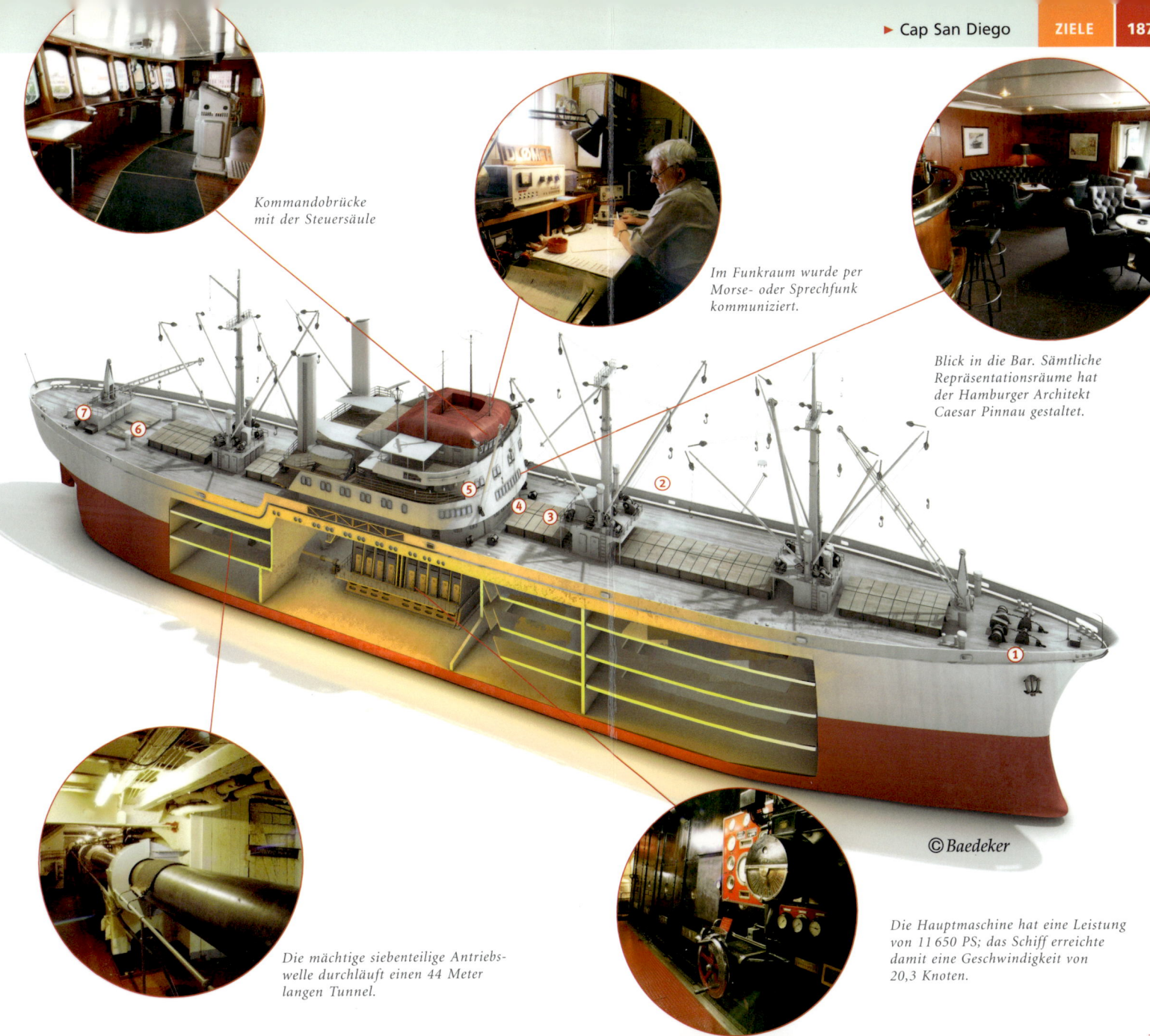

Kommandobrücke
mit der Steuersäule

Im Funkraum wurde per
Morse- oder Sprechfunk
kommuniziert.

Blick in die Bar. Sämtliche
Repräsentationsräume hat
der Hamburger Architekt
Caesar Pinnau gestaltet.

©Baedeker

Die mächtige siebenteilige Antriebs-
welle durchläuft einen 44 Meter
langen Tunnel.

Die Hauptmaschine hat eine Leistung
von 11 650 PS; das Schiff erreichte
damit eine Geschwindigkeit von
20,3 Knoten.

bei diesem Dokument handelt es sich jedoch erwiesenermaßen um eine Fälschung. Hauptattraktion des Festes sind die Schiffsparaden.

Einlaufen und Auslaufen der Schiffe

Das Einlaufen und die Ausfahrt der Seeschiffe (►Willkommhöft) vollzieht sich in althergebrachter Manier: Im Hafen selbst – von bzw. bis Finkenwerder – übernimmt ein Hafenlotse das Kommando an Bord. Ein Elblotse führt das Schiff auf der Unterelbe zwischen Seemannshöft und Brunsbüttel, und ein Seelotse begleitet die Fahrt zwischen Brunsbüttel und Elbemündung in die Nordsee.

Am Liegeplatz im Hafen

Beim meist diffizilen Manövrieren helfen (»verholen«) die Hafenschlepper. An den Liegeplätzen vertäuen die »Festmacher« die Schiffstrossen. Das Laden und Entladen (»Löschen«) der Frachter, das früher die »Schauerleute« besorgten, wird heute von Kränen und Hafenfacharbeitern durchgeführt.

★ **Hafenmuseum**

Mit der Geschichte der Arbeit im Hamburger Hafen befasst sich das Hafenmuseum. Fachleute, die langjährige Arbeitserfahrung im Hafen haben, vermitteln Besuchern einen Eindruck von verschiedenen Tätigkeiten im Hafen (Australiastraße, Kopfbau Schuppen 50 A, geöffnet: Ostern bis Ende Oktober Di.–So. 10.00–18.00 Uhr; einfachste Anfahrt mit der Maritime Circle Line).

★ **BallinStadt**

Um 1900 ließ Albert Ballin auf der Elbinsel Veddel eine regelrechte kleine Auswandererstadt für Emigranten, die auf ihre Schiffspassage nach Amerika warteten, bauen. Einige der Auswandererhallen wurden wieder aufgebaut und ein Museum darin eröffnet, das sich der Geschichte von über fünf Millionen Emigranten widmet (Veddeler Bogen 2, geöffnet: Mo.–So. 10.00–18.00 Uhr; einfachste Anfahrt mit der Maritime Circle Line).

✶ ✶ Hafenrandpromenade

Lage: zwischen Deichtorhallen und
Övelgönne

Der etwa 6 km lange Uferstreifen zwischen den ▶ Deichtorhallen **Ausgedehnter**
und dem Museumshafen in ▶ Övelgönne bietet sich für einen ausge- **Spaziergang**
dehnten Spaziergang an, der eine Fülle interessanter Eindrücke vom
Hafengeschehen und den durchquerten Stadtteilen bereithält.

Spaziergang am Elbufer

Man beginnt den Spaziergang am Ostende bei den ▶ **Deichtorhallen** **Entlang der**
am Deichtormarkt und wendet sich nach Süden zum Kai des Ober- **Speicherstadt**
hafens, einst Anlegestelle der Ge-
müse- und Obstkähne. Auf der gegenüberliegenden Seite bildet die
Ericusspitze das östliche Ende der
▶ **Speicherstadt**. Die Hafenmeile
führt über den Meßberg mit seinen
mächtigen Kontorhäusern aus den
1920er-Jahren (▶ Kontorhausviertel) – darunter das berühmte ▶**Chilehaus** – am Zollkanal entlang, der
einst einen Großteil des ehemaligen Freihafens umfloss. Das Ufer
gegenüber säumen die dunkelroten
Backsteinbauten der Speicherstadt.
Man folgt den Straßenzügen Do-
venfleet und Zippelhaus zur ▶ **Katharinenkirche** mit ihrer goldenen

*Variationen aus Backstein und Kupferdächern
– die Speicherstadt*

»Störtebeker-Krone«. Am ▶ **Nikolaifleet** entlang gelangt man zum
»Neuen Krahn«. Jenseits der ehemaligen Insel Cremon überquert die
Straße auf der Hohen Brücke das Nikolaifleet. Von der Hohen Brücke bietet sich ein schöner Blick auf die malerischen Fronten der Althamburger Bürgerhäuser an der ▶ **Deichstraße**. Am Anleger beim
Nikolaisperrwerk im Binnenhafen liegen Barkassen, die Hafenrundfahrten anbieten. Von der Hohen Brücke folgt man kurz dem Stra-
ßenzug Kajen, überquert auf der Otto-Sill-Brücke den Mündungsbereich des Alsterfleets (▶Alster) und kommt auf den **Baumwall**.
An dem massigen Slomanhaus von 1908, dem südlichsten Gebäude
auf der Fleetinsel, erkennt man drei Medaillons der Gründer der
bekannten Hamburger Reederei Robert M. Sloman. Am Baumwall
wird die U-Bahn oberirdisch als **Hochbahn** auf einem 1909–1911

← *Historische Aufnahme aus der BallinStadt. Auswanderer auf dem Weg
zum Schiff*

Hafenrandpromenade Orientierung

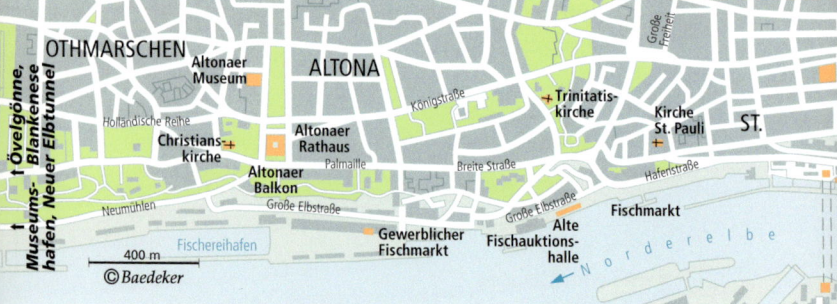

errichteten Eisenviadukt entlanggeführt. Hinter der in den Freihafen führenden Niederbaumbrücke beginnt der Niederhafen. Die Speicherstadt verabschiedet sich mit der **Kehrwiederspitze** und dem wuchtigen Neubau des Hanseatic Trade Center dahinter – und der Blick auf den ▶ Hafen wird freigegeben.

Unterhalb der U-Bahn-Station Baumwall befindet sich der neue City-Sporthafen. Hier liegt ein ehemaliges **Feuerschiff**, das nach aufwändiger Restaurierung als Hotelschiff mit diversen gastronomischen Einrichtungen genutzt wird.

Vom Baumwall gelangt man auf der Roosenbrücke über das Herrengrabenfleet zu den **Vorsetzen**, eine alte Bezeichnung für die einst am Ufer eingerammten Bohlenwände.

Landeinwärts sieht man das eindrucksvolle Verlagsgebäude von **Gruner + Jahr**. Es wurde 1987 bis 1990 nach Plänen der Architekten Steidle, Kiessler und Schweger mit einer Gebäudehülle, die zu 55 %

Das Feuerschiff stammt ursprünglich aus Südengland.

aus Glas besteht, gebaut. Der Gebäudekomplex ist in vier zur Elbe ausgerichtete Hauptschiffe gegliedert, die durch Querspangen miteinander verbunden sind. Den Übergang vom südlichen Baukörper zum kleineren nördlichen markiert ein »Tobogan« genannter, 40 m hoher Turm, in dem sich auch der Eingang befindet.

Zur Wasserseite hin sieht man nun im Hafen die **Überseebrücke**, an der Kreuzfahrt- und Kriegsschiffe festmachen (▶Landungsbrücken).

Auf dem Weg zu den Landungsbrücken liegen zwei **Museumsschiffe** vor Anker, der Frachter »Cap San Diego« (▶3D-Darstellung S. 186) und der berühmte Dreimaster, die »Rickmer Rickmers«.

Die stets belebten ▶**Landungsbrücken** – offiziell St.-Pauli Landungsbrücken – mit zahlreichen Restaurants, Imbissständen, Buden und einer Aussichtsplattform sind die zentrale Schiffsanlegestelle im Hafen- und Unterelbeverkehr, außerdem Ausgangspunkt für die beliebten Hafenrundfahrten (▶Praktische Informationen: Stadtbesichtigung). Am Westende der Landungsbrücken bezeichnet ein massiver Kuppelbau den Einfahrtsschacht in den ▶**Alten Elbtunnel**.

Den **Stintfang**, eine Anhöhe über den Landungsbrücken, zieren eine Reihe von Gebäuden, darunter das turmbekrönte Hotel »Hafen Hamburg«, ein ehemaliges Seemannsheim, und das bekannte Bernhard-Nocht-Institut für Schiffs- und Tropenkrankheiten. Auf dem früheren Gelände der Bavaria-St.-Pauli-Brauerei ist ein Wohn- und Arbeitsquartier entstanden, außerdem ein nobles Hochhaushotel.

Die Straße führt nun unterhalb der skandalumwitterten **Hafenstraße** (▶St. Pauli) und unterhalb des Antoniparks mit seinen künstlichen Palmen, einer von Anwohnern und Künstlern gestalteten Grünfläche, entlang. Dann geht es zu dem weit über Hamburg hinaus bekannten ▶Fischmarkt mit der restaurierten alten Fischauktionshalle.

Beim **Fischmarkt** schwenkt die Hauptstraße landeinwärts. Für den weiteren Weg folgt man der Großen Elbstraße, die parallel zum Elbufer zum ehemaligen Altonaer Fischereihafen führt. In diesem Hafenareal wurden alte Industriebauten und Speichergebäude umgebaut. So entstanden hier Restaurants und Cafés mit Elbeblick und in einem alten Speicher das »stilwerk« mit mehreren Designläden.

Ein Stück weiter kommt man an dem gläsernen »Dockland«-Gebäuse vorbei, das in Form eines Schiffsbugs gebaut wurde. Oberhalb liegt der so genannte **»Altonaer Balkon«**, eine weite Terrasse, von der sich eine herrliche Aussicht über Elbe und Hafen bietet.

Entlang des Westkais ziehen sich neue Bürogebäude, die häufig auch schicke Cafés, Bars und Restaurants mit Elbblick beherbergen. In Neumühlen passiert man einen hohen Neubau, das große Seniorenwohnstift **»Augustinum«** für wohlhabende Hamburger. Unter dem Elbewasser verläuft etwa an dieser Stelle der ▶**Neue Elbtunnel**, dessen Lüftungsschacht am Anfang des nahen Strandes zu sehen ist. Am **Museumshafen Oevelgönne** (▶Övelgönne), dem Liegeplatz einer Anzahl fahrtüchtiger bzw. in Restaurierung befindlicher Oldtimerschiffe endet die Hafenrandpromenade.

★★ Hagenbecks Tierpark

J/K 14/15

Lage: ca. 7 km nordwestlich der Innenstadt
Internet: www.hagenbeck.de

U-Bahn: U 2 (Hagenbecks Tierpark)

Öffnungszeiten: täglich ab 9.00 Uhr (Schließzeit nach Saison und Wetter ab 16.30 Uhr)

Mit einem schlichten Waschbottich, in dem der Fischhändler Gottfried Clas Carl Hagenbeck 1848 auf dem Spielbudenplatz in St. Pauli sechs Seehunde zur Schau stellte, begann die Geschichte des Hamburger Zoos. Die Tiere waren Finkenwerder Ewerfischern als Beifang ins Netz gegangen und wurden schnell zu einer Hamburger Attraktion. Durch diesen Erfolg ermutigt, gründete Hagenbeck eine Handelsmenagerie. Heimkehrenden Seeleuten kaufte er exotische Tiere ab; der »Star« war ein Grönland-Eisbär von einem Walfänger.

Sein ältester Sohn, Carl Hagenbeck (1844–1913), übernahm 1866 das Tierhandelsgeschäft. In kurzer Zeit wurde das Unternehmen zum Tierlieferanten für zoologische Gärten in aller Welt. Carl Hagenbeck bereiste Afrika und Amerika, kaufte ganze Menagerien auf und engagierte Tierfänger, die für ihn die fernsten Winkel der Erde durchstreiften. Sie brachten Tiere nach Hamburg, die bis dahin sogar der Wissenschaft noch unbekannt waren, darunter das Urwildpferd, den Somali-Wildesel, den Maral (eine Unterart des Rothirsches,

✔ NICHT VERSÄUMEN

- Dschungelnächte: exotische Geräusche der nächtlichen Tierwelt und dazu ein Mix aus Musik, Tanz und Shows
- Das Tropen-Aquarium mit ca. 14 000 Tieren in 39 Aquarien und Terrarien
- Für die Kleinen: Kraulen und Füttern im Streichelgehege

später Hagenbeck-Maral genannt), den Seeleoparden, den Mähnenwolf und verschiedene Affenarten.

Als es am Spielbudenplatz zu eng wurde, kaufte Hagenbeck ein Gelände am Neuen Pferdemarkt, wo er 1874 »Carl Hagenbeck's Thierpark« eröffnete.

Auf Veranlassung eines Freundes Hagenbecks kamen auch Lappländer mit ihren Rentieren nach Hamburg. Sie waren die Vorläufer der später so berühmt gewordenen **Völkerschauen**: Nubier, Grönland-Inuits, Feuerländer, Patagonier und Ceylonesen zogen unter Hagenbecks Namen durch ganz Europa und führten Sitten und Gebräuche ihrer Heimatländer vor.

Ehemaliges prachtvolles Eingangstor: das im Jugendstil gebaute Elefantentor

»Zahme Dressur«

Carl Hagenbeck, der sich auch mit der Dressur von Raubtieren befasste, lehnte die damaligen Gewaltmethoden der Dompteure ab. Mit Güte und Verständnis brachte er die Tiere zu weit besseren Leistungen. Diese neuartigen Methoden wurden unter dem Namen »Zahme Dressur« zu einer zirzensischen Sensation. Noch heute gilt sie als Grundlage der aktuellen Verhaltensforschung und Tierpsychologie.

Tierpark

Mit großer Sorgfalt studierte Carl Hagenbeck auch die Sprungweiten und Sprunghöhen der Raubtiere. Er plante einen so genannten Zukunftstierpark, in dem die Tiere – nur durch unsichtbare und unüberwindbare Gräben vom Publikum getrennt – in einer Parklandschaft mit Seen und Bergen leben sollten, die er so gestalten wollte, dass sie ihrer Heimat möglichst ähnlich war. Diese Idee ließ er sich 1896 patentieren. Nach jahrelanger harter Arbeit entstand eine solche Parkanlage, für die der Schweizer Bildhauer Urs Eggenschwyler die künstlichen Felsen entwarf. Am 7. Mai 1907 wurde der Tierpark eröffnet. Das Symbol war das im Jugendstil erbaute Eingangstor mit Tierbronzen und den beiden Elefantenköpfen des Düsseldorfer Bildhauers Joseph Pallenberg. Heute liegt er an der Lokstedter Grenzstraße.

◀ Prominente Besucher

Die erste gitterlose Raubtierschlucht war nicht nur für Besucher, sondern auch für die Wissenschaft eine Sensation. Kaiser, Könige und Präsidenten kamen zu Besuch, Jean Gilbert komponierte das Lied »Geh'n wir mal zu Hagenbeck«. Carl Hagenbecks 1909 erschienenes Buch »Von Tieren und Menschen« wurde – auch in vielen Übersetzungen – ein Bestseller.

Hagenbeck-Generationen ▶ Nach dem Tod von Carl Hagenbeck übernahmen seine Söhne, Heinrich und Lorenz Hagenbeck, den Tierpark und führten ihn unter schwersten Belastungen durch den Ersten Weltkrieg und die folgende Inflationszeit. Im Zweiten Weltkrieg wurde der Park zu 80 % zerstört. 1945 übernahm Carl-Heinrich Hagenbeck den Zoo. Ihm gelang es 1954, Onager (Wildesel) in der persischen Wüste zu fangen und sie so vor dem Aussterben zu bewahren. Aus dieser Herde sind etliche Fohlen hervorgegangen, die außer in Stellingen in vielen in- und ausländischen Zoos leben.

Obwohl Hagenbeck keine öffentlichen Fördermittel erhält, konnte das seit seiner Gründung privatwirtschaftlich geführte Unternehmen den Tierpark laufend erweitern und durch immer neue Tiere das Interesse des Publikums wach halten. Heute leben in Hagenbecks Tierpark etwa 2100 Tiere in über 50 Freigehegen.

> ! **Baedeker TIPP**
>
> **Mit Giraffen Aug in Auge**
>
> Einmalig in Deutschland: Wer möchte, kann nach der Schaufütterung im Sommer selbst eine Giraffe füttern. Dazu wurde extra ein 3 m hoher Turm gebaut. Dort kann man in die wunderschönen Augen des Tieres schauen, während man ihm Obst oder Gemüse hinhält, das man gegen eine Spende erwerben kann. Und auch die Elefanten dürfen von den Besuchern gefüttert werden.

Besondere Attraktionen Populär sind Sonderveranstaltungen wie die »Dschungelnächte«, die jedes Jahr im Mai und Juni stattfinden. Bei dieser Veranstaltung gibt es Musik und Tanz im ganzen Park und zum Abschluss ein Bengalisches Feuerwerk in der Löwenschlucht. Beliebte Attraktionen für Kinder sind der Streichel-Zoo, die Fahrt durchs Märchenland, das Orang-Utan-Haus und das Selbstfüttern von Elefanten.

Informationen An der Kasse sind die Fütterungszeiten angezeigt, im Internet gibt es eine Jungtier-Liste, die über die jüngsten Zoobewohner informiert. Neben Hagenbeck wurde das erste Tierparkthemenhotel im Kolonialdesign eröffnet.

✶ ✶ Hamburger Kunsthalle

N 10

Lage: Glockengießerwall	**S-Bahn:** Hauptbahnhof
U-Bahn: U1, U2, U 3 (Hauptbahnhof)	**Internet:** www.hamburger-kunsthalle.de

Öffnungszeiten: Di.–So. 10.00–18.00 Do. bis 21.00

Die Entstehung der Hamburger Kunsthalle geht auf eine Initiative des »Kunstvereins in Hamburg« zurück, der den heutigen Altbau 1869 für seine Sammlungen errichtete.

1886 wurde **Alfred Lichtwark** erster Direktor der Kunsthalle und führte die Galerie zu Weltruhm. Durch den Erwerb von Werken der großen Hamburger Maler des Mittelalters (Meister Bertram und Meister Francke) und der Romantik sowie eines reichen Bestandes niederländischer Malerei gelang ihm der schnelle Ausbau der Sammlung. Einen Schwerpunkt legte er auf die neueren Meister bis zur damaligen Gegenwart. Unter Gustav Pauli, ab 1914 Lichtwarks Nachfolger, wurde 1919 der Neubau der Kunsthalle mit seiner auffälligen Kuppel errichtet. Mit Pauli zog zudem neue Kunst in die Kunsthalle ein. Seine glanzvollste Erwerbung war Manets »Nana«, noch heute einer der Höhepunkte der Sammlung. Nach 1937 gingen dem Museum im Zuge des nationalsozialistischen Sturmes gegen »entartete Kunst« 74 Gemälde sowie rund 1200 Zeichnungen und grafische Blätter unwiederbringlich verloren.

◀ Gustav Pauli

Nach 1945 gelang es, die Kunsthalle wieder einzurichten und die Sammlung im Laufe der Zeit ständig zu erweitern. 1997 wurde die Kunsthalle um die von Oswald Matthias Ungers entworfene Galerie der Gegenwart erweitert, in der zeitgenössische Kunst gezeigt wird. Anfang 2004 hat die Kunsthalle mit dem Hubertus-Wald-Forum ein weiteres Ausstellungsareal hinzugewonnen, das für Sonderausstellungen genutzt wird. Sie ist nun mit 13 000 m² Ausstellungsfläche das größte Kunstmuseum in Deutschland. Seit 2006 leitet Hubertus Gaßner die Hamburger Kunsthalle.

◀ Kunsthalle heute

Prachtvolle Architektur für große Kunst: das Treppenhaus der Kunsthalle

Sammlungen

Alte Meister Zur Sammlung Alter Meister gehören u. a. der ehemalige Altar der Petrikirche (»Grabower Altar«) von Meister Bertram (1379) und der Thomas-Altar von Meister Francke (1424). Werke deutscher Maler (u. a. Holbein, Cranach) und vor allem niederländischer Maler (Rembrandt, van Dyck, Jordaens, Terborch, Ruisdael, van Goyen und Saenredam) geben einen umfassenden Einblick in die Kunst des 16. und 17. Jahrhunderts. Werke des 18. Jh.s sind mit Gemälden der Italiener Tiepolo, Canaletto und Bellotto, der Franzosen Boucher und Fragonard und des Spaniers Goya zu sehen.

19. Jahrhundert Die Sammlung des 19. Jh.s zeigt deutsche Maler, allen voran Caspar David Friedrich und Philipp Otto Runge, außerdem verschiedene Malerschulen der deutschen Romantik, der Nazarener und des Realismus, weiter Werke von Feuerbach, Marées und Makart. Unter den Franzosen sind Delacroix, Daumier, Courbet, Monet und Renoir zu sehen. Zu den bekanntesten Gemälden in der Galerie des 19. Jh.s gehören die »Nana« von Edouard Manet, »Die Hülsenbeckschen Kinder« von Philipp Otto Runge und »Terrasse im Restaurant Jacob in Nienstedten« von Max Liebermann.

Der Lichthof in Oswald Matthias Ungers
Galerie der Gegenwart ist ein Kunstwerk für sich.

In der Sammlung Klassische Moderne werden die wichtigsten Künstler und Künstlergruppen – wie »Brücke«-Maler, der »Blaue Reiter« und Bauhaus-Maler – sowie Strömungen vom ausgehenden 19. Jh. an gezeigt. Der deutsche Expressionismus ist mit Werken von Kirchner, Schmidt-Rottluff, Nolde und Barlach dokumentiert, Neue Sachlichkeit mit Dix, Schad und Radziwill, Surrealismus u. a. mit Max Ernst. Unter den Bauhaus-Künstlern sind vor allem Klee, Schlemmer und Feininger zu sehen, unter

Klassische Moderne

✔ **NICHT VERSÄUMEN**

- der »Grabower Altar« von Meister Bertram
- die »Nana« von Edouard Manet
- Richard Serras Installation »Measurement of Times«
- Caspar David Friedrichs »Wanderer über dem Nebelmeer« und sein »Eismeer«

den Malern des Blauen Reiters einige Gemälde von Marc und Macke. Daneben zeigen Werke von Munch, Picasso, Braque, Léger, Tàpies, Yves Klein, Lucio Fontana und Brancusi die Entwicklung der modernen Kunst im Ausland.

Im Kupferstichkabinett liegt eine Sammlung von etwa 100 000 Blättern vor, die Werke ab dem 15. Jh. bis heute umfasst. Im Übergang zur Galerie der Gegenwart sind ein Horst-Janssen-Kabinett und ein Raum für die Sammlung Hegewisch mit wechselnden Ausstellungen eingerichtet.

Weitere Sammlungen

In der Galerie der Gegenwart wird ein Überblick über die wichtigsten internationalen Entwicklungen ab 1950 gegeben: Art Brut, Fluxus, Nouveau Réalistes, Land Art, Arte Povera und Minimal Art. Werke von Andy Warhol, Gerhard Richter, Georg Baselitz, Richard Long, Jenny Holzer, Neo Rauch, Cindy Sherman und jüngeren Künstlern wie Jörg Sasse gehören zu der Sammlung.

Galerie der Gegenwart

Harburg

Außenbezirk

Lage: ca. 12 km südlich der Innenstadt   **S-Bahn:** S 3 (Harburg)
Zufahrt: A 1, A 7, B 4/B 75

Bis zur Eingemeindung 1937 war Harburg am Südufer der Süderelbe eine selbstständige Stadt. In der Wirtschaft von Harburg spielten insbesondere die Phoenix-Gummiwerke eine wichtige Rolle.

Einst selbstständig

Die »Horeburg« (»Sumpfburg«), von der sich der Name Harburg ableitet, wurde 1133 erstmals in einer Urkunde erwähnt. Sie war zur Sicherung des Elbübergangs gebaut worden. Die Siedlung, die sich um die Burg entwickelte, erhielt 1297 Stadtrecht; 1527 wurde Harburg Residenz einer Nebenlinie des Herzogshauses von Braunschweig-Lüneburg. Anstelle der Burg entstand daraufhin ein impo-

Sitz der Herzöge

Das ursprünglich 1892 gebaute Harburger Rathaus wurde nach der Zerstörung im Zweiten Weltkrieg vereinfacht wieder aufgebaut.

santes Renaissanceschloss, dessen letzte Reste erst 1972 abgerissen wurden – der sternförmige Grundriss ist im Bereich des Binnenhafens noch erkennbar. 1642 kam Harburg in den Besitz der Herzöge von Lüneburg-Celle und mit diesen 1705 zum Kurfürstentum Hannover, war also ab 1866 preußisch. Erst 1872 wurde Harburg durch eine Brücke über die Elbe mit Hamburg verbunden. Die Industrialisierung machte dank der günstigen Verkehrslage rasche Fortschritte.

Groß-Hamburg   Zusammen mit der Elbinsel ► Wilhelmsburg wurde Harburg 1927 zur Großstadt Harburg-Wilhelmsburg vereinigt, die im Rahmen des Groß-Hamburg-Gesetzes von 1937 in die Hansestadt Hamburg eingemeindet wurde. Im Zweiten Weltkrieg wurde über die Hälfte von Harburg zerstört.

✸ Helms-Museum · Hamburger Museum für Archäologie und die Geschichte Harburgs

Lage: Museumsplatz 2   **S-Bahn:** S 3, S 31 (Harburg Rathaus)

Öffnungszeiten:
Di.–So. 10.00–17.00

Am Museumsplatz lohnt das Helms-Museum (Hamburger Museum für Archäologie und die Geschichte Harburgs) einen Besuch. Das Museum wurde 1898 als Heimatmuseum für die Stadt und den Landkreis Harburg gegründet und nach seinem Mitbegründer, dem Harburger Mühlenkaufmann und Senator August Helms, »Helms-Museum« benannt. 1930 begann man, den Schwerpunkt der Sammlung und Forschung auf die Ur- und Frühgeschichte zu legen. Als **zentrales archäologisches Museum der Hansestadt** bietet es Einblick in die Geschichte Hamburgs und seiner Umgebung von der Steinzeit bis zum Mittelalter. Zudem wird die Geschichte der bis zum Jahre 1937 selbstständigen Stadt Harburg und ihres Umlandes mit seiner bäuerlichen Kultur dargestellt. Die Ausstellung informiert über die Kulturgeschichte der Menschen im Hamburger Raum, wobei die Geschichte der hier im frühen Mittelalter ansässigen Langobarden und der Sachsen einen breiten Raum einnimmt.

Die **Sammlung zur Harburger Stadtgeschichte** und zur Regionalgeschichte des nördlichen Niedersachsen wird in einem zusätzlichen Museumsgebäude (Hastedtstraße 30–32), der ehemaligen Feuerwache, gezeigt. Besonders anschaulich ist ein großes Heidedorfmodell des Landschaftsmalers Friedrich Schwinge.

Silberne Scheibenfibel (3. Jh.)

Weitere Sehenswürdigkeiten in Harburg

Nördlich vom Harburger Ring (S-Bahn-Station »Harburg Rathaus«) liegt der »Sand«, ein freier Platz mit einem Wochenmarkt. An der Südseite steht ein Mahnmal gegen den Faschismus von Esther und Jochen Gerz (1986), eine viereckige Stele, deren Bleimantel zum Eingravieren von Stellungnahmen auffordert und die im Laufe der Jahre Stück um Stück in einen Schacht abgesenkt wurde.

Sand

Ein regelrechtes kleines Idyll findet man an der Lämmertwiete, in der mehrere Fachwerkhäuser aus dem 17. und 18. Jh. restauriert bzw. stilgerecht wieder aufgebaut wurden. Zudem sorgen historische Straßenlaternen und alte Wirtshausschilder für Atmosphäre in der »Milieu-Insel Lämmertwiete«.

Lämmertwiete

Nordwestlich vom Sand steigt der Schwarzenberg an, auf dessen weitem Plateauplatz seit 1528 jedes Jahr im Juni das traditionelle Harburger Vogelschießen (»Vagelscheeten«) mit einem großen Volksfest stattfindet. In den Parkanlagen gibt es einen kleinen, Ende des 17. Jh.s angelegten jüdischen Friedhof und einen Soldatenfriedhof mit Offiziersgräbern aus dem 17. und 18. Jahrhundert.

Schwarzenberg

In den früheren Hallen der Phoenix-Gummiwerke hat die Falckenberg-Sammlung ihre Räume. Die Privatsammlung umfasst Werke der internationalen Gegenwarts- und Avantgarde-Kunst und gilt als eine der bedeutendsten privaten Sammlungen in Deutschland. Zukünftig wird sie mit den Deichtorhallen kooperieren (geöffnet: Ausstellungsbesuch nur nach Anmeldung, Tel. 040 – 32 50 67 62).

✷

Sammlung Falckenberg

🕐

Ziele in der Harburger Umgebung

1993 und 1994 ist man bei archäologischen Grabungen in Marmstorf, einem südlichen Vorort von Harburg, auf verschiedene Hausgrundrisse aus der späten Bronzezeit und frühen Eisenzeit gestoßen sowie auf Urnenbestattungsanlagen aus dem 2. Jh. n. Chr.

Marmstorf

Sinstorfer Kirche
Im ländlichen Sinstorf, dem südlichsten Vorort der Hansestadt, steht auf einem baumbestandenen Hügel eine ursprünglich im 12. Jh. erbaute, später mehrfach veränderte Feldsteinkirche, vermutlich der älteste Sakralbau auf Hamburger Stadtgebiet.

Telefonmuseum
Südlich von Harburg liegt der Hittfelder Bahnhof. In einem Teil des alten Gebäudes ist ein interessantes Telefonmuseum untergebracht, das aus einer beachtlichen Privatsammlung historischer Telefonapparate hervorgegangen ist (geöffnet Sa. und So. 14 .00– 18.00 Uhr oder nach Anmeldung: Tel. 0 41 05 – 1 26 76).

Harburger Berge
Im Westen von Harburg erstrecken sich die waldigen Harburger Berge, ein Geestrücken, der bis fast an die Elbe reicht. Sie werden auch Schwarze Berge genannt und haben Höhen bis zu 150 m. In diesem Naturpark gibt es ausgedehnte Waldgebiete mit schönen Wanderwegen. Beliebte Ausflugsziele sind die Neugrabener Heide, die Fischbeker Heide und der Wildpark Schwarze Berge.

Archäologischer Wanderpfad
Der vom Helms-Museum gestaltete archäologische Wanderpfad führt u. a. an Grabhügeln aus der Bronzezeit (Fischbeker Heide) und am mittelalterlichen Burgwall Hollenstedt vorbei (Bus 240 bis Waldfrieden; ab S-Bahn-Station Neugraben).

Historische Höfe und ländliche Idylle im Freilichtmuseum am Kiekeberg

✳ Freilichtmuseum am Kiekeberg

S-Bahn/Bus: S 3, S 31 (Harburg),   **Pkw:** A 7 bis Abfahrt HH-Marmstorf
dann Bus 244

Das Freilichtmuseum am Kiekeberg liegt in der Gemeinde Rosengarten und ist ein beliebtes Ausflugsziel der Hansestädter. Auf dem Gelände sind verschiedene Höfe und ländliche Gebäude aus dem 17. Jh. bis in die 1950er Jahre zu sehen, die ursprünglich in der nördlichen Lüneburger Heide standen und von 1953 an hier wiedererrichtet wurden. In ihrer jetzigen Anordnung stellen sie Gehöfte und Dörfer dar, wie sie früher für diese Gegend charakteristisch waren. Ein Beispiel: das ursprünglich 1797 in Kakensdorf erbaute Meybohmsche Haus, ein typisches niederdeutsches Fachhallenhaus (»Niedersachsenhaus«), um das sich mehrere Speicher, Scheunen, Schafstall, Backhaus und ein Ziehbrunnen gruppieren. Die vollständig eingerichteten Gebäude, ein Gemüse- und Kräutergarten sowie etliche Haustiere geben ein anschauliches Bild bäuerlichen Lebens vergangener Zeiten. Im Backhaus wird im Sommerhalbjahr donnerstags Brot gebacken und verkauft. Daneben finden regelmäßig weitere Handwerks- und Landwirtschaftsvorführungen statt. Außerdem gibt es einen Wassererlebnispfad.

⏱
Öffnungszeiten:
März–Oktober:
Di.–Fr. 9.00–17.00,
Sa., So. 10.00–18.00
Nov.–Februar:
Di.–So.
10.00–16.00

Baedeker TIPP

Stoof Mudders Kroog
Empfehlenswert zum Ausspannen wie zum Essen ist der »Stoof Mudders Kroog« direkt auf dem Gelände des Freilichtmuseums.

✳ Hauptbahnhof

Lage: Nordostrand der Innenstadt   **S-Bahn:** Hauptbahnhof
U-Bahn: Hauptbahnhof-Nord,
Hauptbahnhof-Süd

Als der Hamburger Hauptbahnhof am 6. Dezember 1906 eingeweiht wurde, ersetzte er eine Reihe kleinerer Bahnhöfe, die verstreut im Stadtgebiet lagen. Neben dem Hauptbahnhof sind der Dammtorbahnhof (► Dammtor), der Bahnhof Altona und der Harburger Bahnhof weitere wichtige Stationen für Fern- und S-Bahn-Verkehr.

Zentraler Bahnhof

Der Hauptbahnhof wurde zu Beginn des 20. Jh.s auf dem Gelände des früheren Stadtwalls errichtet, der Gleiskörper wurde in den ehemaligen Stadtgraben eingesenkt. Der Durchgangsbahnhof wird von einer 37 m hohen und 150 × 114 m weiten, dreischiffigen Stahl-Glas-Konstruktion überspannt. Der Hauptbahnhof wird täglich von rund 760 Fernzügen angefahren, dazu kommen etwa 1000 S-Bahn-Züge.

Fast 1800 Züge täglich

Die Wandelhalle des Hauptbahnhofs ist fast ein kleines Kaufhaus.

Empfangs-gebäude Anders als bei vielen anderen Durchgangsbahnhöfen wurde das Empfangsgebäude mit seinen zwei quadratischen Flankentürmen quasi als Brücke nördlich quer vor die Bahnsteighalle gesetzt. 1991 wurde die neu gestaltete Wandelhalle eröffnet, in der sich – neben zahlreichen Geschäften und Imbissbuden – auch eine Tourismus-information befindet.

Kultur in Bahnhofsnähe In unmittelbarer Nachbarschaft zum Hauptbahnhof befinden sich drei wichtige Hamburger Kulturstätten: die ▶Kunsthalle am Glocken-gießerwall, das ▶Deutsche Schauspielhaus an der Kirchenallee und das ▶Museum für Kunst und Gewerbe am Steintorplatz.

Heiligengeistfeld

L 10

Lage: 1,5 km westlich der Innenstadt   **U-Bahn:** U 3 (Feldstraße, St. Pauli), U 2 (Messehallen)

Dom Auf dem Heiligengeistfeld westlich der Großen Wallanlagen (▶Plan-ten un Blomen) findet der traditionelle Hamburger Dom, eines der größten deutschen Volksfeste, statt. Die überdimensionale Freifläche gehörte früher zum Heiligengeisthospital, später wurde sie u. a. als Exerzierplatz benutzt und 1894–1899 als Festplatz eingerichtet. Die ungewöhnliche Bezeichnung »Dom« leitet sich von einem früheren Jahrmarkt ab, der in einer Seitenhalle des 1806 abgerissenen Marien-doms (▶Bischofsburg) in der Altstadt abgehalten wurde. Das heutige Volksfest findet dreimal im Jahr statt.

Aus dem Zweiten Weltkrieg stammt der Luftschutzbunker am Nordrand des Heiligengeistfeldes, ein Hochbunker. Heute sind in dem **Medienbunker** Fotostudios und -galerien, Ateliers und Musikclubs untergebracht.

Neben dem Heiligengeistfeld liegt das Sportgelände des **FC St. Pauli**, 1910 gegründet und bis heute hochgradig beliebter Fußballverein. Der FC St. Pauli hat seinen unerschütterlichen Fankreis, der das Millerntor-Stadion bei Heimspielen zum Brodeln bringt.

Hamburger Dom: Riesenparty dreimal im Jahr

★ Jacobikirche

Lage: Steinstraße   **U-Bahn:** U 3 (Mönckebergstraße)

Mit ihrem Baubeginn 1350 ist die evangelischen Hauptkirche St. Jacobi als Bauwerk die älteste Kirche Hamburgs. Der Kernbau, eine dreischiffige gotische Hallenkirche aus Backstein, stammt aus dem 14./15. Jahrhundert. An der Nordseite des Chores wurde 1434–1438 die Sakristei errichtet. Das Obergeschoss, der heutige Herrensaal, war bis 1543 Bibliothek und dient jetzt als Sitzungssaal. Von 1493 bis 1508 erweiterte man die Kirche durch den asymmetrischen Anbau eines zweiten südlichen Seitenschiffs. 1587–1588 erhielt der Turm seinen ersten hohen kuppelartigen Helm mit Faltdach, Giebeln und Laternen. Der lang gestreckte Anbau an der Nordseite, das heutige Gemeindehaus, entstand 1707–1708 als Kirchenschule. Die Westfront bekam ihre jetzige Gestalt 1738–1742, die Eingangshalle an der Südseite ist neugotisch. 1823 hat man die alte Turmspitze durch eine neugotische, filigrane von Hermann Peter Fersenfeldt ersetzt. 1944 wurde die Jacobikirche schwer zerstört; fast alle Ausstattungsstücke konnten jedoch gerettet werden. 1963 war die Kirche wiederaufgebaut. Der Helm des 128 m hohen Turms ist eine Neuschöpfung der Architekten Bernhard Hopp und Rudolf Jäger und heute wesentliches Charakteristikum der Hamburger Silhouette.

⌚
Öffnungszeiten:
April–Sept. Mo.– Sa.
10.00–17.00,
Okt.–März Mo.–Sa.
11.00–17.00

Baugeschichte

Im Innern ist vor allem die 1689 – 1693 gebaute, 1990 – 1993 renovierte Arp-Schnitger-Orgel von Interesse – die größte im nordeuropäischen Raum erhaltene Barockorgel mit 3880 Pfeifen, 60 Registern und vier Manualen. 1720 spielte J. S. Bach darauf. Arp Schnitger (1648–1719), der bedeutendste Orgelbauer seiner Zeit in Nord-

Innenraum

◄ Schnitger-Orgel

Jakobikirche Orientierung

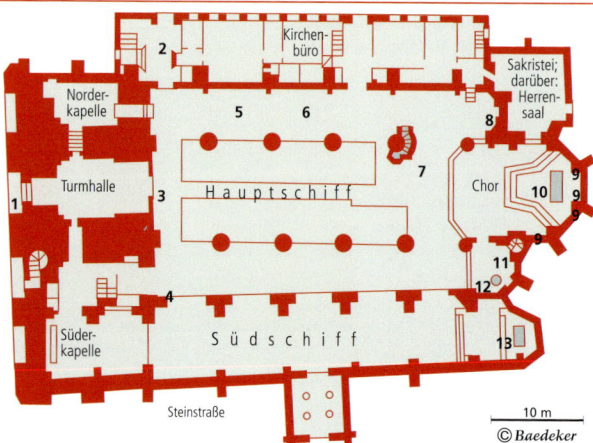

Steinstraße

10 m

© Baedeker

1 Portal (Bronzetüren, 1966)
2 Barocktreppenhaus
3 Arp-Schnitger-Orgel (1689-1693)
4 Kemper-Orgel (1960/1970)
5 "Der Tod und der reiche Mann"
　(Ölgemälde von David Kindt, 1622)
6 Hamburg-Ansicht
　(Gemälde von Joachim Luhn, 1681)
7 Kanzel (Marmor, Alabaster; 1610)

8 Figur des hl. Jacobus (Eiche, 17. Jh.)
9 Chorfenster
　(Glasmalerei von Carl Crodel, 1959)
10 St.-Trinitatis-Altar der Böttcher (1518)
11 St.-Petri-Altar der Fischer (um 1508)
12 Taufstein (Marmor, 1814)
13 St.-Lukas-Altar des Maleramtes
　(Anfang 16. Jh.; aus dem ehem. Mariendom)

deutschland, lebte in Hamburg, arbeitete aber auch für das Ausland.
Die größte der etwa 160 von ihm gebauten Orgeln befand sich in der
zerstörten Nikolaikirche (▶Nikolaikirchturm).
Erwähnenswert sind weiter der St.-Lukas-Altar (1499) aus dem ehemaligen Mariendom (▶Bischofsburg), der St.-Petri-Altar der Fischer
(um 1508) und der St.-Trinitatis-Altar der Böttcher (1510) im
Hauptchor, außerdem die mit Alabasterreliefs geschmückte Marmor-
kanzel (1610/11). Interessant ist eine Hamburger Stadtansicht (Joachim Luhn, 1681), auf der der erste hohe Jacobikirchturm zu
erkennen ist. Die Statue des hl. Jacobus, des Namenspatrons der Kirche, im linken Seitenschiff stammt aus dem 17. Jahrhundert.

★ **Jenischpark**

F 10

Lage: ca. 9 km westlich der Innenstadt　　**S-Bahn:** S 1, S 11 (Klein Flottbek)

**Park im
englischen Stil**　In Klein Flottbek, etwa auf Höhe Fährhaus Teufelsbrück, steigt jenseits der ▶Elbchaussee der Jenischpark an. Den wunderschönen, im
englischen Stil angelegten Park durchfließt von Norden nach Süden

die kleine Flottbek, das Flottbektal ist Naturschutzgebiet. Der Park wurde 1785–1828 im Auftrag des Kaufmanns Baron Johann Caspar Voght nach Plänen des schottischen Gartenarchitekten James Booth gestaltet und mit exotischen Bäumen bepflanzt. 1828 ging er in den Besitz des Hamburger Senators Martin Johann Jenisch über.

Jenisch ließ sich 1831 1834 nach Entwürfen von Karl Friedrich **Jenisch-Haus** Schinkel und Plänen von Franz Gustav Forsmann in dem Park ein Herrenhaus in klassizistischem Stil bauen, das heutige Jenisch-Haus (Baron-Voght-Straße 50). Es beherbergt heute eine Ausstellung über großbürgerliche Wohnkultur: Die Räume des Erdgeschosses entsprechen dem Stil der Bauzeit (Louis XVI bis Biedermeier); die Räume der beiden Obergeschosse umfassen die Stilepochen von der Spätrenaissance bis zum Jugendstil (geöffnet Di.–So. 11.00–18.00 Uhr). ⏱ Das Haus zeigt auch Wechselausstellungen zur bürgerlichen Kultur.

In der Nähe des Jenisch-Hauses steht seit 1962 das Ernst-Barlach- **Ernst-Barlach-** Haus, das der Hamburger Zigarettenindustrielle Hermann F. Reemtsma für seine Barlach-Sammlung gestiftet hat. Zu sehen sind zahlreiche Holzplastiken, Bronzen und keramische Arbeiten des Bildhauers, Grafikers und Dichters Ernst Barlach (1870 – 1938), darunter die bekannte Holzfigurengruppe »Fries der Lauschenden« sowie Barlachs nahezu gesamte Druckgrafik. Im Ernst-Barlach-Haus werden auch Wechselausstellungen mit Werken anderer Künstler gezeigt (geöffnet ⏱ Di.–So. 11.00–18.00 Uhr).

So wohnte Senator Jenisch zu Anfang des 19. Jahrhunderts.

Sehenswertes in Klein Flottbek

Botanischer Garten
Der 1979 eröffnete Botanische Garten der Universität Hamburg (Neuer Botanischer Garten) enthält rund 16 000 Pflanzenarten. Weite Teile der Anlage sind in Themengebiete wie Giftpflanzen, Mittelmeerflora oder Heidepflanzen gegliedert. Bemerkenswert ist die Abteilung zur Flora Chinas, mit einem von Hamburgs Partnerstadt Shanghai 1988 gestifteten chinesischen Pavillon und das Alpinum mit Hochgebirgspflanzen. Der Tertiärgarten zeigt Gesteinsarten. Besonders anschaulich ist die »System« genannte Abteilung. Dieser Bereich ist in der Art eines systematischen Stammbaumes aufgebaut, der stammesgeschichtliche Entwicklungen und Relationen der Pflanzen deutlich macht.

🕑 Der Garten ist täglich von 9.00 bis etwa 1,5 Std. vor Sonnenuntergang geöffnet.

✷ Jungfernstieg

M/N 10

Lage: an der Binnenalster
U-Bahn: U 1, U 2 (Jungfernstieg)

S-Bahn: S 1, S 2, S 3 (Jungfernstieg)

Klassische Flaniermeile
Der Jungfernstieg ist neben der Reeperbahn Hamburgs populärste Straße. Nicht selten sieht man hier einen deutschen oder zumindest Hamburger Promi beim Einkaufsbummel. Bereits 1665 wurde der Jungfernstieg als Spazierweg an der Südwestseite der Binnenalster

Am Jungfernstieg starten die kleinen weißen Alsterschiffe zu den beliebten Fahrten über die Alster und durch die Kanäle.

angelegt. Er zieht sich vom ▶ Gänsemarkt bis zur Reesendammbrücke. Am Jungfernstieg und in der unmittelbaren Umgebung geht
es im Großen und Ganzen ziemlich exklusiv zu: In den Alsterarkaden und den abzweigenden Einkaufsstraßen Neuer Wall und Große
Bleichen reihen sich die teuren Boutiquen. Aber auch große Kaufhäuser wie das »Alsterhaus« und der »Hamburger Hof« (▶Passagen)
sind hier zu finden.

Der Alsterpavillon gilt als Hamburgs bekannteste Gaststätte. Lange
Zeit war er ein klassisches Café inklusive musikalischer Untermalung
vom Flügel. Mittlerweile ist das Alex im Alsterpavillon ansässig, und
die Atmosphäre dementsprechend weniger gediegen. Geblieben ist
der herrliche Blick auf das Wasser. Das Gebäude geht auf das Jahr
1799 zurück, ist aber inzwischen sechsmal neu gebaut worden. Der
jetzige Pavillon stammt aus dem Jahr 1953. Schon Heinrich Heine
saß hier übrigens beim Kaffee und betrachtete die vorbeiflanierenden
Mädchen, »die schönen Kaufmannstöchter, mit deren Liebe man so
viel Geld bekömmt«.

★
Alsterpavillon

Der baumbestandene Neue Jungfernstieg zieht sich an der Westseite
der Binnenalster entlang. Hier reihen sich mehrere repräsentative
weiß getünchte Gebäude mit grünen Kupferdächern aneinander,
darunter das noble Stadthotel »Vier Jahreszeiten« (Nr. 9–14) und das
Haus des Übersee-Clubs (Nr. 19), ein spätklassizistischer Bau, 1831
bis 1833 nach Plänen von Franz Gustav Forsmann errichtet.

Neuer
Jungfernstieg

Am Ostufer der Binnenalster führt der von Geschäfts- und Kontorhäusern gesäumte Ballindamm von der Reesendammbrücke zur
Lombardsbrücke. Ursprünglich hieß er Alsterdamm, wurde dann
aber nach Albert Ballin (1857–1918), dem einstigen Generaldirektor
der HAPAG, benannt. Etwa in der Mitte des Ballindamms steht das
imposante Geschäftsgebäude der heutigen Hapag-Lloyd AG. 1901
wurde es gebaut und 1922/23 von Fritz Höger in Muschelkalk komplett erneuert. Am Ostufer befindet sich auch die Europapassage.

Ballindamm

★ Katharinenkirche

Lage: Katharinenkirchhof   **U-Bahn:** U 1 (Meßberg)

Schon 1256 wurde eine Katharinenkirche erwähnt, die auf der
Grimm-Insel (▶Nikolaifleet) errichtet worden war. Demnach hatte
man nur wenige Jahre nachdem das Inselchen in der Alstermündung
eingedeicht und ummauert worden war mit dem Kirchenbau begonnen. Benannt ist die Kirche nach der hl. Katharina, einer
alexandrinischen Prinzessin, die zu Beginn des 4. Jh.s als Märtyrerin
starb. Eine Figur der Heiligen ist außen an der Turmwand zu sehen.

🕐
Öffnungszeiten:
tgl. 10.00–17.00,
Okt.–März Sa., So.
nur bis 16.00

Kirchturm Von dieser ersten Kirche stammt noch der Turm, nicht allerdings der heutige Aufbau. Der 116 m hohe Turm hat eine ziemlich bewegte Geschichte hinter sich: 1601–1603 erhielt er eine hohe Spitze mit vergoldeter Krone, die jedoch bei einem Orkan abstürzte. Diese wurde 1656/57 durch den barocken Turmhelm ersetzt, der der Kirche heute ihr unverwechselbares Profil gibt. Oben etwas unterhalb der Spitze ist der Turm mit der so genannten Störtebeker-Krone verziert – Störtebeker-Krone deshalb, weil einer Legende zufolge das Gold für die Krone aus den zusammengeraubten Besitztümern Störtebekers stammte. Die Barockfassade an der Westseite des Turms stammt aus dem 18. Jahrhundert.

Das Kirchenschiff schließlich, eine Backsteinbasilika ohne Querschiff, entstand im 14./15. Jahrhundert. Die Katharinenkirche überstand den Brand 1842 zwar ohne Schäden, wurde dafür aber im Zweiten Weltkrieg schwer getroffen. 1956 war sie wieder aufgebaut.

Innenraum Das schlichte Weiß der geschlämmten Wände, Säulen und Gewölbe wird durch die farbigen Glasfenster von Hans Gottfried von Stockhausen (1955–1957) belebt. Von der alten Ausstattung sind lediglich zwei Epitaphien aus dem 17. Jh. und eine hölzerne Statue der heiligen Katharina aus der ersten Hälfte des 15. Jh.s erhalten. Ein drittes Epitaph wurde 1958 aus der zerstörten Nikolaikirche (▶ Nikolaikirchturm) übernommen.

Katharinenkirche Orientierung

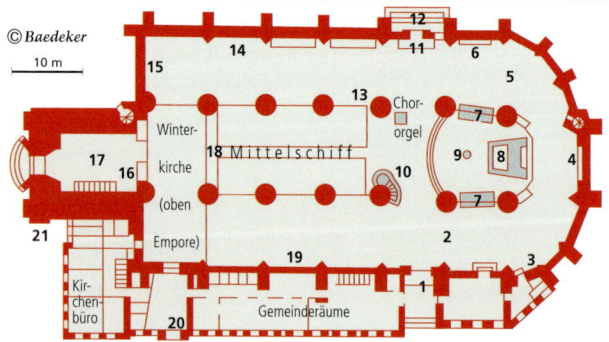

© Baedeker
10 m

1 Südportal (Bronzetor, 1963)
2 Holzkruzifix (Augsburg, um 1300)
3 Epitaph Caspar Moller († 1610)
4 Gloriafenster (1955)
5 Leib-Christi-Altar (Eisen, 1983)
6 Welken-Epitaph (Sandstein, 1566)
7 Chorgestühl (Eiche, 1960)
8 Altar (Muschelkalk / Bronze, 1956)
9 Taufbecken (Bronze, 1963)
10 Kanzel (Eiche, 1956)
11 Weihnachtsfenster (1956)

12 Nordportal (Renaissance, 1642)
13 Epitaph Georg v. d. Fechte († 1630)
14 Harfender David (Bronze, 1972)
15 Tauffenster (1959)
16 "Pamir"-Gedenktafel (21. 9. 1957)
17 Turmhalle (Kaufmannsdiele); im ersten Stock frühgotische Bögen
18 Große Orgel (1962)
19 Hl. Katharina (Holz, 15. Jh.)
20 Renaissanceportal (1640)
21 Hl. Katharina (Sandstein, 1630)

Die übrigen Stücke sind Neuerwerbungen oder moderne Werke aus der Nachkriegszeit, darunter der Altar aus Muschelkalk und vergoldeter Bronze, die Kemper-Orgel, der David an der Harfe, eine Bronzearbeit von K. H. Engelin, und der Leib-Christi-Altar von H. Lander. Die Holztafeln mit dem Gemäldezyklus »Weg ins Licht«, die in den Obergaden zu sehen sind, schuf die Malerin Prinzessin Ingeborg von Schleswig-Holstein im Jahr 1987.

✳ Köhlbrandbrücke

südl. J/K 7

Lage: 6 km südwestlich der Innenstadt
HADAG-Schiff: Linie 61

Bus: 151
Zufahrt: Autobahnanschlussstelle Waltershof (A 7)

1974 wurde die knapp 4 km lange Köhlbrandbrücke für den Autoverkehr freigegeben. Seitdem wird sie als ein weithin sichtbares Wahrzeichen der Hansestadt angesehen. Derzeit wird über einen Abriss spätestens 2028 und den Bau einer neuen Brücke diskutiert.
Die Köhlbrandbrücke überspannt in weitem Bogen den an dieser Stelle etwa 325 m breiten Köhlbrand, die Verbindung zwischen Sü-

Brücke und Wahrzeichen

1975 wurde die Köhlbrandbrücke als »schönste Brücke des Kontinents« mit dem Europäischen Stahlbaupreis ausgezeichnet.

derelbe und Norderelbe. Von beiden Seiten führen vierspurige Fahrbahnen auf langen geschwungenen Pfeilerreihen allmählich zur eigentlichen Hängebrücke mit den beiden 130 m hohen Pylonen, die die Seile halten, hinauf. Bei einer Durchfahrtshöhe von 53 Metern können auch Schiffe mit hohen Aufbauten und Masten die Brücke passieren. Über die Brücke dürfen ausschließlich Kraftfahrzeuge fahren; für Radfahrer und Fußgänger ist sie gesperrt.

✴ Kontorhausviertel

N 9

Lage: im östlichen Teil der Innenstadt
U-Bahn: U1 (Meßberg), U3 (Mönckeberg-straße)

S-Bahn: Hauptbahnhof

Bauensemble der 1920er-Jahre

Das Kontorhausviertel, das an der Stelle des Altstädter Gängeviertels entstanden ist, ist ein ausgesprochen eindrucksvolles Bauensemble der 1920er-Jahre. Wo einst eng bebaute Gassen mit lichtlosen Hinterhöfen das Stadtbild bestimmten, reihen sich heute wuchtige Kontorhäuser aneinander.

Einzelne Bauten lohnen einen genaueren Blick: Hervorzuheben ist das einzigartige ▶ Chilehaus. Der Meßberghof (urspr. Ballinhaus),

Fassade des Sprinkenhofs, erbaut von H. & O. Gerson und Fritz Höger

Ecke Meßberg/Pumpen ist ein hoher, dennoch aber gedrungen erscheinender Klinkerbau, der 1924 von den Architekten H. & O. Gerson entworfen wurde; der Figurenschmuck stammt vom Berliner Bildhauer Lothar Fischer (1997). Der dreiteilige Sprinkenhof zwischen Burchardstraße und Altstädter Straße ist ein mit Zierleisten und Keramiksteinen geschmückter großer Klinkerwürfel mit runden Anbauten; er wurde von Fritz Höger und den Architekten H. & O. Gerson entworfen (1927 bis 1943). Sehenswert sind außerdem der Mohlenhof (1935) am Burchardplatz und der Montanhof (1924 bis 1926) an der Ecke Niedernstraße und Kattrepel. Vom Burchardplatz aus ergibt sich der beste Eindruck der massiven Bauten.

Schopenstehl

In Fortsetzung der Niedernstraße führt die Straße »Schopenstehl« nach Westen zum Alten Fischmarkt. Am Schopenstehl ist ein bemerkenswertes dreigeschossiges Bürgerhaus (Nr. 32/33) aus dem 18. Jh. erhalten. Das Giebelhaus von ca. 1750 trägt eine schöne Rokokofassade und ein Doppelportal mit reich geschnitzten Türflügeln.

Krameramtswohnungen

M 9

Lage: Krayenkamp 10
U-Bahn: U 3 (Rödingsmarkt)

S-Bahn: S 1, S 2, S 3 (Stadthausbrücke)

Neben der ►Michaeliskirche kommt man über den Eingang Krayenkamp 10 zu den Krameramtswohnungen, die versteckt in einer Wohnhofanlage liegen, wie sie für das Hamburg des 17. Jh.s charakteristisch war. Ein heute idyllisch anmutendes Stückchen Alt-Hamburg ist hier erhalten und als letztes solcher Wohnviertel unter Denkmalschutz gestellt. In dem malerischen Hof gibt es eine Kunstgalerie, Antiquitäten- und Andenkengeschäfte sowie ein gemütliches Restaurant im althamburgischen Stil.

Malerisches Alt-Hamburg

Hier kann man sich am besten vorstellen, wie es in Hamburg im 17. Jahrhundert aussah.

1676 erwarb das Krameramt, die Berufsvereinigung der Krämer, das Grundstück am Krayenkamp und ließ die zwei Wohnflügel für die Witwen von Krämern bauen. Nach Einführung der Gewerbefreiheit (1866) gingen die Häuser in den Besitz der Stadt über und wurden für Altenwohnungen genutzt. Ein originelles Detail stellen die gedrehten Schornsteine auf den Dächern dar. Vom Hofende hat man einen schönen Blick auf den »Michel«, der die Dächer überragt.

Im Haus C befindet sich eine historisch eingerichtete **Witwenwohnung**, die man besichtigenkann (geöffnet Di.–So. 10.00–17.00 Uhr).

Kunsthaus · Kunstverein

O 9

Lage: Klosterwall 15 (Kunsthaus)   **U-Bahn:** U 1 (Steinstraße)
Klosterwall 23 (Kunstverein)

Öffnungszeiten:
Kunstverein:
Di.–So. 12.00–18.00
Kunsthaus:
Di.–So. 11.00–18.00

Seit 1993 haben das Kunsthaus und der Kunstverein ihren Sitz in der ehemaligen Markthalle am Klosterwall. Auf einer Fläche von 500 m² werden im Kunsthaus Wechselausstellungen zur zeitgenössischen Kunst gezeigt. Schwerpunkt ist die Präsentation und Förderung von Künstlerinnen und Künstlern aus Hamburg und der Region. Im Rahmen von Austauschprojekten werden auch internationale Künstler präsentiert.

1817 wurde der »Kunstverein in Hamburg« als »Verein bürgerlicher Kunstliebhaber« gegründet. Man wollte damals zunächst nur zeitgenössische Künstler aus Hamburg ausstellen. Aber schon wenig später wurde dieser begrenzte Kreis erweitert und auch auswärtigen Künstlern die Gelegenheit gegeben, ihre Werke zu präsentieren. 1826 fand die erste Ausstellung statt. Heute werden im Kunstverein kleine, aber feine Ausstellungen von modernen Kunstwerken und Installationen veranstaltet.

＊ Landungsbrücken

L 9

Lage: 2 km südwestlich der Innenstadt   **S-Bahn:** S 1, S 2, S 3 (Landungsbrücken)
U-Bahn: U 3 (Landungsbrücken)

Spaziergänger
und Ausflügler

Ohne die Landungsbrücken wäre Hamburg nicht Hamburg. An sonnigen Sonntagen sind sie innerstädtisches Familienausflugsziel und fast schon »Flaniermeile« mit vielen Fischlokalen, Hafenkneipen und Bänken zum Sitzen und Gucken. Mittendrin werben Hamburger Seebären mit ihren weißen Kapitänsmützen für Hafenrundfahrten. Hier starten die großen Ausflugsschiffe und die kleinen Barkassen zu den Hafenrundfahrten, und zum Hafengeburtstag und zu Silvester sind die Landungsbrücken alljährlich hoffnungslos überfüllt.

Auf fast 700 m Länge ist an den Landungsbrücken Platz für jede Menge Schiffe.

Die Landungsbrücken – in ▶St. Pauli gelegen und daher offiziell St.-Pauli-Landungsbrücken – sind ein schwimmender Bahnhof. 1839 wurden sie als Anlegestation für den Dampfschiffverkehr nach Übersee gebaut. Von hier aus starteten Millionen von Auswanderern in die Neue Welt und von hier legten lange Zeit die Fähren nach England ab. Das 200 m lange Empfangsgebäude entstand zwischen 1907 und 1909. Die architektonische Gestaltung des Jugendstilbaus stammt von L. Raabe und O. Wöhlecke. Der mittlere Gebäudeteil, in dem auch die Touristeninformation zu finden ist, ist 1975–1976 als »Brückenhaus« neu entstanden. Am östlichen Ende gibt es am Uhrturm eine 1989 eingebaute ehemalige Feuerglocke, die durch eine so

Schwimmender Bahnhof

> **? WUSSTEN SIE SCHON …?**
>
> ■ Die Bezeichnung »Glasen« kommt von der Zeitmessung mit dem Stundenglas, das jede halbe Stunde umgedreht werden musste.

genannte Glasenuhr jede halbe Stunde zum Schlagen, seemännisch zum »Glasen«, gebracht wird. Auf der anderen Seite, am Westende des Empfangsgebäudes, sieht man den Kuppelbau, durch den man in den Alten ▶Elbtunnel kommt.

An der insgesamt fast 700 m langen Pontonmeile hinter dem Empfangsgebäude machen die Ausflugsschiffe und Barkassen fest. Zu den schwimmenden Pontons führen zehn Brücken, die wegen des mit den Gezeiten wechselnden Wasserstandes beweglich sind. Die Pontonmeile wurde in den 1950er-Jahren neu gestaltet. Das begehbare Dach bildet ein durchgehendes Promenadendeck, Sitzbänke laden zum kontemplativen Hafenblick ein. Unter anderem erkennt man weiter östlich das Zelt des Musicaltheaters.

Pontonbrücke

✳
◀ Hafenblick

✳
»Rickmer Rickmers«

An Brücke 1a (»Fiete«-Schmidt-Anleger) liegt seit 1987 das Museumsschiff »Rickmer Rickmers«, ein 1896 auf der Rickmers-Werft in Bremerhaven gebauter Dreimaster (3067 TDW; 97 m lang,

12,20 m breit; 3500 m² Segelfläche, 50 m hohe Masten), der zunächst als Frachtschiff fuhr. 1916 wurde die »Rickmer Rickmers« vor den Azoren beschlagnahmt und fuhr dann bis 1962 als Schulschiff unter portugiesischer Flagge. Anschließend wurde sie abgetakelt, 1983 aber von dem eigens für diesen Zweck gegründeten Verein »Windjammer für Hamburg« erworben und gänzlich restauriert. Benannt ist die »Rickmer Rickmers« nach dem damals vierjährigen Enkel des Werftgründers, die Galionsfigur zeigt den kleinen Namensgeber. Die »Rickmer Rickmers« kann täglich zwischen 10.00 und 17.30 Uhr besichtigt werden; an Bord gibt es ein Restaurant.

»Cap San Diego«

Unweit der »Rickmer Rickmers« liegt mit der »Cap San Diego« ein weiteres Museumsschiff vor Anker (▶3D-Darstellung S. 186).

Flutmarke 1962

Gegenüber der »Rickmer Rickmers« zeigt eine Flutmarke den Wasserstand, den die Elbe bei der verheerenden Flut 1962 erreichte (▶Baedeker Special S. 282).

Überseebrücke

Weiter östlich kommt man zur Überseebrücke mit einer Reihe von Schwimmpontons, an denen Segelschulschiffe aber auch Kriegsschiffe anlegen, die anlässlich von Flottenbesuchen nach Hamburg kommen. Zuweilen können diese besichtigt werden (Bekanntgabe der Einlasszeiten an der Gangway).

Umgebung der Landungsbrücken

✳
Hafenblick vom Stintfang

Hinter den Landungsbrücken steigt das Elbeufer an. Diese Anhöhe, ein Geestausläufer, wird Stintfang (von dem Fisch Stint) genannt. Von hier oben hat man eine herrliche Aussicht auf den Hafen. Am Hang darunter wurden 1995 Weinstöcke angepflanzt, die das »Stuttgarter Weindorf« gestiftet hatte. Ein Stück weiter landeinwärts kommt man zum weithin sichtbaren **Bismarck-Denkmal**, das 1903 bis 1906 errichtet wurde. Die als Rolandsfigur stilisierte Figur von Reichskanzler Fürst Otto von Bismarck (1815–1898) ragt auf einem 20 m hohen Sockel 14,80 m in die Höhe und sollte den Schutz des Deutschen Reichs für den Hamburger Welthandel symbolisieren.

★ ★ Michaeliskirche · »Michel«

Lage: Krayenkamp
U-Bahn: U 3 (Baumwall, Rödingsmarkt, Landungsbrücken)

S-Bahn: S 1, S 2, S 3 (Stadthausbrücke, Landungsbrücken)
Internet: www.st-michaelis.de

Der »Michel« ist Hamburgs altes Wahrzeichen, wobei man unter »Michel« eigentlich nur den Kirchturm der Michaeliskirche versteht. Die evangelische Hauptkirche St. Michaelis ist die jüngste von Ham-

Wahrzeichen der Stadt

burgs Hauptkirchen. Unter den nordischen Barockkirchen ist sie die schönste, wenngleich man es heute mit einem mehrfach erneuerten Nachbau zu tun hat.

Ein **erstes Gotteshaus** mit dem Namen St. Michaelis war eine erweiterte Friedhofskapelle (1606 geweiht) etwa 200 m weiter östlich, wo heute die katholische Kirche St. Ansgar – der so genannte »Kleine Michel« – steht. Die erste Große Michaeliskirche wurde 1647–1661

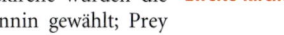

! *Baedeker* TIPP

Nachtmichel

Auch abends kann man auf den Turm des Michel: Man genießt den Blick auf das nächtliche Hamburg und bekommt ein Getränk serviert – besonders lohnend ist das natürlich bei Feuerwerk! Die Öffnungszeiten sind witterungsabhängig, Tel. 28 51 57 91.

am heutigen Standort von Christoph Corbinus und Peter Marquardt als dreischiffige Basilika gebaut. Sie sank am 10. März 1750 nach einem Blitzschlag brennend in sich zusammen. Deshalb baute man 1757 vorerst die fünf Jahre zuvor abgebrochene Kleine St.-Michaelis-Kirche wieder auf; 1824 wurde diese der katholischen Gemeinde überlassen und offiziell in St. Ansgar umbenannt.

Für den Neubau der zweiten Großen Michaeliskirche wurden die Baumeister Leonhard Prey und Ernst Georg Sonnin gewählt; Prey

Zweite Kirche

hat nur den Anfang erlebt. Sonnin errichtete die neue Kirche 1750 bis 1762 und später von 1776 bis 1786 den Turm. In Kreuzform erbaut, von nur vier mächtigen Pfeilern getragen, sodass von jedem Platz der Blick zu der kelchförmigen Kanzel frei ist, wurde die Barockkirche beispielhaft für den Typus evangelischer Predigtkirchen.

! *Baedeker* TIPP

Turmblasen

Seit über zweieinhalb Jahrhunderten besteht der Brauch des Turmblasens, den man keinesfalls versäumen sollte. Werktags um 10.00 Uhr und um 21.00 Uhr, sonntags um 12.00 Uhr wird vom Turm des Michel in alle Himmelsrichtungen ein Choral geblasen; an Festtagen musiziert ein Bläserchor auf der Plattform.

Am 3. Juli 1906, einem glutheißen Sommertag, zerstörte ein Brand, der durch Lötarbeiten ausgelöst wurde, die Kirche samt Turm bis auf die Außenmauern. Mit Hilfe des Senats, der Bürgerschaft und vieler Spender aus aller Welt konnte der **dritte Kirchenbau** 1907–1912 getreu dem Sonninschen Original ◀ Weiter auf S. 218

MICHAELISKIRCHE · »MICHEL«

✱✱ **Schon immer sahen die auf der Elbe heimkehrenden Seeleute von ihrer Stadt den »Michel« als erstes. Heute besuchen jährlich über eine Millionen Touristen das Wahrzeichen Hamburgs.**

Öffnungszeiten Kirche und Turm:
Mai–Okt.: tgl. 9.00–19.30, So. ab 12.30
Turm bis 19.30
Nov.–April: tgl. 10.00–17.30, So. ab 12.30,
Turm bis 17.30
Führungen nach Vereinbarung: Tel. 3 76 78 132

① Altar
Der beeindruckende Altar von 1910 bindet sofort die Blicke des Betrachters.

② Kanzel
Als geschwungener Kelch aus Marmor steht die Kanzel frei im Raum. Otto Lessing schuf sie 1910 in Anlehnung an die Form des Vorgängers.

③ Taufbecken
Das marmorne Taufbecken stifteten in Italien lebende Hamburger Kaufleute.

④ Große Orgel
Die größte der drei Orgeln besteht aus 6665 Pfeifen, 86 klingenden Registern und fünf Manualen.

⑤ Aussichtsplattform
Auf 82,54 m Höhe gelangt man über mehr als 400 Stufen oder mit dem Fahrstuhl (Achtung: auch dann sind noch 53 Stufen zu bewältigen). Belohnt wird man mit einem überwältigenden Rundblick über ganz Hamburg.

⑥ Turmuhr
Die größte Turmuhr Deutschlands: Die Zifferblätter haben einen Durchmesser von 8 m, die großen Zeiger sind je 4,91 m, die kleinen 3,65 m lang. Die Ziffern haben die beachtliche Höhe von 1,35 m.

Michaeliskirche (Michel) *Orientierung*

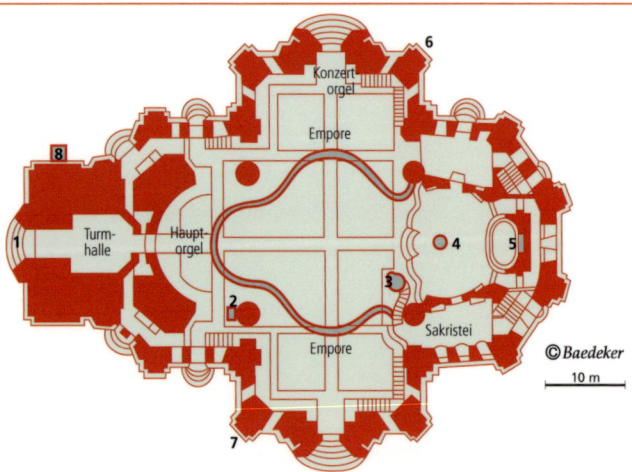

1 Hauptportal (oben St. Michael)
2 »Gotteskasten« (ehem. Opferstock, 1763)
3 Kanzel (italien. Marmor, 1912)
4 Taufstein (aus Livorno, 1763)
5 Hochaltar (italien. Marmor, 1912)
6 Bronzebüste des Bürgermeisters
   Johann Heinrich Burchard (1852-1912)
7 Relief des Kirchenerbauers
   Ernst Georg Sonnin (1712-1794)
8 Bronzestandbild Martin Luthers

Täglich blasen die Türmer
vom Michel herab.

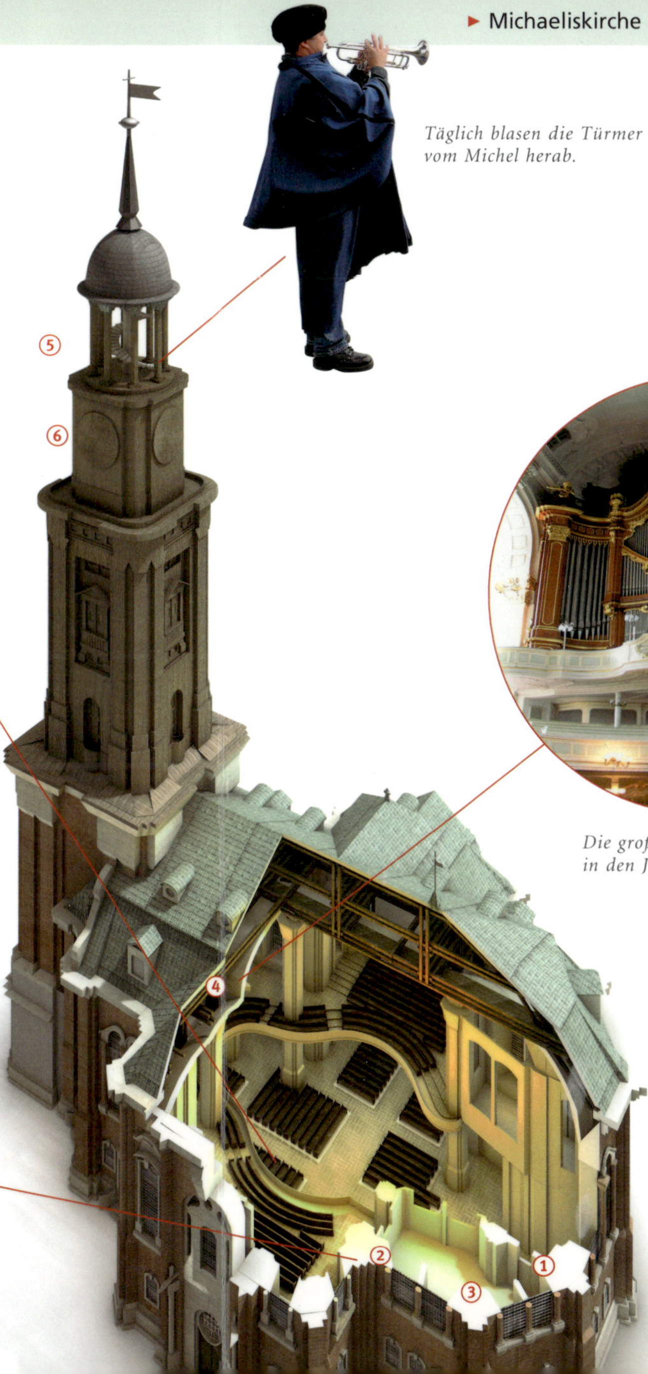

Im barocken Innenraum hat man häufig
Gelegenheit, ein Konzert zu genießen.

Die große Orgel schuf G. F. Steinmeyer
in den Jahren 1961 und 1962.

Die marmorne Kanzel ist das Schmuckstück des
Altarraums.

© Baedeker

mit seinen Ausmaßen von 71×51 m wieder aufgebaut werden. Im Zweiten Weltkrieg wurde die Kirche erneut schwer beschädigt und 1952 wieder hergestellt.

★ **Innenraum** Das in Weiß und Gold gehaltene Kirchenschiff entspricht in der Raumbildung dem Sonninschen Bau, da die Umfassungsmauern mit den Pfeilern beim Brand 1906 erhalten blieben. Der 27 m hohe Innenraum mit 2500 Sitzplätzen besticht durch die freitragende Decke, die geschwungenen Emporen und den 20 m hohen marmornen Altar von 1910. Ebenfalls aus Marmor sind die Kanzel und der alte Taufstein. Den barocken Opferstock aus Bronze stiftete Baumeister Sonnin 1763.

Musik in der Michaeliskisrche Die Kirche eignet sich hervorragend für Konzerte. Der Gemeinde angeschlossen sind der St.-Michaelis-Chor sowie der St.-Michaelis-Knaben-und-Jugendchor. Alljährlich werden am Palmsonntag die Matthäuspassion von J. S. Bach und am letzten Sonntag vor Weihnachten das Weihnachtsoratorium aufgeführt. Im November finden jeweils Bachwochen statt. Die drei Orgeln der Kirche erklingen täglich bei einer Mittagsandacht zwischen 12.00 und 12.15 Uhr. Im Rahmen einer umfangreichen Sanierung wurde auch ein auf dem Dachboden von St. Michaelis installiertes Fernwerk wieder funktionstüchtig gemacht.

★ **Kirchturm** Die Höhe des Turms, des eigentlichen Michel, beträgt 132,14 m. Er besteht unten noch aus dem Sonninschen Mauersockel, oben aus einer kupferummantelten Eisenkonstruktion und einer vergoldeten Turmspitze. Das Turmgeläut besteht aus fünf verschiedenen Glocken, deren Gewichte zwischen 4900 und 1103 kg liegen. Wer sich für die Vergangenheit der Hansestadt interessiert, kann sich eine **Multivisions-Diashow** zur Geschichte Hamburgs ansehen.

In der **Krypta** unter der Kirche ist die Dauerausstellung »Michaelitica« eingerichtet. Zu sehen sind Dokumente zur Bau- und Kirchengeschichte, darunter Kopien von Dokumenten, die beim Bau der zweiten Kirche 1778 in der Turmkapsel deponiert und nach dem Brand von

← *Ein schönes Fotomotiv mit Michel*

1906 geborgen wurden. Weiter sind Erinnerungsstücke von der zweiten Kirche ausgestellt, u. a. die Zeiger der Turmuhr und die Wetterfahne. Außerdem sieht man die Grabplatten von Ernst Georg Sonnin († 8. 7. 1794) und von Carl Philipp Emanuel Bach († 14. 12. 1788), der hier Organist war, sowie von einigen Hamburger Bürgermeistern (geöffnet: täglich von 9.00–19.30, Nov.–April 10.00–17.30 Uhr).

Mönckebergstraße

N 10

Verlauf: zwischen Hauptbahnhof und
Rathausmarkt
U-Bahn: U 3 (Mönckebergstraße)

S-Bahn: Hauptbahnhof

Hamburgs Mönckebergstraße – benannt nach dem Bürgermeister Johann Georg Mönckeberg (1839–1908) – ist mit mehreren großen Warenhäusern und zahlreichen Filialen bekannter Geschäftsketten eine beliebte Einkaufsstraße in der City, wobei das exklusivere Angebot eher um den Jungfernstieg herum zu finden ist.
Als 1905 der Bau der Mönckebergstraße beschlossen wurde, nahm man die Zerstörung eines alten Gängeviertels in Kauf, in dem überwiegend arme Leute wohnten und in dem 1892 die Cholera gewütet hatte. Statt einer Sanierung zog man es vor, eine Achse vom Hauptbahnhof bis zum Rathaus zu schlagen und mit großen Kontorhäusern zu bebauen. Zeitgemäß und dem Image einer Handelsstadt angemessen, sollte hier im Zentrum in Bahnhofsnähe das Geschäftsleben pulsieren. 1908 wurde abgerissen und von 1911 bis 1913 die neue Mönckebergstraße bebaut.

Beliebte Einkaufsstraße

Wer mitten im Einkaufsbummel noch Sinn für Architektonisches hat, bekommt Interessantes zu sehen: Vom Hauptbahnhof aus gesehen steht gleich am Anfang der Mönckebergstraße das Klöpperhaus, ein Klinkerbau von Fritz Höger, 1912/13 erbaut und mit Tierplastiken von August Gaul versehen. Dargestellt sind Schafe, denn Klöpper hatte das Haus für den Wollhandel errichten lassen. Das Kontorhaus wurde 1967 zum Warenhaus (Kaufhof) umgebaut.

Klöpperhaus

Das Levante-Haus (Mönckebergstraße 7) wurde ebenfalls 1912/13 errichtet. Im Innern befindet sich eine Passage mit lustigen Tierskulpturen an den Treppenaufgängen.

Levante-Haus

Ebenfalls von Fritz Höger, dem Erbauer des ► Chilehauses, stammt das Rappolt-Haus (Mönckebergstraße 11) aus den Jahren 1911/12.

Rappolt-Haus

An der platzartigen Erweiterung, an der Spitalerstraße und Mönckebergstraße zusammenkommen, steht ein kleiner Tempel, in dem sich u. a. eine Ticketvorverkaufsstelle der Kulturbehörde befindet. In frü-

Mönckeberg-brunnen

Schöne Fassade – das Levantehaus

heren Zeiten hatte hier eine Bibliothek ihre Räume. Der kleine, aber auffällige Bau stammt von Fritz Schumacher, ebenso der Mönckebergbrunnen von 1913, dessen Skulpturen erst später (1926) von Georg Wrba gestaltet wurden.

Am hinteren Ende des Gerhart-Hauptmann-Platzes steht das 1843 gegründete **Thalia-Theater**, das noch im April 1945 zerstört und wieder aufgebaut wurde, wobei die ursprüngliche Fassade erhalten blieb. Intendanten des Thalia-Theaters waren in den letzten Jahrzehnten Boy Gobert, Peter Striebeck und Jürgen Flimm, seit 2009 ist Joachim Lux Intendant.

Ecke Gerhart-Hauptmann-Platz/ Mönckebergstraße steht das riesige **Karstadt-Gebäude**, das Rudolph Karstadt 1912 direkt als Kaufhaus bauen ließ. Im Erdgeschoss ist in den Fußboden eine Windrose mit der Darstellung des zehnten Längengrades östlich von Greenwich eingelassen, der hier verläuft.

Hulbehaus Auffällig ist das relativ kleine Gebäude Nr. 21 direkt neben der Petrikirche, das Georg Hulbe offenbar in bewusstem Gegensatz zu den Kontorhäusern im Neo-Renaissancestil hat bauen lassen.

✸ Museum der Arbeit

Q 13/14

Lage: Wiesendamm/Maurienstr. (Barmbek) **S-Bahn:** S 1, S 11 (Barmbek)
U-Bahn: U 3 (Barmbek) **Internet:** www.museum-der-arbeit.de

🕐 Öffnungszeiten:
Mo. 13.00–21.00
Di.–Sa. 10.00–17.00
So. 10.00–18.00

Das Museum der Arbeit präsentiert seine ständige Ausstellung in Räumen der Fabrik der »New-York Hamburger Gummiwaaren Compagnie«, die bis 1954 ihren Sitz in Barmbek hatte und dann nach Harburg ging. Das Fabrikensemble, dessen Anfänge ins Jahr 1871 datieren, ist eines der ältesten in Hamburg. Trotz schwerer Zerstörungen im Zweiten Weltkrieg sind noch Teile der Alten Fabrik von 1871, der Zinnschmelze, des Kesselhauses, des Torhauses und der Neuen Fabrik von 1908 erhalten.

Das Museum der Arbeit zeigt auf drei Etagen der Neuen Fabrik seine sehenswerten Ausstellungen zur Industriegeschichte Hamburgs. Zentrales Thema ist die Veränderung der Arbeitswelt in den letzten 150 Jahren, insbesondere durch den Einfluss der Industrialisierung. Exemplarisch werden verschiedene, für die Stadt typische Bereiche der Arbeitswelt – Fisch- und Druckindustrie, Hafen- und Kontorarbeit sowie Arbeit im Haushalt in sieben großen Themenkomplexen vorgestellt. Besonderen Wert legt das Museum auf eine lebendige Präsentation: So kann man diverse Maschinen in Aktion erleben oder in Workshops Dinge selber fertigen. Immer am Wochenende wird beispielsweise die alte Kammsäge vorgeführt mit der einst Kämme gesägt wurden.

> ! **Baedeker TIPP**
>
> **Drucksachen selbst herstellen**
> Montags zwischen 18.00 und 21.00 Uhr leiten ehrenamtliche Mitarbeiter des Museums Interessierte in der Herstellung von Drucksachen im Handsatz und Buchdruck an. Hier kann man beispielsweise seine eigene Visitenkarte oder das eigene Briefpapier herstellen.

Unter dem Thema »Alltag im Industriezeitalter – Dinge und Dokumente« sind eine Reihe von Einzelobjekten zu sehen – alltägliche und ausgefallene Dinge, wie z. B. eine Stechuhr von 1900. **Themen-komplexe**
Unter dem Titel »Fundsache Arbeitsort – Metallwarenfabrik Carl Wild« wird die Arbeitswelt eines Betriebes veranschaulicht, der Anstecknadeln, Broschen und Abzeichen aller Art produzierte. Gezeigt wird eine Arbeitsstätte mit ihrem Originalinventar aus den 1930er- und 1940er-Jahren vermischt mit modernen Gegenständen.

Ein Blick in die Setzerei in der Abteilung »Graphisches Gewerbe«

Die Ausstellungseinheit »Grafisches Gewerbe: Mechanisierungen und Ende des Buchdrucks« thematisiert die grundlegenden Umwälzungen in diesem Berufszweig und deren Folgen für die Beschäftigten.

Kontorarbeit ► »Arbeit im Kontor – Handel mit Übersee« verfolgt am Beispiel der Rohstoffe Kautschuk und Kakao die verschiedenen Stationen eines Handelsgeschäfts in Hamburg und in Übersee: die Arbeit in den Kontoren in der Stadt ebenso wie die Arbeit der Menschen in den tropischen Herkunftsländern der Rohstoffe. Am Beispiel der »New-York Hamburger Gummiwaaren Compagnie« werden Besucher über die Entwicklung und Geschichte von Hartgummi, einem der ältesten **Kakao zum** industriell genutzten Kunststoffe, informiert. Die Produkte sind hier **Riechen ►** sogar sinnlich erfahrbar, denn es gibt verschiedene Kakaoproben zum Riechen und Kautschuk zum Anfassen.

Tabakhistorische Zum Museum gehört auch die Tabakhistorische Sammlung Reemts-**Sammlung** ma, aus der immer wieder Sonderausstellungen produziert werden.
Reemtsma ► Einmalig in der deutschen Museumslandschaft ist schließlich der Komplex »Frauen und Männer: Arbeits- und Bilderwelten«, der Themen wie die geschlechtsspezifische Arbeitsteilung in Erwerbs- und Familienarbeit sowie den historischen Wandel der Rechte und Rollen von Frauen darstellt.

»Trude« ► Auf dem Fabrikgelände wurde am 1. September 2001 das Schneidrad der »Trude« aufgestellt (►Elbtunnel).

✷ Museum für Hamburgische Geschichte – Hamburg Museum

L 10

Lage: Holstenwall 24   **U-Bahn:** U 3 (St. Pauli)
Internet: www.hamburgmuseum.de

🕐
Öffnungszeiten:
Di.–Sa. 10.00–17.00
So. 10.00–18.00

Das Museum für Hamburgische Geschichte gibt einen hervorragenden und kurzweiligen Einblick in den Werdegang der Hansestadt von der Gründung bis heute. Schifffahrt und Hafen sind wichtige Themen, ebenso Handel, Gewerbe und das Münzwesen. Zu sehen sind außerdem Mode, Kleidung und Wohneinrichtungen aus verschiedenen Jahrhunderten, und jüdisches Leben in Hamburg wird thematisiert.

1839 hatte der »Verein für Hamburgische Geschichte« begonnen, Originalstücke aus Hamburgs Vergangenheit zusammenzutragen.

Durch den Brand von 1842 und die 1883 für den Bau des Freihafens abgerissenen Straßenzüge vergrößerte sich die Sammlung so

✔ NICHT VERSÄUMEN

■ Die Kommandobrücke des Frachtdampfers »Werner«, der zwischen 1909 und 1959 die Weltmeere befuhr
■ Die 250 m² große Modelleisenbahn
■ Die Abteilung Hamburg im 20. Jh. ist nicht nur wegen der vielen multimedialen Präsentationen sehr sehenswert.

Museum für Hamburgische Geschichte *Orientierung*

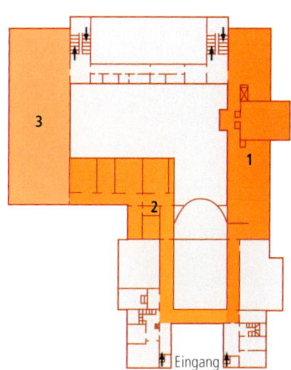

2. Obergeschoss :

1 Juden in Hamburg
2 Bürgerliche Kultur 17. -19.Jh.
3 Modelleisenbahn

1. Obergeschoss :

1 Mittelalter und Reformationszeit
2 Frühe Neuzeit,
  Hamburg 1650 bis 1840
3 Hamburg 1840 bis heute

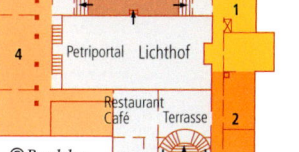

Erdgeschoss :

1 Musik und Kunst, Theater und Wissenschaft
2 Bürgerliche Kultur 16.-20. Jh., Kleidung, Mode
3 Hamburg im 20. Jh.
4 Sonderausstellungen

© Baedeker

Hafen- und Seemannskneipe um 1900

sehr, dass die Errichtung eines eigenen Museumsgebäudes notwendig wurde. Nach Plänen von Fritz Schumacher wurde 1913 – 1923 auf einer früheren Bastion der Stadtbefestigung ein phantasievoll gegliedertes Backsteingebäude errichtet.

Lichthof 1989 erhielt das Museum mit dem Lichthof ein neues architektonisches Highlight, das bereits im Originalentwurf von Fritz Schumacher angedacht war. Der Lichthof dient einerseits als Ausstellungsfläche für große Exponate, andererseits wird er auch für Veranstaltungen genutzt. Bemerkenswertes Detail im Lichthof ist das frühere Südportal der ►Petrikirche.

Museumsbereiche

Erdgeschoss Im Erdgeschoss wird neben Wechselausstellungen bürgerliche und großbürgerliche Kleidung aus der Zeit von 1550 bis 1920 gezeigt. In einem Raum sind verschiedene historische Musikinstrumente ausgestellt, ein weiterer ist dem Theaterwesen (Hamburgs Barockoper, Geschichte der Hamburger Theater) und der Wissenschaft in Hamburg gewidmet. U. a. ist das Phantasiemodell des Salomonischen Tempels in Jerusalem zu sehen (um 1680).

Hamburg im 20. Jh. ► Die Abteilung »Hamburg im 20. Jahrhundert« zeigt den Alltag im Hamburg der Kaiserzeit bis heute. Thematisiert werden z. B. der Bau der beiden Elbtunnel, der Abriss des Gängeviertels und die Sturmflut von 1962, aber auch der denkwürdige Aufstieg der Beatles in Hamburg oder das Kapitel Hafenstraße.

Einer der Höhepunkte des Museums ist die Abteilung »Aufbruch in die Moderne« im ersten Obergeschoss. Hamburgs Ära als Auswandererhafen im 19. Jh. sowie der Aufschwung der Hansestadt in Handel und Schifffahrt stehen im Mittelpunkt dieser Ausstellung. Auch dem spektakulären Brand von 1842 gilt ein Schwerpunkt. Die Themen »Der Große Brand«, »Auswanderung über Hamburg« und »Überseehandel« werden in teilweise aufwändigen Inszenierungen präsentiert.

1. Obergeschoss

Im **2. Obergeschoss** sind mehrere originalausgestattete Räume der bürgerlichen Wohnkultur gewidmet. 1997 wurde die Abteilung »Juden in Hamburg« eröffnet. Gezeigt werden jüdische Kultur und Lebenswelt in Hamburg von der ersten Einwanderung portugiesischer Juden um 1600 bis in die Gegenwart. Die Ausstellung veranschaulicht verschiedene Bereiche jüdischen Lebens sowie des christlich-jüdischen Zusammenlebens in der Stadt, den Anteil von Juden an Wirtschaft und Politik ebenso wie an Kultur, Wissenschaft und Städtebau. So können Besucher u.a. das Wohnzimmer einer jüdischen Familie um 1900 besichtigen und werden im Nachbau der Synagoge aus der Heinrich-Barth-Straße über jüdische Religion, Gemeindeleben und Feste informiert.
Eine Attraktion des Museums ist die **Modelleisenbahn** (Maßstab 1 : 32), die die Strecke zwischen dem Hamburger Hauptbahnhof und dem Bahnhof Hamburg-Harburg nachbildet. Die Vorführung dauert ca. 25 Minuten und findet zu den folgenden Zeiten statt: Di.–Sa. 11.00, 12.00, 14.00 und 15.00 Uhr, So. auch 16.00 Uhr.

Hamburg als Auswandererhafen – Modell der Cap Polonio

★★ Museum für Kunst und Gewerbe

O 10

Lage: Steintorplatz
U-Bahn: U 1, U 2, U 3 (Hauptbahnhof)

S-Bahn: Hauptbahnhof
Internet: www.mkg-hamburg.de

Öffnungszeiten:
Di.–So. 11.00–18.00
Do. 11.00–21.00

Das Museum für Kunst und Gewerbe ist eines der führenden Museen seiner Art in Europa. Das massive dreigeschossige Gebäude wurde 1876 von dem Hamburger Baudirektor Karl Johann Christian Zimmermann als Schul- und Museumsbau im Stil der Neorenaissance errichtet und 1877 eröffnet. In die Mauern des Nordhofs wurde eine Fassade integriert, die von einem Bürgerhaus der Renaissance, dem »Kaiserhof«, stammte. Im Jahr 2000 wurde mit dem Schümann-Flügel ein neuer Anbau eröffnet.

✔ NICHT VERSÄUMEN

- Das »Pariser Zimmer« ist komplett im Jugendstil eingerichtet.
- Die Plakatsammlung erlaubt eine Zeitreise durch die Welt der Grafik.
- Die historischen Tasteninstrumente der Sammlung Beurmann sind alle noch bespielbar.

Initiator und erster langjähriger Direktor des Museums war der Naturwissenschaftler, Jurist und Kunsthistoriker Justus Brinckmann (1843–1915), dessen erklärtes Ziel es war, den Geschmack des Publikums zu bilden. Dieser war seiner Ansicht nach durch die industrielle Produktion aufs Höchste gefährdet. Mit seiner Sammlung sollten am Original das ästhetische Bewusstsein geschult und Impulse für das zeitgenössische Kunsthandwerk gegeben werden.

Konzert im festlichen Spiegelsaal des Museums

Museum für Kunst und Gewerbe Orientierung

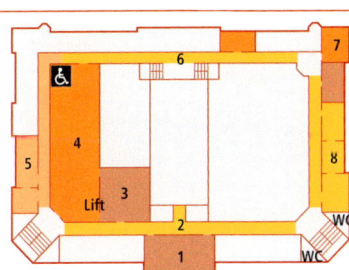

2. Etage

1 Plakatkunst
2 Grafikdesign
3 Sonderausstellungen
4 Forum Gestaltung
5 Ostasien
6 Design 2. Hälfte 20. Jh.
7 Kunsthandwerk der Gegenwart
8 Fotografie

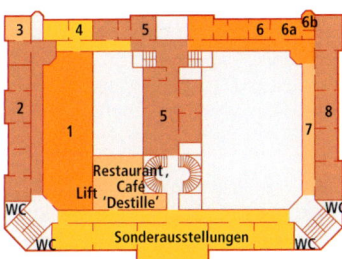

1. Etage

1 Historische Tasteninstrumente 19. u. 20. Jh.
2 Ostasien
3 Japanisches Teehaus
4 Islam
5 Antike
6 Jugendstil
6a Pariser Zimmer
6b van de Velde Zimmer
7 Grafik und Mode
8 Moderne 1914-1945

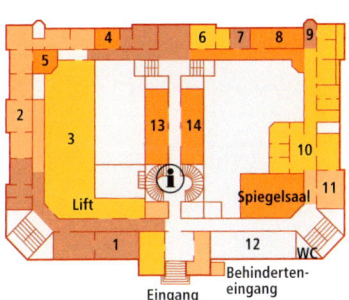

Erdgeschoss

1 Sonderausstellungen
2 Renaissance
3 Historische Tasteninstrumente
4 16.-18. Jh.
5 Kunst- und Wunderkammer
6 Barock / Meissener Porzellan
7 Klassizismus
8 Sammlung Blohm
9 Glas
10 Wohnräume 17.-19. Jh. / Kunstgewerbe 18.-19.Jh.
11 Historismus
12 Museumsshop
13 Fayence
14 Porzellan

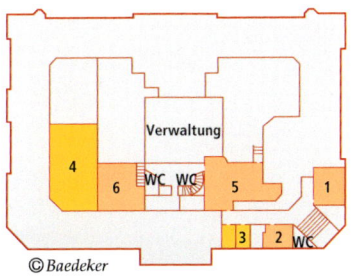

Untergeschoss

1 Werkstatt
2 DesignLabor
3 Aktionsräume
4 Gerd Bucerius Bibliothek
5 Hubertus Wald Kinderreich
6 Vestibül (Veranstaltungsraum)

© Baedeker

Erdgeschoss

Kostbare Objekte des **Mittelalters** aus dem sakralen Bereich hat man in einer Schatzkammer zusammengefasst. Besonders hervorzuheben sind Skulpturen von der Stauferzeit bis zu den Bildwerken von Gregor Erhart und Tilman Riemenschneider, vor allem dessen Lindenholzmadonna.

Aus der Zeit der **Renaissance** sind Inneneinrichtungen – überwiegend Teppiche, Mobiliar und Kleinplastiken – aus Frankreich, Italien und Süddeutschland zu sehen. In einer neu eingerichteten Galerie können sich Besucher an französischer, deutscher und italienischer Skulptur des 17. und 18. Jh.s erfreuen.

Die Abteilungen **Barock** und **Historismus** zeigen eine hochkarätige Sammlung von Porzellan und Fayencen aus Meißen und Berlin, außerdem sind Silber- und Goldschmiedekunst, Glas und Kleinplastiken ausgestellt. Mehrere Origi-

Schönheit vor Alter in der Abteilung Jugendstil

nalräume dokumentieren hanseatischen Lebensstil verschiedener Zeiten, darunter das Kabinett aus dem Landhaussalon von Friedrich Sieveking (► Planten un Blomen) aus dem Jahr 1830. Der 8x16 m große Spiegelsaal, 1910 von Martin Haller mit neoklassischer Innendekoration geschaffen, stammt aus dem ehemaligen Budge-Palais, der Anfang des 20. Jh.s ein kulturelles Zentrum der Hamburger Gesellschaft war.

✳ Sammlung Beurmann

Einen Höhepunkt bildet die Sammlung historischer und moderner Tasteninstrumente – die weltweit größte Privatsammlung des Musikwissenschaftlers Andreas Beurmann und seiner Frau Heikedine. Die ausgestellten Instrumente des 16. – 18. Jh.s werden allesamt regelmäßig bespielt.

Erste Etage

Kunst aus Ostasien

Japan ►

Die Sammlung japanischer Kunst gehört zu den besten ihrer Art in Deutschland. Zu sehen sind u.a. Zeichnungen, Stellschirme, Schwertzierrate, Farbholzschnitte und Druckbücher. Im japanischen Teehaus finden einmal im Monat Teezeremonien mit einem japanischen Teemeister statt.

Zu sehen sind u. a. prähistorische Bronzen und Keramiken, Porzellan und Steinzeug aus unterschiedlichen Dynastien, sowie Lackkunst seit dem 14. Jahrhundert. Als Dauerleihgabe ist außerdem die umfangreiche China-Sammlung von Philipp F. Reemtsma für die Öffentlichkeit zugänglich gemacht worden. ◀ China

Zur Sammlung islamischer Kunst gehören Glas und Keramikarbeiten aus der Zeit vom 3. bis zum 18. Jh. sowie Fliesen aus dem 12. bis 15. Jahrhundert. Besonders bemerkenswert sind die mit Rauten und Koranversen verzierten Fliesen aus dem Mausoleum von Buyan Kuli Chan in Buchara, dem Enkel des Tschingis Chan, das gegen Ende des 19. Jh.s durch ein Erdbeben zerstört wurde. Hervorzuheben sind außerdem persische, ägyptische und türkische Textilien und Teppiche und die Koranhandschriften – darunter ein großer ledergebundener und mit Blattgold geschmückter Koran aus dem Jahre 1565. **Kunst des Islam**

Griechenlands Kunstgeschichte wird mit Vasen, Bronzen und Marmorskulpturen dokumentiert. Sehenswert sind auch die hellenischen Terrakotten und die Sammlung von Gold- und Silberschmuck. Von den Etruskern werden Schmuck, Keramik, Bronzen und Grabskulpturen gezeigt. Und auch die römische Kunst der Kaiserzeit ist mit Marmorporträts, Alltagsgegenständen und Bronzegefäßen vertreten. **Antike**

Höhepunkte in der Jugendstilabteilung sind die beiden so genannten Pariser Zimmer, die von der Pariser Weltausstellung im Jahr 1900 stammen. Zu sehen sind hervorragende Innendekorationen von Henry van de Velde, Peter Behrens und den Wiener Werkstätten. **Jugendstil**

Die Sammlung zur **Moderne** zeigt die umfangreiche und sehenswerte Abteilung Grafik und Mode der 1920er- und 1930er-Jahre. Außerdem ist Mobiliar aus der Zeit zwischen 1914 und 1945 ausgestellt. Darunter trifft man u. a. auf einige Design-Klassiker, wie Sessel und Stühle von Marcel Breuer, Gerrit Thomas Rietveld (Sessel Rot-Blau, 1918) oder Alvar Aalto (Sessel, 1932), oder auf einen ausgefallenen Esszimmerschrank von Felix del Marle von 1927.

> ! *Baedeker* TIPP
>
> **Musik im Museum**
> In dem festlichen Spiegelsaal, den einst schon Caruso mit seiner Stimme füllte, werden auch heute regelmäßig Kammerkonzerte veranstaltet. Außerdem gibt es in den Ausstellungsräumen des Museums ausgewählte Konzerte auf historischen Instrumenten.

Zweite Etage

Die Sammlung zeigt ausgesuchte Plakate aus der Zeit des Jugendstil über Art déco bis zur Gegenwart, u. a. von Henri de Toulouse-Lautrec oder Jules Chéret. Weiter sind zeitgenössische Plakate zu sehen, darunter die markanten Jazz-Plakate von Niklaus Troxler. **Plakatkunst**

Design 2. Hälfte des 20. Jh.s

Die spannende wie interessante Ausstellung von Design-Objekten zeigt Klassiker und Kurioses: Zu sehen sind Ettore Sottsass' Raumteiler »Carlton« (1981), der Stuhl »Tono« (1979) von Nakagana Tetsuo oder der Küchenschrank von Le Corbusier (1959).

Gezeigt werden außerdem Wechselausstellungen aus der hauseigenen Fotosammlung bzw. externe **Fotografien**. Das Museum selbst ist in Besitz einer Fotosammlung, die mit rund 50 000 Aufnahmen zu den wichtigsten Europas gehört. Bedeutend sind ihre Daguerreotypien, die »Kunstfotografie« um 1900 und der Bestand an deutscher Fotografie seit 1918.

Kunst und Design für Kinder im Hubertus Wald Kinderreich

Das Forum Gestaltung zeigt in Wechselausstellungen aktuelle Design- und Kunsttendenzen in Produkt-, Mode- und Industriedesign.

Untergeschoss

Im Untergeschoss sind die Gerd Bucerius Bibliothek mit einem umfassenden Buchbestand aus allen Bereichen der angewandten Kunst und das HUBERTUS WALD KINDERREICH, ein Kunst- und Designspielplatz für Kinder von fünf bis zwölf Jahren untergebracht. Im Designlabor können Museumsbesucher in Kursen Designprodukte selbst testen und Designkriterien erkunden.

★ Museum für Völkerkunde

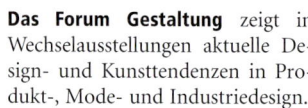

M 12

Lage: Rothenbaumchaussee 64
U-Bahn: U 1 (Hallerstraße)

S-Bahn: S 11, S 21, S 31 (Dammtor)
Internet: voelkerkundemuseum.com

🕐 Öffnungszeiten: Di.–So. 10.00–18.00, Do. 10.00–21.00

Das Museum für Völkerkunde wurde 1879 gegründet. Es zog 1912 in das heutige Gebäude, das zwischen 1907 und 1911 entstand. Bemerkenswert ist die Jugendstil-Eingangshalle. Die Weltoffenheit der Hansestadt begünstigte Entstehung und Ausbau der Schausammlungen. Heute ist das Museum eines der bedeutendsten seiner Art in Europa. Die Sammlung umfasst ca. 350 000 Objekte und über 300 000 historische ethnografische Fotodokumente. Derzeit wird das Museum nach einem neuen Ausstellungskonzept komplett umstrukturiert, um die Vielfalt der Kulturen der Welt besser zu vermitteln.

Museumsbereiche

Im Erdgeschoss werden große Sonderausstellungen zu wechselnden Themenkomplexen gezeigt. Im Innenhof ist außerdem ein empfehlenswertes Museumsrestaurant eingerichtet worden. Die Afrika-Abteilung wurde völlig neu gestaltet. Außerdem sind Sonderausstellungen zu aktuellen Themen auf dem afrikanischen Kontinent zu sehen. In der Goldkammer ist neben Arbeiten aus Peru, Mexiko und Ecuador auch Kunsthandwerk aus Panama zu sehen. Ein Raum ist der Kultur des alten Ägypten gewidmet, ein anderer historischen Fotografien aus dem Orient. Breiten Raum nimmt die Ausstellung über die Indianer Nordamerikas ein.

Erdgeschoss

! **Baedeker TIPP**

Markt der Völker

Jedes Jahr im Herbst wird in den Museumsräumen der »Markt der Völker« veranstaltet. Über 70 Aussteller aus aller Welt zeigen und verkaufen ihre kunsthandwerklichen Produkte. Wer also noch ein Weihnachtsgeschenk sucht: Das Angebot liegt zwischen US-Textilkunst, nordafrikanischem Schmuck und orientalischen Accessoires.

Museum für Völkerkunde Orientierung

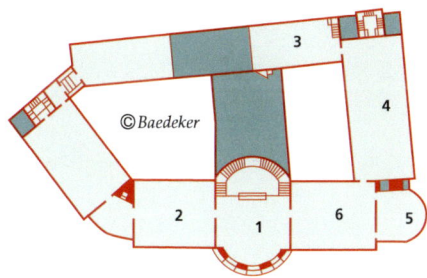

Obergeschoss

1 Gewölbesaal
2 Europa
3 Maori-Haus
4 Masken der Südsee
5 Ein Traum von Bali
6 Indonesien

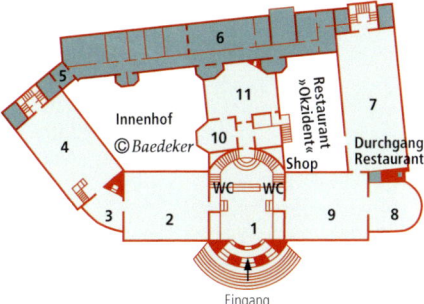

Erdgeschoss

1 Foyer
2 Sonderausstellungen
3 Alt Ägypten
4 Afrika
5 Goldkammer
6 Bibliothek
7-9 Sonderausstellungen
10 Kleiner Hörsaal
11 Großer Hörsaal

Obergeschoss   Im Obergeschoss werden Besucher mit einer Einführungsausstellung empfangen, in der es um unterschiedliche Sichtweisen und deren Veränderungen, um den Blick der Europäer auf andere Kontinente und umgekehrt um den Blick anderer Kontinente auf Europa geht.
Indonesien präsentiert sich durch Darstellung der Reiskultur auf Bali, der Batak als Beispiel eines Bauernvolkes auf Sumatra und der unterschiedlichen Theaterformen auf Java und Bali. Einen besonderen Schwerpunkt bilden dabei die Schattenspielfiguren. Weitere Exponate in diesem Raum zeigen die Kultur der **Aborigines**. In der Südseeabteilung werden Fischfang und Gartenbau sowie verschiedene beachtliche Schnitzereien aus dieser Region vorgestellt.

Im Maskensaal des Völkerkundemuseums

Besonders eindrucksvoll ist der Südsee-Maskensaal, in dem eine seltene Fülle unterschiedlicher Masken und Maskenkostüme gezeigt wird, hauptsächlich aus Papua-Neuguinea.

★
◀ Maskensaal

Das kostbarste Stück dieser Abteilung ist ein mit vielen mythischen Schnitzfiguren verziertes Maori-Versammlungshaus aus Neuseeland.

★
◀ Maori-Haus

Was in deutschen Völkerkundemuseen eine Seltenheit ist, hat im Hamburger Völkerkundemuseum eine lange Tradition: Schon seit seinen Anfängen im 19. Jh. werden die Völker Europas in das Museum mit einbezogen. Unter dem Titel »Das gemeinsame Haus Europa« werden Gemeinsamkeiten, aber auch die Vielfalt kultureller Ausdrucksformen aufgezeigt und bestimmte Themenkomplexe wie Sprache, Lebensstationen, Familienstrukturen behandelt.

◀ Europa

Am Übergang zur derzeit nur provisorischen Amerikaausstellung ist eine Jurte aufgebaut, die von turkmenischen Nomaden stammt.

◀ Jurte

Museumsdorf Volksdorf

Lage: Im Alten Dorfe 46–48 (Volksdorf)   **U-Bahn:** U 1 (Volksdorf)

Das Museumsdorf Volksdorf gibt einen kurzweiligen Einblick in die Vergangenheit der bäuerlichen Wohnkultur des hamburgischen und holsteinischen Geestlandes. Es steht auf altem Siedlungsgrund und stellt ein überliefertes Dorfbild dar.

🕐
Öffnungszeiten:
Gelände
Di.–So. 9.00–17.00
Führungen
Apr.–Okt.
Fr.–So. 15.00,
Nov.–März
So. 15.00

Von den Volksdorfer Höfen des 18. Jh.s befinden sich noch drei Häuser im Museumsdorf: das »Spiekerhus«, ein restauriertes ehemaliges Vollhufnerhaus aus dem 17. Jh., das restaurierte »Instenhaus«, das als Gaststätte im bäuerlichen Stil eingerichtet wurde, und der »Harderhof« von 1757. Als eines der Kernstücke des Museumsdorfes werden hier Wohn- und Arbeitsräume mit Gegenständen der bäuerlichen Wirtschaft um 1800 präsentiert. Hinter dem Spiekerhus steht das zum Hof gehörende Backhaus. Außerdem wird eine Rekonstruktion der alten Hummelsbütteler Grützmühle gezeigt.

Aus Schnakenbek stammt die Durchfahrtscheune von 1652 mit Ankerbalkenkonstruktion, in der eine Stellmacherei und alte Fuhrwerke zu besichtigen sind. Des Weiteren sind eine rekonstruierte Schmiede, ein wiedererrichtetes Durchfahrthaus aus Volksdorf, ein Bienenhaus, ein Ziehbrunnen und ein hierher verlegtes frühgeschichtliches Grab aus dem ersten vorchristlichen Jahrhundert zu sehen.

Ausflugsziele in der Umgebung

»Walddörfer« ist ein alter Sammelbegriff für sieben Dörfer, die vom 14. bis zum 16. Jh. von Hamburg erworben wurden, aber lange Zeit außerhalb auf holsteinischem Gebiet lagen. Die vier Exklaven Farmsen/Berne, Volksdorf, Ohlstedt/Wohldorf und Großhansdorf/Schma-

Walddörfer

lenbek wurden nach dem Ersten Weltkrieg durch die »Walddörferbahn« (heute U 1) als Wohngebiete für Hamburg erschlossen.
Volksdorf, das größte der alten Walddörfer, ist ein beliebter, im Grünen gelegener Wohnvorort Hamburgs. Am Nordende des Wohldorfer Waldes liegt **Wohldorf** mit einem hübschen Fachwerkhaus von 1712, das von Wassergräben umgeben ist. Einst befand sich an dieser Stelle an der Ammersbek der von den Hamburgern niedergebrannte Raubrittersitz »Wohltorp«. Hübsch ist das Fleckchen an der zum Mühlenteich gestauten Ammersbek, die hier Wohldorfer Aue genannt wird.

✶ Musikhalle · Laeiszhalle

M 10

Lage: Johannes-Brahms-Platz   **U-Bahn:** U 2 (Gänsemarkt, Messehallen)

Traditionelles Konzerthaus

Der Bau des Hamburger Konzerthauses wurde durch eine testamentarische Stiftung des Hamburger Reederehepaars Carl Heinrich und Sophie Laeisz ermöglicht. An der Haupttreppe des Konzerthauses, das zunächst »Laeiszhalle«, dann »Musikhalle« hieß, und nun wieder Laeiszhalle, sind Porträtreliefs der Stifter zu sehen. Das Gebäude wurde 1904–1908 von Martin Haller und Wilhelm Emil Meerwein gebaut, die mit ihren Plänen an die barocke Backsteinarchitektur der Stadt anknüpfen wollten. In der Laeiszhalle finden Musikveranstaltungen aller Art statt. Der Große Saal, der mit einer Beckerath-Orgel ausgestattet ist, hat gut 2000, der Kleine Saal etwa 640 Sitzplätze.
Fast mutet die Laeiszhalle wie eine Gedenkstätte für Johannes Brahms (▶ Berühmte Persönlichkeiten) an. Seit dessen 100. Todestag heißt der Platz vor der Laeiszhalle Johannes-Brahms-Platz und nicht mehr Karl-Muck-Platz nach dem früheren Dirigenten, der von 1922 bis 1933 hier wirkte. Oben im Foyer wird Brahms durch ein Marmordenkmal von Max Klinger (1909) geehrt. Vor der Laeiszhalle symbolisiert eine Bronzeplastik von Maria Pirwitz die Fülle Brahms'scher Orchestermusik; an der Ecke Dragonerstall zeigt ein roter Granitkubus von Thomas Darboven Reliefporträts des Komponisten.

Fassade der neobarocken Laeiszhalle

Neuwerk

Ausflugsziel

Lage: etwa 120 km nordwestlich von
Hamburg

Hamburg ist im Besitz einer kleinen Nordseeinsel vor der Elbmündung: die nur knapp 3 km² große Watteninsel Neuwerk mit 40 Bewohnern. Von 1299 bis 1937 war sie hamburgisch, wurde dann preußisch, gehörte nach 1945 zu Niedersachsen und ist seit 1969 wieder im Besitz der Hansestadt. Etwa ein Drittel des Eilands sind eingedeichte Äcker. Das Land außerhalb der Deiche dient als Viehweide; dieses sowie der nördlich vorgelagerte Vogelsand sind Vogelschutzgebiete. Auf der Insel gibt es einige Pensionen und Fremdenheime.

Hamburger Enklave

Zu erreichen ist Neuwerk bei Flut per Schiff von Cuxhaven, bei Ebbe mit Pferdewagen auf der etwa 10 km langen Strecke von den Seebädern Duhnen oder Sahlenburg durch das Watt. Sehr beliebt sind auch Wattwanderungen auf einem »Fußweg«, bei deren Planung man allerdings unbedingt die Gezeiten beachten muss.

Anreise nach Neuwerk

*Pferdewagen bringen die Besucher die 10 km lange Strecke vom Festland
nach Neuwerk durch das Watt.*

Leuchtturm Der 35 m hohe Leuchtturm soll Hamburgs ältestes noch erhaltenes Bauwerk sein. 1814 wurde er aus einem 1306–1309 errichteten Wehrturm (»Dat nige Werk«) umgebaut. Seitdem hat er insgesamt sechs Geschosse und Mauern mit einer Stärke bis zu acht Metern. Die Eingangstür liegt nicht weniger als acht Meter über dem Boden und sollte ungebetenen Gästen den Zugang erschweren. Von der Turmgalerie hat man eine schöne Aussicht aufs Wattenmeer. Unten gibt es eine gemütliche Turmschänke.

Friedhof der Namenlosen In der Nähe des Leuchtturms liegt der »Friedhof der Namenlosen«, dessen Kreuze aus angeschwemmtem Holz bestehen. Seit 1319 sind hier die Leichen von Seeleuten begraben worden, deren Herkunft unbekannt war.

Scharhörn 5 km nordwestlich von Neuwerk liegt Scharhörn. Die einsame Insel ist Vogelschutzreservat und darf nur in Begleitung des dortigen Vogelwartes betreten werden (Wattwanderung ca. 1,5 St.; Gezeiten beachten!). Um den 11 500 ha großen Nationalpark »Neuwerker und Scharhörner Watt« zu schützen, wurden etwa 1500 m südwestlich von Scharhörn 1,5 Mio. m³ Sand aufgespült. Die neu geschaffene Insel bekam den Namen **»Nigehörn«**. Sie soll ausschließlich Seevogelreservat sein. Die künstliche Ansandung hat sich als notwendig erwiesen, da Scharhörn vom Wegspülen bedroht ist.

Nikolaifleet

M/N 9

Lage: Altstadt   **U-Bahn:** U 3 (Rödingsmarkt)

Von der Alster geformt Durch das Nikolaifleet verlief ursprünglich die ▶ Alster, kurz bevor sie in die Elbe mündete. Dass hier früher ein Fluss floss, lässt sich durch den bogigen Verlauf des Nikolaifleets – im Vergleich zu den geradlinigen benachbarten Fleeten – noch recht gut nachvollziehen. Interessant ist das Nikolaifleet auch unter geschichtlichem Aspekt, denn hier wurde Hamburgs erster Hafen angelegt.

Im Bereich des Nikolaifleets sind etliche althamburgische Häuser und Speicher restauriert worden, sodass man einen Eindruck vom einstigen Aussehen der alten Kaufmannsstadt

? WUSSTEN SIE SCHON …?

■ Auf dem Dach der Reederei Laeisz prangt eine Pudelstatue. »Pudel« war der Spitzname der Seniorchefin, die die berühmte Reederei Mitte des 19. Jh. mit aufbaute. Ihr zu Ehren beginnen bis heute alle Schiffsnamen mit dem Buchstaben »P«.

gewinnt. Im Rahmen von Fleetrundfahrten und mitunter auch bei Hafenrundfahrten lässt sich das Fleet von der Wasserseite genießen. Am schönsten ist das Fleet in Höhe der ▶ Deichstraße, an deren Häuserfassaden man noch die Windenluken erkennt.

Brücken

Mehrere schöne Brücken überspannen das Nikolaifleet. Die **Trostbrücke** im nördlichen Abschnitt entstand 1882. Bereits Ende des 12. Jh.s verband hier eine Brücke die bischöfliche Altstadt um die Hammaburg und die neue, vom Schaumburger Grafen Adolf III. (1164 bis 1225) gegründete Kaufmannsstadt. So erinnern die großen Standbilder auf der Brüstung an den Erzbischof Ansgar und den Grafen. Am Nordende der Trostbrücke steht das Gebäude der ▶ Patriotischen Gesellschaft, südlich der Brücke der **»Laeiszhof«**, das Geschäftshaus der bekannten Reederei Laeisz.

St. Ansgar wacht auf der Trostbrücke.

Hamburgs älteste erhaltene Brücke ist die **Zollenbrücke** – 1633 erbaut und 1955 in ursprünglicher Form wiederhergestellt. Sie überquert einen Rest des Gröningerstraßenfleets. Das Geländer entwarf Otto Sigismund Runge 1835. Die **Holzbrücke** im südlichen Teil bietet einen schönen Blick auf die Speicherfassaden an der Fleetseite von ▶ Deichstraße und Cremon. Unmittelbar oberhalb liegt das Theaterschiff »Das Schiff«.

Cremon

Cremon war früher eine kleine Insel im Mündungsbereich der Alster in die Elbe. Östlich davon lag noch die Insel Grimm, von deren einstiger Existenz heute nur ein Straßenname zeugt. Bereits im 12. Jh. wurde die kleine Insel Cremon eingedeicht und trockengelegt. Noch heute heißt die Straße, die sich am Nikolaifleet entlangzieht, Cremon, wie auch der gesamte Bereich zwischen dem Nikolaifleet und dem nicht mehr bestehenden Steckelhörnfleet als Cremon bezeichnet wird. Die Häuser Cremon Nr. 33 bis 36 sind alte Speicherbauten.

Reimerstwiete

Die Reimerstwiete verband ursprünglich zwei Hauptstraßen auf der einstigen Cremon-Insel. Als »Twieten« bezeichnet man die Zwischengässchen, die typisch für Althamburger Wohnviertel waren. Eine Reihe kleinerer Fachwerkspeicher aus der zweiten Hälfte des 19. Jh.s (»Fünf Schwestern«: Nr. 17 – 21) sind originalgetreu restauriert.

Neuer Krahn

Die Straße Cremon führt zum Binnenhafen. Hier steht der grüne so genannte Neue Krahn, der 1858 anstelle eines hölzernen Krans aufgestellt wurde. Mit der Errichtung des ersten »neuen Krahns« begann man im Jahr 1352, den Seegüterumschlag der größeren Schiffe vom alten Alsterhafen im heutigen Nikolaifleet zum neuen Elbehafen zu verlagern. Erst 1974 wurde der Kran stillgelegt. Der Kranführer, der über den Kran wachte, wirkte in dem burgartigen Haus.

Nikolaikirche

Lage: Harvestehuder Weg 114   **U-Bahn:** U 1 (Klosterstern)

Öffnungszeiten:
tgl. 9.00–18.00

Nordwestlich der Außenalster steht am Harvestehuder Weg in Höhe
Klosterstern die 1960–1962 von Gerhard Langmaack gebaute Niko-
laikirche, ein Neubau für die Gemeinde der im Krieg zerstörten alten
Nikolaikirche (▶Nikolaikirchturm).

Das mit grauem Naturstein verkleidete Baptisterium trägt den 82 m
hohen Turm, dessen Turmfahne den hl. Nikolaus in einem Kahn
zeigt. Das ovale Schiff ist aus rotem Backstein gebaut. Das 1939 von
der Hamburger Glasmalerin E. Köster vollendete große Fenster war
ursprünglich für die alte Nikolaikirche am Hopfenmarkt bestimmt.
Das Mosaik mit einer Kreuzigung über dem Altar wurde in Ravenna
nach einem Entwurf von Oskar Kokoschka hergestellt.

Ein Mahnmal gegen den Krieg – der 147 m hohe Turm der alten Nikolaikirche

Nikolaikirchturm · Mahnmal St. Nikolai

N 9

Lage: Willy-Brandt-Straße　　　　**U-Bahn:** U 3 (Rödingsmarkt)
Internet: www.mahnmal-st-nikolai.de

1195 wurde eine Kapelle St. Nikolai für die von Graf Adolf III. von Schaumburg gegründete Neustadt gebaut. Dieser Gründungsbau, der im 13. und 14. Jh. zu einer Backsteinhallenkirche erweitert wurde, fiel dem Großen Brand von 1842 zum Opfer. 1846–1874 wurde die Kirche nach dem Plan des Engländers George Gilbert Scott als mehrschiffige Basilika mit hohem Westturm im neogotischen Stil errichtet. St. Nikolai wurde im Zweiten Weltkrieg bis auf Turm und Außenmauern zerstört. Der 147 m hohe Nikolaikirchtum war 1874 bei seiner Errichtung das höchste Gebäude der Welt und ist heute der dritthöchste Kirchturm in Deutschland. Mit einem gläsernen Panoramalift kann man bis in ca. 75 m Höhe hinauffahren.

Dritthöchster Kirchturm Deutschlands

Auf einen Wiederaufbau verzichtete man und erklärte die Ruinen zum Mahnmal. Das 1974 im Turmdurchgang angebrachte Kreuzigungsmosaik ist die Schwarzweißfassung des Werkes von Oskar Kokoschka in der neuen ▶ Nikolaikirche. Seit Juni 1993 hängen im Turm 51 neue Bronzeglocken, die in der Königlich Niederländischen Glockengießerei in Asten gefertigt worden sind. Ein Dokumentationszentrum neben dem Kirchturm informiert über die Geschichte von St. Nikolai. Außerdem werden hier Wechselausstellungen gezeigt (geöffnet: tgl. 10.00 – 17.00, Mai–Sept. bis 20.00 Uhr). ⏲

Mahnmal

Die Ruine von St. Nikolai nach dem Großen Brand 1842

✳ Ohlsdorfer Friedhof

P–S 16–18

Lage: 10 km nördlich der Innenstadt
U-Bahn: U 1 (Ohlsdorf)

S-Bahn: S 1, S 11 (Ohlsdorf)

🕐 Öffnungszeiten:
April–Oktober
tgl. 8.00–21.00,
März–Dezember
8.00–18.00

Aufgrund seiner Größe und Gestaltung sowie wegen seiner historisch und künstlerisch wertvollen Grabmale ist der Hamburger Hauptfriedhof Ohlsdorf weit über die Grenzen Deutschlands hinaus bekannt. Mit fast 400 ha Fläche und 320 000 Gräbern ist er der größte Parkfriedhof der Welt und der zweitgrößte Friedhof weltweit nach dem in Chicago. Auf dem 17 km langen Straßennetz verkehren zwei Buslinien und 2800 Bänke laden zum Verweilen ein.

Der westliche, von Wilhelm Cordes (1840–1917) mit geschwungenen Straßen und Wegen angelegte Friedhofsteil wurde 1877 als erster Parkfriedhof Deutschlands eröffnet. Von 1920 an wurde der östliche Teil des Friedhofs nach den streng landschaftsarchitektonischen Plänen von Otto Linne (1896–1937) angelegt. Der Ohlsdorfer Friedhof ist also nicht nur Friedhof – er gilt als eine der schönsten Parkanlagen in Hamburg und ist die größte Grünanlage der Stadt. Neben dem alten Baumbestand (ca. 25 000 Bäume) ziehen die ausgedehnten Rhododendronpflanzungen und viele kleine Gewässer Spaziergänger an, vor allem während der Rhododendronblüte im Mai und Juni.

Friedhofsgelände

Orientierung

Der Friedhof hat sieben Eingänge; der Haupteingang liegt an der westlichen Schmalseite. Hier befindet sich auch das Hauptgebäude mit einem kleinen Museum. Nördlich vom Hauptgebäude sieht man das von 1930 bis 1932 nach Plänen von Fritz Schumacher erbaute Krematorium. Der gesamte Friedhof ist in Planquadrate eingeteilt, die das Auffinden von Gräbern erleichtern, außerdem sind an vielen Stellen Tafeln zur Orientierung angebracht.

> ❗ *Baedeker* TIPP
>
> **Gut geführt**
>
> Über den Friedhof werden zahlreiche thematische Führungen angeboten – manche sogar per Rad. Auskunft über Termine und Treffpunkte gibt die Internetseite des Friedhofs unter dem Link Veranstaltungen. Auf dieser sind außerdem ein paar der schönsten Spaziergänge ausführlich beschrieben: www.friedhof-hamburg.de

Auf dem **Gedächtnisfriedhof** in der Nähe vom Haupteingang liegen zahlreiche Persönlichkeiten des öffentlichen Lebens, u. a. der Maler Philipp Otto Runge, der Architekt Alexis de Chateauneuf, der Kunsthistoriker Alfred Lichtwark und der Oberbaudirektor Fritz Schumacher begraben.

Einzelgräber

Im älteren Westteil des Friedhofes seien folgende Einzelgräber hervorgehoben: Hans Albers (Schauspieler; Y 23, 245–254), Albert

Der Friedhof ist gleichzeitig eine der schönsten Parkanlagen Hamburgs.

Ballin (Reeder; Q 10, 420–429), Hermann Blohm (Schiffbauer; Q 25, 28–38), Wolfgang Borchert (Schriftsteller; AC 5, 6), Justus Brinckmann (Museumsdirektor; Z 11, 50–59), Hans von Bülow (Musiker; V 22, 1–8), Julius Campe (Verleger; Y 13, 266–270), Ida Ehre (Theaterschaffende; O 6, 6), Willi Fritsch (Schauspieler; AC 16, 151), Gustaf Gründgens (Schauspieler; O 6, 5), Carl Hagenbeck (der Gründer von Hagenbecks Tierpark; AE 15, 43 bis 58), Heinrich Hertz (Physiker; Q 25, 1–6), Inge Meysel (Schauspielerin; P8 231-232). Der Humorist Heinz Erhardt ist im neueren Teil des Friedhofs begraben (BI 66, 605/606).

Im Norden befindet sich bei Kapelle XIII das kreuzförmige Massengrab für die 37 000 Bombenopfer der Luftangriffe im Juli 1943 mit einem 1952 errichteten Mahnmal von Gerhard Marcks. Gegenüber dem Krematorium wurde im Jahr 1949 ein Mahnmal für die Opfer des Nationalsozialismus (Urnen mit Asche und Erde aus über hundert Konzentrationslagern) errichtet. Das Mahnmal bei Kapelle XII erinnert an die Opfer der Flutkatastrophe von 1962. **Mahnmale**

In zwei Freilichtmuseen, am Heckengarten und an der Kapellenstraße, werden Grabmale von ehemals außerhalb der Stadt gelegenen, aufgelassenen Friedhöfen gezeigt. **Grabmalmuseum**

An der Südwestecke des Ohlsdorfer Friedhofes liegt ein jüdischer Friedhof, der von der Ihlandkoppel aus direkt zugänglich ist. Bemerkenswert ist hier das Grabdenkmal für den Vorkämpfer der Judenemanzipation Gabriel Riesser, den ersten hamburgischen Abgeordneten zum Frankfurter Parlament von 1848. **Jüdischer Friedhof**

✳ Övelgönne

G/H 9

Lage: Elbufer, ca. 6 km westlich der Innenstadt
HADAG-Schiff: Linie 62 (ab Landungsbrücken)

Bus: 112

Heimat der Lotsen

Övelgönne, in älterer Schreibweise »Oevelgönne«, heißt ein etwa 1 km langer Uferabschnitt an der Elbe, der beim Anleger Neumühlen beginnt und parallel zur ▶ Elbchaussee verläuft. Der Ortsname, der in Norddeutschland häufiger vorkommt, bedeutet »Übelgunst«, er bezeichnete Gegenden, die sich zur Bebauung schlecht eigneten.

In Neumühlen und Övelgönne waren seit jeher die Elblotsen ansässig – 1745 gab es hier eine erste Lotsenbrüderschaft. Lotsen, Kapitäne, Schiffer und Handwerker bauten ihre dicht aneinandergereihten Häuschen an den Elbufer-Hang, die eine überaus idyllische Atmosphäre schaffen. Für Ausflügler gibt es mehrere gemütliche Lokale.

✳ Museumshafen Oevelgönne

Der beliebte »Museumshafen Oevelgönne« existiert seit 1977. Alle hier vor Anker liegenden Schiffe sind restauriert und fahrtüchtig. Gelegentlich (v. a. im Sommer) gehen die Oldtimer auch auf Fahrt, worüber eine Hinweistafel Auskunft gibt.

Daheim in Övelgönne machten es sich Lotsen und Schiffer gemütlich.

Die fahrtüchtigen Oldtimer sind Anlaufpunkt für alle Seefahrt-Nostalgiker.

Zu bewundern gibt es das ehemalige Feuerschiff »Elbe 3« (Baujahr 1888), die beiden Dampfschlepper »Tiger« (1910; kohlebefeuert) und »Claus D« (Baujahr 1913; ölbefeuert), den hölzernen Finkenwerder Hochseekutter »Präsident Freiherr von Maltzan« (Baujahr 1928; Segel), die Dampfbarkasse »Otto Lauffer« von 1928 (früher ein Polizeifahrzeug), der volleiserne Ewer »Elfriede« (1904) und der Eisbrecher »Stettin« (Baujahr 1933). Neben den Schiffen sind auch ein elektrischer Drehkran von 1898 und ein Schwimmkran von 1928 zu sehen.

Ottensen

Lage: ca. 5 km westlich der Innenstadt   **S-Bahn:** S 1, S 2, S 3, S 11, S 31 (Altona)

Ottensen ist ein ausgesprochen lebendiger Stadtteil und eine beliebte Wohngegend für alle, die Abwechslung direkt vor der Haustür lieben. Die nächste Kneipe ist nicht weit, ebensowenig die Kulturszene. Zentrum von Ottensen ist die Ottenser Hauptstraße, eine Fußgänger- und Einkaufszone unmittelbar westlich vom Bahnhof Altona.

Lebendiges Viertel

Zwei kulturelle Institutionen haben Ottensen weit über die Grenzen von Hamburg bekannt gemacht.

Kulturzentren

Die Fabrik in der Barnerstr. 36 existiert seit 1971 in einer stillgelegten Maschinenfabrik von 1889. Das Konzept eines Kultur- und Kommunikationszentrums war damals in Deutschland einmalig und Vorbild

◄ Fabrik

für ähnliche Projekte in anderen Städten. Überregional bekannt geworden ist die Fabrik insbesondere mit seinem Veranstaltungsprogramm, allen voran die Konzerte. Fast alle Größen des Jazz und der Weltmusik sind hier schon aufgetreten.

Zeisehallen ▶ Ottensen als einstiger Industriestandort hatte mit der 1857 von Theodor Zeise gegründeten Schiffsschraubenfabrik in der Friedensallee eines seiner wichtigsten Unternehmen. Seit 1993 befindet sich in der ehemaligen Fabrik ein sehenswertes kulturelles Stadtteilzentrum mit einem empfehlenswerten Kino, schönen Restaurants und einer kleinen Ladenpassage.

✳✳ Passagen

M/N 10

Lage: Innenstadt

Shopping bei Wind und Wetter Schon im 19. Jh. sind in der Hamburger Innenstadt mit den Alsterarkaden und den Colonnaden gedeckte Galeriegänge angelegt worden, in denen die Leute – geschützt vor dem Schmuddelwetter – spazieren gehen und einkaufen konnten. Daneben gab und gibt es in etlichen Geschäftshäusern Durchgänge (»Durchhäuser«) und Passagen, wie man sie aus anderen europäischen Großstädten kennt. In jüngster Zeit sind neue Galerien hinzugekommen, sodass es heute in der Hamburger City ein ausgedehntes Passagennetz gibt. Die Hamburger Passagenwelt dient oft einfach als Flanierraum – man trifft

Vielleicht war ein Zebra das Vorbild für die elegante Galleria.

Passagen und Arkaden Orientierung

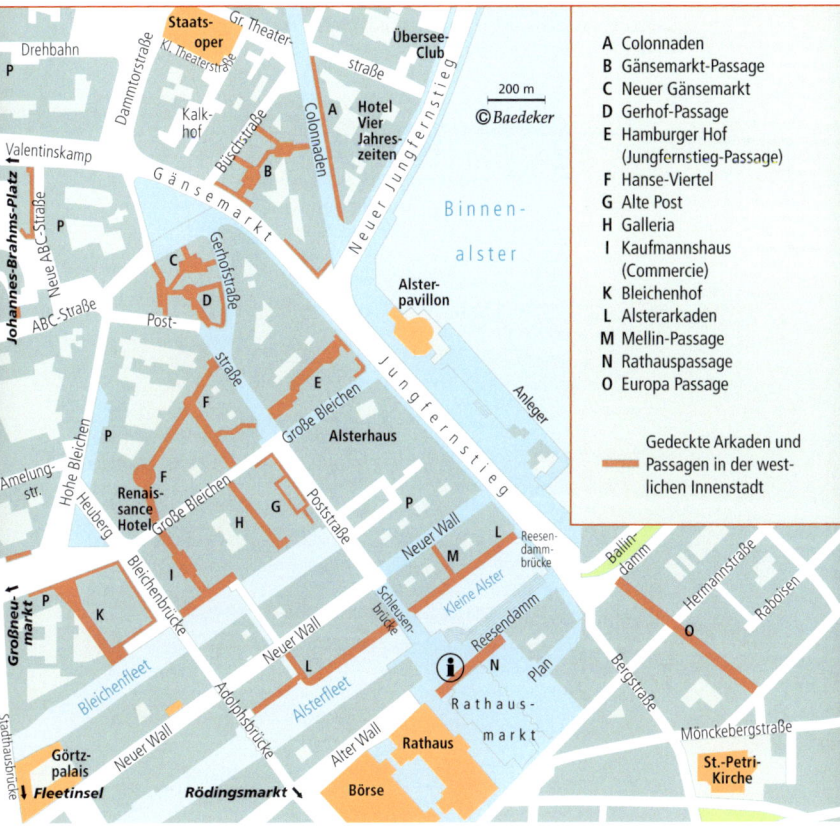

A Colonnaden
B Gänsemarkt-Passage
C Neuer Gänsemarkt
D Gerhof-Passage
E Hamburger Hof
(Jungfernstieg-Passage)
F Hanse-Viertel
G Alte Post
H Galleria
I Kaufmannshaus
(Commercie)
K Bleichenhof
L Alsterarkaden
M Mellin-Passage
N Rathauspassage
O Europa Passage

Gedeckte Arkaden und
Passagen in der west-
lichen Innenstadt

200 m
© Baedeker

sich und plaudert miteinander. Modehäuser, Boutiquen, Kunstgalerien, Antiquitätengeschäfte, Cafés, Bistros, Weinlokale und Spezi-
alitätenläden bieten ein Angebot gehobener Art.

Gänsemarkt-Passage

Die Gänsemarkt-Passage wurde 1979 als erste der neueren Passagen
mit etwa 50 Geschäften eröffnet. Sie liegt zwischen den Colonnaden,
der Büschstraße und dem ►Gänsemarkt.

Neuer Gänsemarkt

In dem Komplex zwischen ► Gänsemarkt und Poststraße gibt es
mehrere ineinander verschachtelte Einkaufspassagen. Vom Gänsemarkt aus kommt man in die Bereiche »Gucken & Kaufen« und
»Essen & Trinken«, ein Imbiss-Paradies mit mehreren Selbstbedie-
nungslokalen.Südlich davon schließt sich der Gerhof mit Passagen
auf insgesamt drei Etagen an.

Hamburger Hof Im Gebäude des früheren Nobelhotels »Hamburger Hof« am ▶Jungfernstieg sind auf drei Ebenen gut 40 Geschäfte und Restaurants zu finden, die über Jungfernstieg und Poststraße erreichbar sind.

✳
Galleria Im Hause Große Bleichen 21 beginnt die schöne Passage Galleria. Sie verläuft 80 m lang gerade durch den gesamten Gebäudekomplex bis zum Bleichenfleet, dort geht es direkt am Wasser entlang über einen Fußgängerbalkon bis zur Poststraße. Die Galleria ist der bekannten Burlington Arcade in London nachempfunden. Pilaster und Fußboden in Schwarz-Weiß strahlen eine kühle, zurückhaltende Eleganz aus.

Alte Post Auch im Erdgeschoss der ▶Alten Post kann man in einer kleinen Ladenpassage shoppen.

✳
Hanse-Viertel Schmuckstück unter den Hamburger Passagen ist das 1980 in Klinkerbauweise errichtete Hanse-Viertel zwischen Heuberg und Poststraße. In das Hanse-Viertel einbezogen ist der 1927 von Fritz Höger errichtete Klinkerbau des früheren Broschekhauses, in den das Luxushotel »Renaissance Hotel Hamburg« eingebaut wurde. Die alles in allem 200 m langen Passagengänge mit Boutiquen und Restaurants tragen ein gläsernes Tonnendach mit zwei großen Glaskuppeln. In den braunroten Klinkerboden sind metallene Bänder mit Inschriften eingelassen, die auf die Hanse Bezug nehmen.

> **!** *Baedeker* **TIPP**
>
> **Rathauspassage**
> 1998 wurde die Rathauspassage mit Antiquariat und Bistro als ein gemeinnütziges Projekt zur Wiedereingliederung von Langzeitarbeitslosen eröffnet. Bistro-Besucher können die Bücher aus dem Antiquariat zur Tasse Kaffee »ausleihen«. Außerdem gibt es hier unten eine kleine Touristeninformation.

Kaufmannshaus In dem 1907–1909 erbauten Kaufmannshaus an der Bleichenbrücke wurde bei der Erneuerung des Bürohauses eine Ladenpassage mit schönem überdachten Innenhof eingerichtet. Vom Quergang am Bleichenfleet führt ein Steg über das Fleet zum Neuen Wall.

Bleichenhof Auf der anderen Seite der Bleichenbrücke befindet sich der Bleichenhof, der rings um ein schon existierendes Parkhaus gebaut wurde. Neben den Geschäften gibt es hier mehrere Restaurants und Cafés.

✳
Alsterarkaden Die Alsterarkaden ziehen sich entlang der Kleinen ▶Alster. Sie entstanden 1842/43 nach Plänen des Architekten Alexis de Chateauneuf im Rahmen der Neugestaltung des Rathausmarktes. In einigen Cafés unter dem großzügigen Bogengang kann man den Blick über das Wasser und auf das ▶Rathaus genießen.
Jenseits der Schleusenbrücke setzen sich die von den Hamburger Architekten Bothe, Richter und Therani gestalteten Neuen Alsterarkaden als Ladenpassage entlang dem Alsterfleet fort.

Etwa in der Mitte der Alsterarkaden führt ein von außen relativ unscheinbarer Durchgang zum Neuen Wall: die 1846 erbaute und 1990 bis 1993 originalgetreu restaurierte **Mellin-Passage**. Die elegante und kürzeste der Hamburger Passagen wartet mit einer hübsch bemalten Decke auf.

Die **Colonnaden**, die die Verbindung vom Jungfernstieg zum Dammtor bilden, sind zwischen 1874 und 1879 mit Gründerzeithäusern bebaut worden. Statt eines Fußwegs baute man Arkaden und konnte den Raum darüber noch zu Wohnzwecken, und zwar zu recht luxuriösem Wohnen, verkaufen. 1974 bis 1978 wurden die Colonnaden zu einer breiten Fußgängerzone mit Geschäften gestaltet.

2006 wurde die von Teherani entworfene **Europa Passage** eröffnet, die sich zwischen Ballindamm und Mönckebergstraße über 30 000 m² erstreckt.

Decke in der Mellin-Passage

Patriotische Gesellschaft

N 9

Lage: Trostbrücke 4–6   **U-Bahn:** U 3 (Rathaus)

Eine der traditionsreichsten Institutionen der Hansestadt ist die am 11. April 1765 gegründete »Hamburgische Gesellschaft zur Beförderung der Künste und nützlichen Gewerbe« (»Patriotische Gesellschaft von 1765«). Patriotisch hieß damals soviel wie gemeinnützig. Es entstand also quasi eine soziale Einrichtung, die man als eine frühe Bürgerinitiative bezeichnen könnte und auf die die Durchsetzung wichtiger Ideen zurückgeht – u. a. die Gründung der ersten Sparkasse, der ersten deutschen Lebensversicherung und eines der ersten deutschen Seebäder (Cuxhaven), die Einführung von Briefkästen, die Einrichtung der Museen für Hamburgische Geschichte und für Kunst und Gewerbe sowie der ersten öffentlichen Bücherhalle. **Frühe Bürgerinitiative**

Das Gebäude der Patriotischen Gesellschaft in der Nähe der Trostbrücke (▶Nikolaifleet) steht etwa an der Stelle des mittelalterlichen ▶Rathauses, das beim Großen Brand von 1842 zerstört wurde. Es wurde 1844–1847 von Theodor Bülau erbaut und diente von 1859 bis 1897 der Hamburger Bürgerschaft (Stadtparlament) als Tagungsstätte. Der neugotische Backsteinbau ist 1923/24 aufgestockt und nach Kriegsschäden teilweise vereinfacht wiederhergestellt worden. **Gebäude**

★ Peterstraße

M 10

Lage: Neustadt   **U-Bahn:** U 3 (St. Pauli)

Wie sah es einst aus in Hamburg? Die Peterstraße ist nach aufwändigen Renovierungsarbeiten heute ein dekoratives Architekturensemble, das erahnen lässt, wie Hamburgs Bürgerhäuser aussahen. Die Nordseite der Peterstraße und die Ostseite der benachbarten Neanderstraße wurden mit modernen Wohnungen bebaut, denen originalgetreue Fassaden von Barockhäusern des 17. und 18. Jahrhunderts vorgesetzt wurden. Die Nachbauten waren nicht unumstritten, zumal sich an heute pittoreskem Ort früher das ärmliche Gängeviertel der Neustadt befand.

Beylingstift Besonders sehenswert ist das ehemalige Beylingstift an der Peterstraße (Nr. 35/37/39). Die um einen malerischen Innenhof gruppierten Fachwerkgebäude wurden 1751–1770 als Wohnhäuser erbaut und kamen 1824 in den Besitz von Johann Beyling, der sie 1899 als Altenwohnungen in eine Stiftung einbrachte.

Brahms-Museum In der Peterstraße 39 befindet sich eine Erinnerungsstätte an den in diesem Stadtteil geborenen Komponisten Johannes Brahms (▶ Berühmte Persönlichkeiten). Sein Geburtshaus Speckstraße 6 wurde 1943 zerstört. Ausgestellt sind Dokumente über Leben und Schaffen des Komponisten, darunter mehrere Originalpartituren (geöffnet: Di.–So. 10.00–17.00 Uhr, im Winterhalbjahr nur Di., Do., Sa., So.).

Die rekonstruierten Fassaden der Peterstraße

★ Petrikirche

Lage: Mönckebergstraße   **U-Bahn:** U 3 (Rathaus)

Eine Marktkirche am »Berg« wurde erstmals 1195 urkundlich genannt, vermutlich wurde sie aber schon Anfang des 11. Jh.s gegründet. Damit gilt die Petrikirche als die älteste der Hamburger Hauptkirchen, wenngleich der Name »St. Petri« erst 1220 erscheint.
Die Backsteinhallenkirche aus dem 14. Jh. fiel dem Brand von 1842
zum Opfer. Das alte **Südportal** der Petrikirche von G. Baumann von
1604/05 ist erhalten geblieben und im Innenhof des ▶ Museums für
Hamburgische Geschichte – Hamburg Museum zu sehen.
Auf dem alten Grundriss bauten die Architekten Alexis de Chateauneuf und Hermann Peter Fersenfeldt 1844–1849 die St.-Petri-Kirche
in neugotischen Formen. Der 132,5 m hohe Turm wurde 1878 voll-
endet. Im Zweiten Weltkrieg wurde die Kirche kaum beschädigt.

*Ältestes Kunst-
werk der Stadt*

Der **bronzene Türzieher** mit Löwenkopf am linken Türflügel des
Hauptportals gilt als **ältestes Kunstwerk Hamburgs**. Die Umschrift
belegt die Grundsteinlegung des Kirchturms im Jahr 1342. Das
Pendant am rechten Türflügel ist eine Nachbildung von 1849.

★
Türzieher

Petrikirche Orientierung

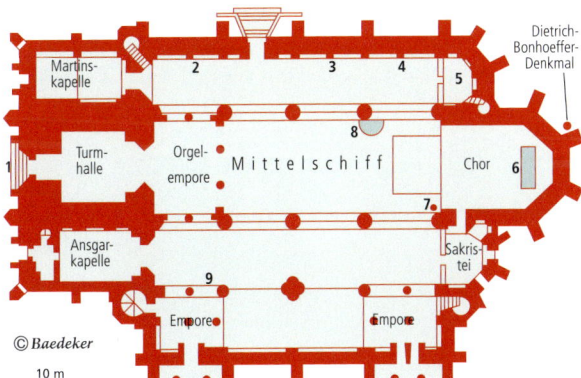

1 Hauptportal (Turmportal);
   am linken Flügel Originaltürzieher
   mit Löwenkopf (nach 1342)
2 Paulusfigur (Sandstein, um 1450)
3 Tafelbild des hl. Ansgar
   (vermutlich Hans Bornemann, um 1460)
4 Stehende Madonna mit Kind
   (lübische Sandsteinarbeit, um 1470)
5 Barbarakapelle (Altar um 1490/1500)

6 Altar: Kreuzigungsgruppe (hamburgische Holzschnitzerei, um 1490);
   dazugehörige Altarflügel
   an der Chorwand
   (Bemalung 15./16.Jh.)
7 Holzstatue des hl. Ansgar
   (vermutlich Bernt Notke, um 1480/1483)
8 Kanzel (1849; Bekrönung um 1400)
9 Kirchenmodell

Innenraum Im Kircheninnern sind zahlreiche alte Stücke zu sehen, die vor dem Brand gerettet wurden. Am ältesten sind die gotische Kanzelbekrönung, eine Sandsteinfigur des Apostels Paulus, eine Madonna mit Kind, eine Holzstatue des Ansgar, die Kreuzigungsgruppe am Hauptaltar und der Flügelaltar in der Barbarakapelle. Das bedeutendste Kunstwerk der mittelalterlichen Petrikirche, der von Meister Bertram 1379 geschaffene Hauptaltar, war 1734 nach Grabow in Mecklenburg gekommen – daher wird er auch »Grabower Altar« genannt. Er wurde 1903 von Alfred Lichtwark für die ▶ Hamburger Kunsthalle zurückgekauft. Aus dem so genannten Schappendom, einem Nebengebäude des 1806 abgebrochenen Mariendoms (▶ Bischofsburg), stammen die Granitsäulen (je zwei) unter den Südemporen.

Aussicht vom Über 544 Stufen kann man auf den Turm hinaufsteigen, von oben
Kirchturm ▶ genießt man eine hervorragende Aussicht!

Bischofsburg Durch den gläsernen Boden in einem Hotel-Restaurant neben dem St.-Petri-Gemeindehaus an der Ecke Speersort und Kreuslerstraße sind die freigelegten Fundamente der ▶Bischofsburg zu sehen.

✶ Planten un Blomen

L/M 10/11

Lage: Nordwesten der Innenstadt
U-Bahn: U 1 (Stephansplatz),
U 2 (Messehallen), U 3 (St. Pauli)

S-Bahn: S 11, S 21, S 31 (Dammtor)

Pflanzen und »Planten un Blomen« – plattdeutsch für »Pflanzen und Blumen« –
Blumen ist eine der beliebtesten Grünanlagen in Hamburg. Ein Großteil des lang gestreckten Parks ist in dem Bereich der früheren Stadtbefestigung entstanden.

Planten und Blomen Orientierung

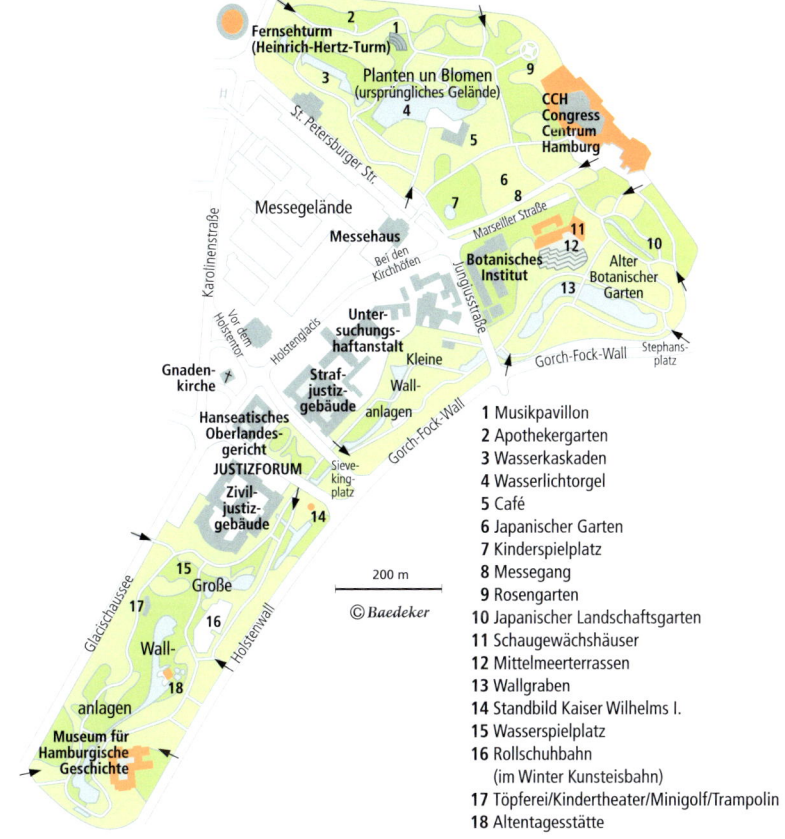

1 Musikpavillon
2 Apothekergarten
3 Wasserkaskaden
4 Wasserlichtorgel
5 Café
6 Japanischer Garten
7 Kinderspielplatz
8 Messegang
9 Rosengarten
10 Japanischer Landschaftsgarten
11 Schaugewächshäuser
12 Mittelmeerterrassen
13 Wallgraben
14 Standbild Kaiser Wilhelms I.
15 Wasserspielplatz
16 Rollschuhbahn
   (im Winter Kunsteisbahn)
17 Töpferei/Kindertheater/Minigolf/Trampolin
18 Altentagesstätte

In der ersten Hälfte des 17. Jh.s – also zu Zeiten des Dreißigjährigen **Wallanlagen** Kriegs – hatte Hamburg zum Schutz seine Befestigungsanlagen erweitert und verstärkt. Teile dieser Festungswerke rings um die damalige Stadt sind heute noch in den breiten Straßenzügen von Klosterwall, Steintorwall, Glockengießerwall, Esplanade, Gorch-Fock-Wall und Holstenwall zu erkennen. Westlich der ▶Alster wurden die alten Wallanlagen zu Parkarealen umgestaltet.
Ein erstes Teilgebiet ist 1935 anlässlich der Niederdeutschen Gartenschau »Planten un Blomen« nach Plänen von Karl Plomin zu einem großen Gartenpark umgestaltet worden. Erst später wurden die

← *Idylle im Schatten des Messehotels, ideal zum Ausspannen*

Teezeremonie im Japanischen Garten

Areale »Alter Botanischer Garten«, »Kleine Wallanlagen« und »Große Wallanlagen« integriert. Der gesamte Bereich ist heute gefüllt mit diversen Freizeiteinrichtungen.

Zu den Attraktionen in der ursprünglichen **»Planten un Blomen«-Anlage** gehören die Wasserkaskaden, mehrere Wasser- und Tropengärten sowie eine **Wasserlichtorgel** im Großen Parksee (Mai–Aug. allabendlich um 22 Uhr, im September um 21.00 Uhr; ohne Lichteffekte auch um 14.00, 16.00 und 18.00 Uhr). Außerdem finden in einem Pavillon im Sommer fast täglich Musikveranstaltungen statt. Eine weitere Attraktion ist der kunstvoll angelegte **Japanische Garten**, den der Landschaftsarchitekt Joshikuni Araki mit Natursteinen und mehreren Wasserläufen konzipiert hat. Alle Wasser münden in einen stillen Teich, an dessen Ufer ein japanisches Teehaus zum beschaulichen Sitzen einlädt (geöffnet: 7.00–23.00, Okt.–März bis 20.00 Uhr).

★
Japanischer
Garten ►

🕐

Alter Botanischer Garten

Gewächshäuser ►

Der südöstlich gelegene Alte Botanische Garten wurde 1821 angelegt. Der Gang durch den Alten Botanischen Garten führt durch Schaugewächshäuser und verschiedene Sondergärten – darunter die Mittelmeerterrassen. Die Schaugewächshäuser umfassen ein großes Tropenhaus, ein Cycadeenhaus, ein Subtropen- und ein Sukkulentenhaus (geöffnet: im Sommerhalbjahr täglich 9.00–16.45, Sa., So. bis 17.45, im Winterhalbjahr täglich 9.00–15.45, Sa., So ab 10.00 Uhr).

★
Warenkundliche
Schausammlung ►

Die **Warenkundliche Schausammlung** ist in ihrer Vollständigkeit in Deutschland einmalig und zeigt die für die industrielle Verarbeitung wichtigen Pflanzen und pflanzlichen Rohstoffe (geöffnet: Mo. – Fr. 9.00–16.00 Uhr).

Der Stephansplatz an der Südostecke des Alten Botanischen Gartens ist benannt nach Heinrich von Stephan (1831 – 1897), dem Organisator des deutschen Postwesens, der die Postkarte und den Fernsprecher eingeführt und 1874 den Weltpostverein gegründet hat. Am Platz steht das von einem vergoldeten Merkur bekrönte Postgebäude von 1883–1887, das früher Sitz der Oberpostdirektion Hamburg war.

Kleine und Große Wallanlagen

Die Kleinen Wallanlagen schließen sich im Südwesten an den Alten Botanischen Garten an. Sie werden dominiert von Justizgebäuden, u. a. Ziviljustizgebäude (1898–1903), Strafjustizgebäude (1879–1882) und Hanseatisches Oberlandesgericht (1907 bis 1912) mit Säulenfront und drei Kuppeln. Hauptattraktion der Großen Wallanlagen sind die Rollschuhbahn (im Winter Kunsteisbahn) und das ► Museum für Hamburgische Geschichte – Hamburg Museum.

Pöseldorf

Lage: am Westufer der Außenalster **U-Bahn:** U 1 (Hallerstraße)

Pöseldorf ist klein, aber fein – ein schickes Dorf in der Metropole. Es liegt westlich der Außenalster. Der Name kam im frühen 19. Jahrhundert auf und leitet sich vermutlich von »pöseln« (mundartlich für »werkeln«) ab. Er bezeichnet einen nichtamtlichen Bereich im Osten des vornehmen Stadtteils Harvestehude. **Schickes Dorf**

Nachdem ursprünglich eher einfache Leute in Pöseldorf gewohnt haben, die für die großbürgerlichen Anwesen an der Alster arbeiteten, ist Pöseldorf heute eine **teure Wohngegend**. Man findet hier exklusive Boutiquen, Antiquitätengeschäfte, Kunstgalerien, Spezialitäten- und Delikatessenläden, aber auch edle Restaurants, Bars und Diskotheken.

Seine von Schick geprägte gemütliche Atmosphäre verdankt Pöseldorf nicht zuletzt der Initiative des Architekten und Kunsthändlers **Eduard Brinkama** († 1978), der auch den nostalgischen »Pöseldorfer Markt« unter Verwendung mehrerer alter Fachwerkhäuser, die ehemals Ställe und Remisen waren, gestaltet hat.

Noble Stadtvillen säumen den Harvestehuder Weg.

★★ Rathaus · Rathausmarkt

N 10

Lage: Innenstadt
U-Bahn: U 3 (Rathaus),
U 1, U 2 (Jungfernstieg)

S-Bahn: S 1, S 2, S 3 (Jungfernstieg)

🕐
Rathausführungen:
Mo.–Do.
10.00–15.00,
Fr. bis 13.00, Sa. bis
17.00, So. bis 16.00
(alle 30 Min.; bei
Staatsbesuchen etc.
keine Führungen)

Rathaus und Rathausmarkt bilden den Mittelpunkt der Hamburger Innenstadt. Gottfried Semper hatte in seinen Plänen für den Wiederaufbau nach dem Großen Brand 1842 in diesem Bereich ein Forum mit Staatsgebäuden vorgesehen (▶ Kunst und Kultur). Lediglich das Rathaus ist als ein Werk von sieben Architekten unter Führung von Martin Haller realisiert worden. Am nordwestlichen Ende vervollständigt das ▶ Bucerius Kunst Forum das schöne Ensemble.

Rathausmarkt

Vorbild für den weitläufigen Hamburger Rathausmarkt war Venedigs Markusplatz. Und ebenso wie dieser öffnet sich auch der Rathausmarkt hin zum Wasser der Kleinen ▶ Alster. Das allerdings muss als venezianische Assoziation auch schon reichen. Die Pläne für den »hanseatischen Markusplatz« entwickelten Gottfried Semper und Alexis de Chateauneuf.

An seiner Schmalseite im Südosten ist 1982 ein neues Denkmal für den deutschen Dichter Heinrich Heine errichtet worden, das Waldemar Otto nach dem Vorbild eines Denkmals von Hugo Lederer gestaltet. Dieses war 1933 von den Nationalsozialisten zerstört worden. Links vor dem Haupteingang des Rathauses ist eine Intarsien-

> ❗ *Baedeker* TIPP
>
> **Hamburg schwäbelt**
> Der Rathausmarkt ist ein beliebter Versammlungs- und Veranstaltungsort. Zu einem der schönsten Feste gehört das »Stuttgarter Weindorf« im Sommer. Dann dreht sich hier alles um Maultaschen, Spätzle und schwäbische Weine, die man an rund 60 Ständen probieren kann.

tafel zum Gedenken an Georg Philipp Telemann in den Boden eingelassen. An der Kleinen Alster steht das Ehrenmal für die Gefallenen des Ersten Weltkriegs, das auf der Wasserseite ein rekonstruiertes Relief von Ernst Barlach trägt.

Rathaus

Das Hamburger Rathaus wurde Ende des 19. Jh.s im Stil der nordischen Renaissance gebaut. In dem eindrucksvollen Repräsentationsbau manifestiert sich das Traditionsbewusstsein der Freien und Hansestadt Hamburg. Das Rathaus ist Sitz des Senats und der Bürgerschaft. Unter den sage und schreibe 647 Räumen gibt es einige prächtige Repräsentationsräume.

Das heutige Rathaus ist der mittlerweile sechste Bau. Vom **ersten und zweiten Rathaus** aus dem 12. Jh. ist nicht mehr viel bekannt. Beide Bauten existierten gleichzeitig, einer in der »Neustadt« und der zweite in der erzbischöflichen Alt-

Im Neorenaissance-Bau tagen sowohl Landesregierung als auch Landesparlament.

stadt. 1216 taten sich beide Teile der Stadt zusammen, und an der Ecke Dornbusch/Kleine Johannisstraße wurde das **dritte Hamburger Rathaus** gebaut, eine schmale Halle, die 1284 einem Stadtbrand zum Opfer fiel.

Das **vierte Rathaus** entstand dann im Bereich Neß/Trostbrücke, wo heute das Gebäude der ► Patriotischen Gesellschaft steht. Wieder baute man einen Saalbau mit Laube, diesmal jedoch in beachtlicheren Dimensionen. Um das Rathaus herum bildete sich das Zentrum der mittelalterlichen Handelsstadt mit Niedergericht, Kran, Waage und Zollhaus. Dieser Bau wurde das eigentliche historische Rathaus, das in den folgenden fünf Jahrhunderten immer wieder verändert wurde. Als der Große Brand von 1842 wütete, beschloss der Rat, das inzwischen baufällig gewordene Rathaus zu sprengen, um eine weitere Ausbreitung des Feuers zu verhindern. Der Senat zog dann, ursprünglich nur vorübergehend, in das **Waisenhaus** an der Admiralitätsstraße – doch dieses Provisorium hielt ganze 55 Jahre!

← *Der Rathausmarkt ist beliebt für Volksbelustigungen aller Art, hier ein Beachvolleyball-Turnier.*

Nach langjährigen Diskussionen um Standort und Aussehen wurde am 6. Mai 1886 der Grundstein für **das sechste Hamburger Rathaus** gelegt. Am Dekor der Fassaden und an der reichhaltigen Ausstattung des Inneren waren Künstler aus ganz Deutschland beteiligt. Wegen des morastigen Untergrundes mussten für den Neubau nicht weniger als 4000 Holzpfähle in den Boden gerammt werden. Am 26. Oktober 1897 wurde dann das heutige Rathaus eingeweiht. Wie durch ein Wunder hat es den Zweiten Weltkrieg ohne größere Beschädigungen überstanden.

Äußeres Der monumentale lang gestreckte Bau mit den charakteristischen kupfernen Satteldächern hat die Ausmaße von 111 x 70 m. Der Mittelturm ragt 112 m in die Höhe. Die Schauseite am Rathausmarkt weist reichen Figurenschmuck auf, u. a. sieht man zwischen den Hauptgeschossfenstern Bronzestatuen von 20 deutschen Kaisern. Die goldene lateinische Inschrift über dem Rathausportal weist die Hansestadt als traditionell Freie Stadt aus – übersetzt: »Die Freiheit, welche die Vorfahren erworben haben, möge die Nachwelt zu erhalten trachten«.

Zwei schmale Flügeltrakte stellen die direkte Verbindung zum Gebäude der ▶ Börse auf der Rückseite her – eine für die Handelsstadt bezeichnende Verknüpfung.

Im prunkvollen Großen Festsaal findet jedes Jahr am 24. Februar die traditionelle »Matthiae-Mahlzeit« für 300 geladene Gäste statt.

Die Rathausdiele kann jederzeit besichtigt werden (Mo.–Fr. 7.00 bis **Inneres**
19.00, Sa. 10.00–16.00, So. 10.00–16.00 Uhr), alle übrigen Räume im
Rathausinnern sind nur im Rahmen von Führungen zugänglich. Bei
dem lohnenden Rundgang werden mehrere Repräsentationsräume
gezeigt – u. a. der »Bürgersaal«, der »Kaisersaal«, der »Turmsaal«, der
»Bürgermeistersaal«, der «Phönixsaal« und der prunkvolle Große
Festsaal.
Ausgangspunkt für die geführten Rathausbesichtigungen ist die Rathausdiele, die man sich auch ohne Führung ansehen kann. Sie lohnt
einen Blick allein wegen ihres hübschen Sterngewölbes, das von 16
schweren Sandsteinsäulen mit Medaillonporträts verdienter Hamburger getragen wird. Rechts bildet ein schmiedeeisernes Tor den
Eingang in den Senatsflügel, links führen Treppen zum Ratsweinkeller und zum Bürgerschaftsflügel. Das Treppenhaus ist aus sardischem
Marmor gefertigt. Elf Wandgemälde stellen den Lebensweg des
Bürgers dar; im anschließenden Foyer hängen Bilder des ► Hafens
und des Hauses der ►Patriotischen Gesellschaft.

Im Rathaus–Hof steht ein großer Schalenbrunnen mit allegorischen **Rathaus-Hof**
Bronzefiguren, der an die verheerende Cholera-Epidemie im Jahr
1892 erinnert, die 8605 Todesopfer forderte. Ganz oben sieht man
»Hygieia«, die Verkörperung der Gesundheit und des reinen Wassers.

An die Ratsweinkeller der Vergangenheit erinnert heute noch der be- **Ratsweinkeller**
cherschwingende Bacchus im Eingang des Restaurants »Parlament«
an der Großen Johannisstraße. Die überlebensgroße Figur (1771)
stammt vom ehemaligen, stadtbekannten Einbeckschen Wirtshaus.
Hier unten ist auch der Grundstein des Rathauses zu sehen. Den
»Rose« genannten Kuppelraum schmücken Blumenbilder des Hamburger Malers Paul Duyffcke.

Schanzenviertel ·
Karolinenviertel

L 10/11

Lage: ca. 1 km westlich der Innenstadt

Die beiden lebendigen Stadtviertel sind mit ihren zahllosen Kneipen, **Hier lebt**
Cafés und Bars beste Hamburger Ausgehadressen. Gleichzeitig **die Szene**
machen sie die vielen Läden mit ausgefallenem Angebot zu einem
lohnenden Shopping-Ziel.
Das Karolinenviertel erstreckt sich westlich der Karolinenstraße mit
den Gebäuden des ehemaligen Schlachthofs und das Schanzenviertel
unmittelbar westlich davon mit dem Schulterblatt als Hauptstraße.
Der ungewöhnliche Straßenname stammt von dem Schulterblatt
eines Wals – dem Schmückstück einer Gaststätte namens »Schulterblatt«, in der sich einst die hier ansässigen Walfänger trafen.

Sympathisches Flair, großes Angebot und nette Menschen – »Schanze« und »Karo« eignen sich prima zum Ausgehen, am Tag und in der Nacht.

Am Schulterblatt steht die **»Rote Flora«**, deren Werdegang charakteristisch für das Viertel und seine Bewohner ist. Einst war die Flora Konzertsaal und Varietébühne, dann Operettentheater und schließlich Kino. Ein in den 1980er-Jahren geplanter Umbau zum Musical wurde erst nach der Besetzung des Gebäudes und massiven Protesten ad acta gelegt (▶ Altona) und die bereits halbwegs abgerissene Flora von einer Kulturinitiative des Stadtteils übernommen.

Namensgebend für das Schanzenviertel ist der kleine **Sternschanzenpark**, benannt nach einem Befestigungswerk, das man 1682 gegen die Dänen errichtet hatte. Hier steht außerdem der weithin sichtbare, stillgelegte Wasserturm, in den ein Hotel eingezogen ist.

★★ Speicherstadt

M/N 9

Lage: ca. 1 km südlich der Innenstadt   **U-Bahn:** U 1 (Meßberg)

Einst größter Lagerhauskomplex der Welt

Als Hamburg in der zweiten Hälfte des 19. Jh.s seinen Freihandelsstatus einbüßte und dem Deutschen Zollverein beitrat, richteten die Hansestädter den Freihafen ein. Hier konnten die Waren weiterhin zollfrei gelagert, verarbeitet und gehandelt werden. Zur Warenlagerung baute man südlich des Zollkanals die Speicherstadt auf den so genannten Brookinseln. Dafür riss man Wohnhäuser und teilweise ganze Arbeitersiedlungen ab; etwa 20 000 Menschen mussten um-

gesiedelt werden. 1888 wurden der Freihafen und der neue Speicher-
bereich eröffnet. Damals war die Speicherstadt mit ihren bis zu achtstöckigen Backsteinbauten der größte Lagerhauskomplex der Welt.

In den Speichern wurden hochwertige Importgüter gelagert – Ge-   **Quartiersleute**
nussmittel wie Tabak, Kaffee, Kakao, Tee, Rum und Gewürze, außer-
dem Konserven, Rohseide oder orientalische Teppiche. Den Waren-
transfer auf die »Böden« genannten Etagen der Speicher übernahmen sachkundige »Quartiersleute«, die die Produkte gegebenenfalls
auch weiterverarbeiteten. Tees wurden hier gekostet, Kaffee probiert.
Durch die wachsende Bedeutung des Containerbetriebs sind in der
zweiten Hälfte des 20. Jh.s viele Lagerhäuser von ihren Firmen aufge-
geben worden, sodass hier heute fast nur noch Teppiche gelagert
werden, und zwar so viele, dass diese aneinandergelegt eine Fläche
von 120 000 m² ergeben würden. 2003 wurde die Freihafengrenze
verlegt und die Speicherstadt aus dem Freihafengebiet genommen.

Die lang gezogenen Speicherblöcke mit ihren Straßen- und Fleet-   **Unter**
fronten bilden ein eindrucksvoll geschlossenes Architekturensemble.   **Denkmalschutz**
Die Häuser wurden im neogotischen Stil errichtet, ihre Fassaden mit
Türmchen, Giebeln, Erkern oder Simsen aufgelockert. In den
1970er- und 1980er-Jahren verfielen die nicht mehr genutzten
Gebäude zunehmend, der gesamte Bereich verödete. Dann besann
sich Hamburg auf seine städtebauliche Besonderheit und stellte 1991
das einzigartige Bauensemble unter Denkmalschutz.
Mittlerweile ist die Speicherstadt eine touristische Sehenswürdigkeit
mit teilweise noch normalem Arbeitsalltag. Sie wird im Rahmen von
Hafenrundfahrten angefahren oder kann bei nächtlichen Schifffahr-

> ## ❗ *Baedeker* TIPP
>
> ### Speicherstadtmuseum
> Die Bezeichnung »Quartiersmann« stammt entweder
> von »quarta«, weil sich nämlich immer vier Quartiers-
> leute zusammentaten, oder sie kommt von »Quartier«,
> dem so genannten Lagerraum für das Handwerkszeug.
> Dies und noch viel mehr über die Arbeit der Quartiers-
> firmen und Handelshäuser ist zu erfahren im Speicher-
> stadtmuseum (Am Sandtor 36; geöffnet tgl. 10.00 bis
> 17.00, im Sommer Sa. u. So. bis 18.00 Uhr), das in
> einem 100 Jahre alten Lagerhaus untergebracht ist.

ten besichtigt werden. Ansonsten durchstreift man die Speicherstadt
am besten zu Fuß. Man kann die schöne Atmosphäre genießen, interessante Museen besichtigen oder sich in einer der Touristen-
attraktionen amüsieren.

Sehr lohnend – auch für Kinder – ist das weltweit einmalige **Spicy's Gewürzmuseum** (Sandtorkai 32), das wie eine Gewürzmühle aufgebaut ist. Vermittelt werden Anbau, Verarbeitung und Gebrauch von Gewürzen (geöffnet: Di.–So. 10.00 bis 17.00 Uhr, Juli–Okt. auch Mo.).

Imselben Haus hat eine afghanische Firma in ihrem früheren Teppichlager das **Afghanische Kunst- und Kulturmuseum** eingerichtet. Es informiert nicht nur über die Kultur und die Kunstschätze des Landes, sondern auch über die aktuelle Situation in Afghanistan (geöffnet: tgl. 10.00–17.00 Uhr).

1992 öffnete an der Kornhausbrücke das **Deutsche Zollmuseum** seine Tore in einem ehemaligen Zollamt. Seit 1900 hatten hier Zöllner die Einhaltung von Importbestimmungen für Waren aus Übersee kontrolliert, die über die Ham-

Im Gewürzmuseum steigen einem unzählige Düfte in die Nase.

burger Speicher auf deutsche und europäische Märkte gelangten. Das Museum zeigt die Zollgeschichte vom Altertum bis zur Gegenwart. Zu sehen sind u. a. eine Tontafel mit Abgabenliste aus Mesopotamien (um 1970 v. Chr.), eine römische Zollquittung von 41 n. Chr., eine eiserne Beinprothese, die der »zollfreien Einfuhr« von Zigaretten diente, Kraftstofftanks zum Waffenschmuggel, beschlagnahmte Exemplare artengeschützter Tiere und Pflanzen und interessante Fälschungen von bekannten Markenartikeln (geöffnet: Di.–So. 10.00 bis 17.00 Uhr).

Hamburg Dungeon

Der Hamburg Dungeon (Kehrwieder 2) ist eine Art Geisterbahn. In Gruppenführungen begegnen die Gäste einigen Schreckensereignissen der Geschichte Hamburgs wie dem Großen Brand, der Pest oder der Störtebeker-Hinrichtung (geöffnet: tgl. 10.00–17.00, Juli, August 10.00–18.00 Uhr).

Miniatur Wunderland

Im vierten Stock des Gebäudes Kehrwieder 2 ist die größte digital gesteuerte Modelleisenbahn der Welt aufgebaut, die seit 2001 mehr als 6 Millionen Besucher anzog. Eine Miniaturwelt der Superlative: 12 000 m Gleise, 2200 Weichen, 1000 Signale, dazu 3500 Häuser, 250 000 Figuren, 50 000 Bäume. Bis 2020 soll die Gleislänge auf 20 000 m verlängert werden (geöffnet: Mo.–Fr. 9.30–18.00, Di. bis

21.00; Sa., So. 8.30–20.00 Uhr, Öffnungszeiten werden wegen des großen Andrangs oft verlängert; es kann zu längeren Wartezeiten kommen, daher empfiehlt sich ein Online-Ticket zu kaufen; Infos u. Warteprognose unter www.miniatur-wunderland.de).

Dieses Museum (Kehrwieder 4) zeigt altes Spielzeug, das auf irgendwelchen Dachböden die Zeiten überdauert hat und nun wiederum auf einem Dachboden gezeigt wird (geöffnet: tgl. 10.00–18.00 Uhr).

Die Dachbodenbande ⏱

Hier öffnen Blinde und Sehbehinderte den Besuchern die Augen: Beim Gang durch die Dunkelheit werden Dinge erfühlt, ertastet, gehört, gerochen und die Welt mit anderen Sinnen wahrgenommen (Wandrahm 4; Di.–Fr. 9.00–17.00, Sa., So. 10.00–20.00 Uhr; Rundgang nur mit Begleitperson, Anmeldung erforderlich: Tel. 309 63 40).

Dialog im Dunkeln ⏱

Über die Zukunft der HafenCity (▶Baedeker Special S. 262), die unmittelbar neben der Speicherstadt im Entstehen begriffen ist, kann man sich im InfoCenter im Kesselhaus (Am Sandtorkai 30) informieren (geöffnet: Di.–So. 10.00–18.00, Mai–Okt. Do. bis 20.00 Uhr; sonntags um 15.00 Uhr starten ab hier kostenlose Führungen durch die Hafencity).

InfoCenter im Kesselhaus ⏱

◀ Weiter auf S. 265

Beeindruckendes architektonisches Ensemble – die Speicherstadt

Blick in die Zukunft: 10 Kilometer Kaipromenaden, 40 000 Arbeitsplätze und 5500 Wohnungen sollen entstehen.

DIE HAFENCITY: EUROPAS GRÖSSTES INNERSTÄDTISCHES BAUPROJEKT

In atemberaubender Geschwindigkeit wird die heutige Innenstadt Hamburgs durch den Bau der HafenCity um 40 Prozent erweitert. Noch gibt es Kräne und Rohbauten im ehemaligen Freihafen. Aber im westlichen Teil hat die HafenCity bereits Gestalt angenommen.

Ein neues Stück Hamburg

Das Areal liegt direkt am Elbufer im Herzen der Hansestadt – 800 m vom Rathaus entfernt, 1100 m vom Hauptbahnhof. Vor etwa 120 Jahren wurden Wohnviertel an dieser Stelle für die Hafenerweiterung abgerissen – nun soll das Leben zurückkehren: Mit der **Umnutzung ehemaliger Hafenflächen** folgt Hamburg dem Beispiel vieler großer Welthafenstädte wie London, Kopenhagen oder Buenos Aires.

Beim Verkauf der Grundstücke war nicht der angebotene Preis von Investoren entscheidend, sondern die **zukunftsweisende Qualität der Nutzungskonzepte**. Exemplarisch ist der Neubau des Spiegel-Verlags: Neben der Ästhetik waren modernste Standards des **ökologischen und nachhaltigen Bauens** ausschlaggebend. Im östlichen Teil der HafenCity entsteht das **Elbtorquartier**. Hierher wird das integrative »Stadthaushotel«, das 40 Menschen mit Behinderungen einen Arbeitsplatz bietet, umziehen, außerdem werden sich im Elbtorquartier Designunternehmen, die Umweltorganisation Greenpeace und die neue HafenCity Universität niederlassen.

Auf den Bau einer Shopping Mall wurde bewusst verzichtet und stattdessen die Ansiedlung von **kleinen Geschäften** unterstützt. Entsprechende finanzielle Hilfen für die hohen Mieten in dieser zentralen Lage werden den Einzelhändlern zugesichert.

Vom Erlebnis Großbaustelle...

Die HafenCity wächst schneller als vorgesehen. Rund die Hälfte des im Masterplan von 2000 beschlossenen

Elbphilharmonie: futuristische Konzerthalle von Herzog & de Meuron mit spektakulärer Glaskonstruktion

Bauvorhabens ist abgeschlossen oder befindet sich in der konkreten Umsetzung. Vom orangefarbenen View Point kann man sich einen Überblick über die gigantischen Ausmaße der Baustelle verschaffen.

Die bisher fertiggestellten Gebäude sind zumeist **edle Bürohäuser** oder Anlagen mit **Luxuswohnungen**. Anfang 2010 lebten in der HafenCity erst etwa 1500 Menschen, wenn die Bauarbeiten abgeschlossen sind, soll es neuen Wohnraum für rund 12 000 Menschen geben und sich die Bevölkerungszahl der heutigen Innenstadt nahezu verdoppeln. Die Zahl der 2010 hier arbeitenden Menschen lag bei circa 6000, insgesamt sollen neue Arbeitsstätten für mehr als 40 000 Beschäftigte entstehen. Derweil ist der größte Arbeitgeber noch das Baugewerbe, und der Großbaustellencharakter überwiegt in der HafenCity – doch das wird sich bald ändern.

… zum attraktiven urbanen Lebensraum

In der HafenCity entsteht ein umfangreiches **Freizeitangebot**. In dem Quartier zwischen der historischen Speicherstadt und dem Sandtorhafen existiert seit 2005 ein Teil der insgesamt zehn Kilometer langen Promenade. Die **Sandtorkai-Promenade** bildet zusammen mit den **Magellan-Terrassen** und dem 2008 eröffneten **Traditionsschiffhafen** ein erstes attraktives Ensemble am Wasser. Auch das Teilquartier **Dalmannkai** ist mit einer Promenade, einer Freizeitmeile mit Bistros, Cafés und Kiosken sowie dem **Vasco-da-Gama-Platz** mit Sitzstufen und Spielflächen zum Treffpunkt geworden. An den **Marco-Polo-Terrassen** herrscht am Wochenende reges Treiben, und viele nutzen die bequemen Holzmöbel, um bei gutem Wetter in der Sonne zu lümmeln. Gleich daneben steht ein Denkmal für den Piraten **Störtebeker**, der im Jahr 1400 an dieser Stelle geköpft worden sein soll. Von hier aus ist das neue Unilever-Haus mit der Passage, in der Produkte des Unternehmens verkauft werden, nur einen Katzensprung entfernt. Daneben hat das **provisorische Kreuzfahrtterminal** seinen Platz gefunden. Bei über 100 Anläufen pro Jahr stehen die Chancen nicht schlecht, einen der Ozeanriesen hier aus der Nähe begut-

Cruise Center und Hotel unter einem Dach – wenn eines Tages das Meer von Kränen verschwunden ist, werden im Überseequartier phänomenale Bauten in die Höhe ragen.

achten zu können. Allein die Queen Mary 2 kommt etwa sechsmal im Jahr nach Hamburg.

Überragt wird das Areal vom **Marco-Polo-Tower** – auch »Millionärsturm« genannt, da die Wohnungen mit Hunderten von Quadratmetern in exponierter Lage natürlich einiges kosten.

Kultur in der HafenCity

Schon jetzt gibt es hier am Elbufer kulturelles Leben. Wer noch ein wenig Baustaub und Baukräne toleriert, erreicht am Lohseplatz das private **Automuseum Prototyp** und ein Stück weiter an der Koreastraße das historische Gebäude des Kaispeichers B, in dem das **Internationale Maritime Museum Hamburg** untergebracht ist, das für jeden Fan der Seefahrt ein Muss ist: Die Sammlung zeigt über 40 000 Einzelstücke aus der maritimen Welt – und der Bereich der historischen Marineuniformen gilt als weltweit bedeutsamster.

Auf dem Kaispeicher A wird derweil das über Hamburgs Grenzen hinaus bekannteste Bauprojekt realisiert: Die neue **Elbphilharmonie** wird mit atem-beraubender Architektur auf dem entkernten historischen Gebäude als neues Wahrzeichen der HafenCity errichtet. Wer vor dem anvisierten Ende der Baumaßnahmen 2012 einen Blick in den Konzertsaal werfen möchte, kann dies in einem Pavillon an den Magellan-Terrassen tun. Hier ist das Modell im Maßstab 1:10 Do. bis So. 10.00–17.00 Uhr zu besichti-gen. Dort starten auch die sonntäg-lichen Führungen über die Baustelle der Elbphilharmonie (stündlich zwi-schen 11.00 und 16.00 Uhr, Tel. 35 76 66 66). Neben dem kostspieligen Megabauwerk – das von vielen Hamburgern als überdimensioniertes Prestigeobjekt angesehen wird – soll es in der HafenCity aber auch **kleinere kulturelle Projekte** geben.

Mit der Eröffnung der Universität werden bald zahlreiche **Studenten** in die HafenCity kommen, und auch die Zahl der **Familien** wird in absehbarer Zeit steigen: Eine 2009 fertiggestellte Grundschule und eine Kindertages-stätte sollen dazu beitragen. Ab 2012 wird die HafenCity an die neue U4 angeschlossen sein, die zwei Stationen in dem Gebiet anfahren wird.

St. Georg

Lage: nordöstlich vom Hauptbahnhof   **S-Bahn:** Hauptbahnhof
U-Bahn: U 2 (Hauptbahnhof-Nord);
U 1, U 3 (Hauptbahnhof-Süd)

Derzeit ist kein anderer Hamburger Stadtteil so vielfältig und kontrastreich wie St. Georg: Hier sind die Hamburger ▶Kunsthalle oder das Hotel »Atlantik« zu finden, Hamburgs größte Moschee in der Böckmannstraße mit den von Boran Burchhardt bemalten Minaretten, der katholische Mariendom als Hauptkirche des Erzbistums Hamburg mit der Statue von Johannes Paul II., die Drogenszene am Hansaplatz und schwul-lesbische Bars in der Langen Reihe. Am Steindamm dominiert ein Sammelsurium aus Automatenhallen, Sexshops, Stundenhotels und Importläden. Gleichzeitig ist St. Georg Wohnviertel mit schönen Wohnstraßen mit Durchhäusern und belebten Innenhöfen. Kleine Läden mit ausgefallenem Angebot und zahlreiche Nationaliäten-Restaurants ergänzen die lebendige Mixtur, die das Viertel nun auch für Gutsituierte attraktiv macht. Während bisher überwiegend Studenten und Ausländer in St. Georg lebten, zieht jetzt immer mehr Schick in das Viertel ein. Die Wohnungen werden teurer, und die bisherigen Bewohner haben das Nachsehen.

Wild gemischt

Hamburgs größte Moschee steht in St. Georg. Die abgebildete Imam Ali Moschee hat dafür die schönste Lage – direkt an der Außenalster.

Geschichte St. Georg ist der älteste Stadtteil außerhalb des Althamburger Kerns. Wo heute die Bahngleise verlaufen, zog sich der Befestigungswall entlang. Der Name des Stadtteils geht auf ein hier um 1200 gegründetes St.-Georg-Hospital zurück, ein so genanntes Siechenhaus für Leprakranke. Mit dem Bau des Hauptbahnhofs 1906 zog in das bis dahin ruhige St. Georg das Vergnügungsgewerbe ein – was St. Pauli für die Seeleute schon lange war, wurde St. Georg jetzt für die Zugreisenden. Ein zweites Hamburger Rotlichtviertel entwickelte sich. Nach dem Zweiten Weltkrieg stand das Viertel dann kurz vor dem Aus, als ein Konzept hier ein Alster-Manhattan mit 60-stöckigen Hochhäusern vorsah. Durch massive Widerstände der Bewohner wurde dies verhindert und St. Georg stattdessen gründlich saniert.

> ! **Baedeker TIPP**
>
> **»Koppel 66«**
>
> Parallel zur Langen Reihe verläuft die Koppel. Im Haus Nummer 66, einem ehemaligen Fabrikgebäude, ist das »Haus des Kunsthandwerks« eingerichtet, in dem auf drei Etagen Kunsthandwerker aller Art ihre Ateliers haben. Durch die großen Fenster kann man ihnen von außen bei der Arbeit zusehen.

Dreieinigkeitskirche Vor der Zerstörung 1943 war die Dreieinigkeitskirche ursprünglich ein barocker Bau. Den 67 m hohen Turm des Neubaus aus den 1950er-Jahren krönt eine Figur des hl. Georg. Das Denkmal des heiligen Georg vor der Kirche stammt von Gerhard Marcks. In der Turmkapelle steht eine bronzene Kreuzigungsgruppe von etwa 1500, die einst die letzte Station des vom Mariendom (► Bischofsburg) zum Siechenhaus führenden Kreuzwegs bildete.

Lange Reihe Eine der lebendigsten Straßen von St. Georg ist die Lange Reihe. In den meist älteren Häusern der relativ schmalen Straße sind viele kleine Geschäfte, Kneipen und Cafés zu finden. In der Langen Reihe 71 wurde der Volksschauspieler Hans Albers (► Berühmte Persönlichkeiten) geboren.

✳ St. Pauli

K/L 9/10

Lage: zwischen Innenstadt und Altona	**S-Bahn:** S 1, S 2, S 3 (Landungsbrücken,
U-Bahn: U 3 (St. Pauli, Landungsbrücken)	Reeperbahn)

Vergnügen mit Tradition Hamburgs weltbekannter Stadtteil St. Pauli – Inbegriff »sündiger Vergnügungen« – verdankt seinen Namen ausgerechnet dem Sittenapostel Paulus. 1682 wurde auf dem »Hamburger Berg«, wie die Gegend auf dem hohen Elbufer hieß, eine Kirche St. Pauli geweiht. Nach deren Nachfolgebau, der kleinen klassizistischen St.-Pauli-Kirche südlich vom Hein-Köllisch-Platz, wurde der Stadtteil 1833 benannt.

Kaum bzw. gar nicht bekleidete Damen sind nur eins der abwechslungsreichen Gesichter von St. Pauli.

Lange Zeit lag St. Pauli im Niemandsland zwischen den Stadtbefestigungen von Hamburg und Altona. Hier entwickelte sich ein Eigenleben, von dem heute noch Straßen- und Platznamen wie Spielbudenplatz und Zirkusweg zeugen. 1798 war der Spielbudenplatz schon Ort von Unterhaltungen diverser Art, die vorsichtshalber draußen vor der Stadt angesiedelt wurden. Rund 100 Jahre danach hatten am später so genannten Zirkusweg große Zirkusse ihren Standort. 1894 wurde St. Pauli dann als offizieller Stadtteil eingemeindet.

Als zu Beginn des 19. Jh.s immer mehr Dampfschiffe nach Hamburg kamen, entwickelte sich in St. Pauli ein **Seemannsviertel** mit Hafenkneipen, Freudenhäusern und Matrosenheimen, das sich im Lauf der Zeit zu einem riesigen Vergnügungsviertel ausweitete. Mitte der 1960er-Jahre wächst die Reeperbahn in seinem Zentrum mehr an und wird die wohl berüchtigtste Amüsiermeile der Welt. Heute ist St. Pauli ein glitzerndes Amüsierviertel für jedermann wie jede Frau. Vom gesamten Stadtteil St. Pauli, in dem etwa 32 000 Menschen leben, nimmt das eigentliche **Amüsier- und Rotlichtviertel** etwa ein Drittel ein. Rund 500 gastronomische Betriebe aller Art gibt es hier. Mit jährlich 20 Millionen Besuchern ist der Stadtteil eine der Hauptattraktionen Hamburgs. Auffällig ist die Vielfalt des Gebotenen vom Volkstheater, Varieté und Kabarett über Clubs, Diskotheken und Stimmungslokale, extravagante Shows, Kinos und Kneipen bis hin zu vulgärer Pornografie und gewerbsmäßiger Prostitution. Gerade in den letzten Jahren hat sich hier aber auch eine **alternative Kulturszene** mit neuen Theatern, schicken Bars und den angesagtesten

Clubs der Stadt entwickelt. Diese Vielfalt des pulsierenden Szenelebens goutieren mittlerweile auch die Hamburger wieder, die St. Pauli jahrzehntelang den auswärtigen Besuchern überließen. Organisierte Kriminalität und Drogenmissbrauch sind die **Kehrseite der Glitzerwelt**. Drogenhandel und Machtkämpfe unter Zuhältern sind – vor allem hinter den Kulissen – noch immer an der Tagesordnung.

✳ Reeperbahn

Wo einst die Schiffstaue...

Quer durch St. Pauli verläuft die weltberühmte Reeperbahn, eine etwa 600 m lange Straße, die ihren Namen nach den Reepen (norddeutsch »Reep« = Seil) trägt, die die Seiler hier ab dem 17. Jh. auf einer eigens dafür eingerichteten Geländebahn zu Schiffstauen drehten. Verschiedenste Etablissements lohnen einen Abstecher (▶ Baedeker Special S. 61).

Spielbudenplatz

Am Spielbudenplatz Nr. 1 steht das bekannte **Operettenhaus**, in dem von 1986 an 15 Jahre lang ununterbrochen das Musical »Cats« gespielt wurde. Bis kurz vor Kriegsende existierte hier das »Theater an der Reeperbahn«, in dem der legendäre Revueschlager »Auf der Reeperbahn nachts um halbeins« von Hans Albers erstmals auf der Bühne zur Aufführung kam.

Daneben (Nr. 3) steht das **Panoptikum**, das seit 1879 »Die Welt in Wachs« zeigt. Mehr als 120 Personen und Persönchen aus Geschichte und Boulevard sind hier zu sehen (geöffnet: Mo.–Fr. 11.00–21.00, Sa. 11.00–24.00, So. 10.00–21.00 Uhr).

Gleich mehrere kleine Bühnen haben sich am Spielbudenplatz etabliert: das **»Schmidt«** (Nr. 24), plüschiges Boulevardtheater, Kneipe und Varieté in einem, der Musentempel **»Schmidt's Tivoli«** am Spielbudenplatz 27/28 und gleich nebenan in Nr. 29 das 1841 gegründete **St.-Pauli-Theater**, das Klassiker in guten Inszenierungen und erstklassig besetzt, Comedy und Kabarett im Programm hat.

Davidwache

Die Davidwache ist das für St. Pauli zuständige Polizeirevier 15, das als Film- und Fernseh-Location Berühmtheit erlangte. Die Wache residiert in einem interessanten Klinkerbau (Spielbudenplatz/Davidstraße), den Fritz Schumacher 1913/14 mit originell gegliederter Traufenfront gestaltet hat.

Herbertstraße

Die Herbertstraße wurde um 1900 von der Stadt Hamburg als geschlossene Wohnanlage für Prostituierte eingerichtet, um eine gewisse Übersicht und Kontrolle über das Gewerbe zu haben. Sie ist heute eine der letzten Bordellstraßen in Deutschland. Die an beiden Enden durch Sichtblenden abgeschottete Straße dürfen nur erwachsene Männer betreten. Offiziell gibt es hier keine Zuhälter, da sich die Prostituierten im Wesentlichen selbst organisieren, inoffiziell haben aber vermutlich auch hier die Zuhälter das Sagen.

Deutschlands bekannteste Polizeiwache am Spielbudenplatz

In der Erichstraße hat sich Harry's Hafenbasar angesiedelt, ein Laden voller sehenswerter Kuriositäten. Man muss Eintritt zahlen, der aber bei einem eventuellen Kauf verrechnet wird (►Praktische Informationen: Shopping).

Harry's Hafenbasar

Im Kern des alten St. Pauli liegt der Hans-Albers-Platz mit einem ausgefallenen Hans-Albers-Denkmal (1,5 t Bronze, 2,90 m hoch) von Jörg Immendorff (1986).

Hans-Albers-Platz

Die Beatles starteten einst ihre Weltkarriere von Hamburg-St. Pauli aus. Daher nannte die Stadt einen Platz am Anfang der »Großen Freiheit« nach den berühmten Pilzköpfen. Dieser erinnert an eine Vinylschallplatte und es sind Silhouettenskulpturen der Bandmitglieder aufgestellt worden. Gleich nebenan befindet sich das Museum »Beatlemania«. In fünf Stockwerken kommen Beatlesfans voll auf ihre Kosten (Nobistor 10, tgl. 10.00–19.00 Uhr)

Beatles-Platz

Große Freiheit

Kurz vor dem Nobistor zweigt die nicht zuletzt durch den Hans-Albers-Film »Große Freiheit Nr. 7« (1943/44) bekannte Große Freiheit von der Reeperbahn ab. Hier reiht sich ein Show-Lokal an das andere, eskortiert von vielen Imbissbuden. Neben Live-Sex wird gute Live-

? WUSSTEN SIE SCHON …?

- Die Große Freiheit gehörte früher zu Altona und trägt ihren Namen nach der in Altona im Mittelalter gewährten Religions- und Gewerbefreiheit. Aufgrund dieser Freiheit übersiedelten insbesondere zahlreiche Handwerker und kleine Gewerbetreibende von Hamburg nach Altona.

Musik geboten. Bekannt sind für Ersteres das »Safari«, für Letzteres die »Große Freiheit 36« und das »Grünspan«. Der legendäre »Star-Club«, in dem unter anderem die Beatles ihre Weltkarriere begonnen haben, befand sich von 1962 bis 1969 in der Großen Freiheit 39 in einem Haus, das mittlerweile aber nicht mehr existiert (▶ Baedeker Special, S. 44).

Kirche St. Joseph Mitten im »Sündenbabel« der Großen Freiheit trifft man an der Westseite der Straße (Nr. 43) unerwartet auf eine Kirche: die ursprünglich zwischen 1718 und 1723 erbaute katholische St.-Joseph-Kirche, die im Zweiten Weltkrieg fast gänzlich zerstört wurde. Erhalten ist die Barockfassade. Da der katholischen Gemeinde im protestantischen Hamburg damals Glockengeläut verboten war, erhielt die Kirche erst in den 1960er-Jahren ein Glockenspiel.

Hafenstraße in St. Pauli

Bundesweit in den Schlagzeilen Parallel zur Reeperbahn verläuft die Hafenstraße. Die »Hamburger Hafenstraße« kam in den 1980er-Jahren bundesweit in die Schlagzeilen. Wegen der geplanten Betonierung des Hafenrandes sollten hier wie auch in der Bernhard-Nocht-Straße einige Häuser abgerissen werden. Die alten Wohnhäuser in Toplage wurden daraufhin 1981 besetzt. Die Bewohner schlossen sich in einem »Verein Hafenstraße« zusammen. Es entwickelte sich eine eigene »Hafenstraßenkultur«, u. a. mit einem Privatsender »Radio Hafenstraße«. 1987 konnte die Räumung erst im letzten Moment durch einen von Bürgermeister Klaus von Dohnanyi angebotenen Pachtvertrag abgewendet werden. Mitte der 1990er-Jahre wurden die Häuser schließlich an die Genossenschaft »Alternativen am Elbufer« verkauft, die der Jurist und Investor Hans-Jochen Waitz vertrat. An den Fassaden und Brandmauern der Häuser sind heute noch Reste von Graffiti und Protestparolen zu sehen. Etwas unterhalb am Elbeufer befindet sich der von Anwohnern und Künstlern gestaltete Antoni Park.

★ Staatsoper

M 10

Lage: Dammtorstraße 28 **S-Bahn:** S 11, S 21, S 31 (Dammtor)
U-Bahn: U 1 (Stephansplatz),
U 2 (Gänsemarkt)

Oper von Weltruf Die traditionsreiche Hamburgische Staatsoper gehört heute zu den bedeutendsten Bühnen der Erde. Schon 1678 war in Hamburg mit dem Deutschen Opernhaus das erste ständige Operntheater Europas am ▶ Gänsemarkt eröffnet worden. Hier wurden u. a. Opern von Georg Friedrich Händel uraufgeführt, der auch selbst im Orchester mitspielte. Der 1827 nach einem Entwurf Schinkels von Carl Ludwig

Zum Dahinschmelzen schön – das Ballett der Staatsoper

Wimmel erbaute Bau an der Dammtorstraße wurde im Laufe der Zeit mehrmals verändert, bevor er 1943 niederbrannte. Das Gebäude wurde 1953–1955 mit einer gläsernen Fassade wieder aufgebaut.

Nach dem Zweiten Weltkrieg wurde die Staatsoper international führend – nicht zuletzt dank ihres langjährigen Intendanten, des schweizerischen Komponisten Rolf Liebermann. Seit 2005/2006 hat die Australierin Simone Youngdie künstlerische Leitung. Das Staatsopernballett unter der Leitung des US-Amerikaners John Neumeier zählt derzeit zur Weltspitze.

Die Hamburgische Staatsoper unterhält unter der Bezeichnung »Opera stabile« eine Studiobühne in der nahegelegenen Büschstraße.

✳ Stadtpark

Lage: Winterhude   **S-Bahn:** S 1, S 11 (Alte Wöhr)
U-Bahn: U 3 (Saarlandstraße, Borgweg)

Im Gegensatz zu anderen Großstädten erkannte Hamburg erst spät die Notwendigkeit der Schaffung neuer Grünflächen. 1902 erwarb die Stadt Hamburg eine 36 ha große Fläche auf der Winterhuder Geest, für deren Gestaltung ein öffentlicher Wettbewerb ausgeschrieben wurde. Nach Entwürfen von Fritz Schumacher und Friedrich Sperber legte man dann von 1912 bis 1914 den 149 ha großen »Volkspark« an. Otto Linne gestaltete später den Park mit Wald, Wiesengelände und Gartenanlagen. Diverse Spiel-, Sport- und Unterhal-

Bedeutendes Gartendenkmal

Dieses Stadtpark-Café hat eine eigene Bootsanlegestelle.

tungsmöglichkeiten machen damals wie heute den Erholungswert dieses Freizeitparks inmitten der Großstadt aus. Zu den Einrichtungen gehören u. a. ein Sommerbad, Planschbecken, Sport- und Spielplätze und Gaststätten.

Vom einstigen Ensemble ist durch Kriegszerstörungen und Abriss vieles verloren gegangen. Doch das bedeutende Gartendenkmal ist noch immer beispielhaft für die Reformbewegung in der Gartenkunst Anfang des 20. Jahrhunderts.

! *Baedeker* TIPP

Fensterfront ins All

Sensationell ist der bis heute einzigartige »ViewSpace« im Barbereich des Planetariums: Zehn große Plasmabildschirme sind online mit dem Space Telescope Science Institute der NASA in Baltimore verbunden und zeigen u. a. tagesaktuelle Bilder des Weltraumteleskops HUBBLE. Außerdem erhält man Informationen über laufende Weltraummissionen der NASA und ESA.

✴ Planetarium / Wasserturm

Der Wasserturm ist nach einem Entwurf des Dresdners Oscar Menzel von 1912–1915 durch Fritz Schumacher als 65 m hoher Backsteinbau errichtet worden; das architektonische Gegenstück, die Stadthalle am Stadtparksee, wurde im Zweiten Weltkrieg zerstört. Nachdem der Turm in seiner eigentlichen Funktion kaum noch genutzt wurde, eröffnete die Hamburger Bürgerschaft 1930 im Kuppelraum ein Planetarium, das damit weltweit eines der ältesten ist. Heute ist das Planetarium Hamburg mit jährlich 350 000 Besuchern das mit Abstand meistbesuchte im deutschsprachigen Raum. Nach einem über einjährigen Umbau wurde es im Oktober 2003 mit völlig neuem Konzept wiedereröffnet. Die klassische analoge Sternenhimmelprojektion mit einem Zeiss-Projektor Universarium IX wird ergänzt durch moderne Medientechnik. Sieben computergesteuerte Beamer bespielen die gesamte Kuppel mit einer Filmprojektion, Laserprojektoren erweitern die visuellen Möglichkeiten. 2006 und 2008 erfolgten nochmals Modernisierungen der Showlaser. Für Besucher fungiert das Hamburger Planetarium quasi als virtuelle Startrampe ins Universum. Ob eine Zeitreise zum Urknall oder speziell auf Kinder zugeschnittene Programme: Astronomie wird hier zum Erlebnis. Außer Sternenreisen für Erwachsene und Kinder werden auch Konzerte, Lesungen, Hörspiele, Theater und multime-

Den Sternenhimmel gibt es im Planetarium auch tagsüber, nachts strahlt es dafür selbst.

diale Pop- und Rock-Spektakel geboten – täglich bis zu 10 verschiedene Veranstaltungen. Man sollte vor einem Besuch unbedingt reservieren (Tel. 428 86 52 10).

Das Planetarium ist geöffnet: Di. 9.00 – 17.00, Mi. 9.00 – 21.00, Do., Fr. 9.00 – 21.30, Sa. 12.00 bis 21.30, So. 10.00 – 20.00 Uhr, montags ist es nur während der Schulferien geöffnet. Während dieser Zeiten kann man normalerweise auf die **Aussichtsplattform**, von der sich ein schöner Blick auf Hamburg bietet. Der jeweils aktuelle Spielplan ist im Internet einzusehen unter www.planetarium-hamburg.de.

In der Umgebung des Stadtparks

Jenseits des Jahnringes im Norden des Stadtparks liegt die ausgedehnte »City Nord«, die ab 1962 als »Bürostadt im Grünen« entstand: Sie ist ein eindrucksvolles Gebäudeensemble mit über zwanzig Bürohäusern in den unterschiedlichsten Architekturformen. Mineralölkonzerne und Großunternehmen haben hier ihre Verwaltungsgebäude, in denen mehr als 20 000 Menschen beschäftigt sind.

City Nord

Universität · Universitätsviertel

Lage: westlich der Außenalster　　**S-Bahn:** S 11, S 21, S 31 (Dammtor)
U-Bahn: U 1 (Hallerstraße)

Die Junge unter den Großen

Hamburgs Universität, derzeit mit knapp 40 000 Studenten eine der größten in Deutschland, wurde erst 1919 gegründet. Die Kernzelle ist das alte Vorlesungsgebäude, ein Kuppelbau von 1909–1911 an der Edmund-Siemers-Allee.

Nordwestlich davon steht am Anfang der Grindelallee die Staats- und Universitätsbibliothek Carl von Ossietzky (►Kunst und Kultur), an deren Außenmauer eine Wandmalerei von A. R. Penck aus dem Jahr 1990 zu sehen ist. Um den sich anschließenden Von-Melle-Park gruppieren sich die neueren Institutsgebäude, darunter der 52 m hohe »Philosophenturm«.

Joseph-Carlebach-Platz

Unmittelbar nördlich des Von-Melle-Parks liegt am Grindelhof der kleine Joseph-Carlebach-Platz, der nach dem früheren Oberrabbiner von Altona und Hamburg (1883 – 1942) benannt ist und eines der Zentren jüdischen Lebens in Hamburg war. Hier stand die 1904 bis 1906 erbaute große Hauptsynagoge der Deutsch-Israelischen Gemeinschaft, die in der »Reichskristallnacht« im November 1938 von den Nationalsozialisten zerstört wurde.

1988 hat Margrit Kahl den Platz neu gestaltet: Ein Bodenmosaik über dem Grundriss zeichnet die frühere Deckenkonstruktion der Synagoge nach.

Mineralogisches Museum

⏲

An der Grindelallee 48 befindet sich das Mineralogische Museum der Universität Hamburg. Neben Mineralien, Gesteinen und Kristallen ist ein 424 kg schwerer Eisenmeteorit aus Südwestafrika die Hauptattraktion (geöffnet: Mi. 15.00–18.00, So. 10.00–17.00 Uhr).

Geologisch-Paläontologisches Museum

⏲

Das Geologisch-Paläontologische Museum zeigt u. a. eine Sammlung von Fossilien, Europas wertvollste Sammlung von Bernsteineinschlüssen und ein Urpferdchen aus der Ölschiefergrube Messel bei Darmstadt (Bundesstr. 55, geöffnet: Mo.–Fr. 9.00–18.00Uhr).

Zoologisches Museum

⏲

Das Zoologische Museum am Martin-Luther-King-Platz ist Nachfolger des 1943 zerstörten Naturhistorischen Museums. Zu sehen sind, neben diversen präparierten Tieren, das bemerkenswerte Unikat eines weiblichen Narwalschädels von 1684 mit zwei Stoßzähnen (geöffnet: Di.–So. 10.00–17.00 Uhr).

Ehemaliges Fernmeldeamt 1

Das auffällige Monumentalgebäude an der nahen Schlüterstraße (Nr. 51–55) ist das ehemalige Fernmeldeamt 1. Das Kastell aus Back- und Sandstein wurde in den Jahren 1902 bis 1907 für die Vermittlungszentrale des 1881 in Hamburg eingeführten Fernsprechdienstes errichtet.

★ Vierlande und Marschlande

Ausflugsziel

Lage: 10–25 km südöstl. der Innenstadt
Bus: diverse Linien ab S-Bahn-Station Bergedorf

S-Bahn: S 2, S 21 (Stationen zwischen Billwerder-Moorfleet und Bergedorf)

Ein Ausflug in die Vierlande und in die Marschlande südöstlich der Stadt führt in eine herrliche ländliche Gegend mit alten Dorfkirchen und wunderschönen Bauernhäusern. Ähnlich wie das ▶ Alte Land sind auch die Vierlande und die Marschlande eine fruchtbare Niederung zwischen Elbe und Geest. Als Marsch bezeichnet man eine durch Anschwemmungen und Ablagerungen gebildete Landfläche, die durch Eindeichung entwässert wurde.

Ausflug auf's Land

Die Bezeichnung Vierlande leitet sich von den **vier Kirchdörfern** Curslack, Altengamme, Neuengamme und Kirchwerder ab, die sich an den gewundenen Deichen hinziehen. Die Marschlande etwas weiter westlich bestehen aus den einstigen Inseln Billwerder und Ochsenwerder, an die noch die entsprechenden Ortsnamen erinnern.

Billwerder

Am Billwerder Billdeich (Nr. 138) steht die Kirche St. Nikolai, ursprünglich ein von Johann Nikolaus Kuhn aus Hamburg erbauter Barockbau (1737–1739). Nach einem Brand im Jahre 1911 wurde die Kirche nach den alten Plänen neu errichtet.

Nikolaikirche

Typischer Bauernhof in den Vierlanden

Idyllische Altwässer prägen die Landschaft.

Glockenhaus Das Glockenhaus (um 1780) am Billwerder Billdeich (Nr. 72), so genannt nach der im Dachreiter befindlichen Glocke, ist ein Hauptbeispiel der frühen Landhauskultur im Hamburger Umland. Heute befindet sich darin das **Deutsche Maler- und Lackierer-Museum**, das sich der Geschichte und den Techniken dieses Handwerks widmet (geöffnet Sa. u. So. 10.00–13.00 Uhr).

Umgebung Nördlich von Billwerder erstreckt sich das Hügelland der Boberger Dünen – ein beliebtes Segelfluggelände. Weiter nordwestlich liegt das Achtermoor, ein Feuchtgebiet mit zahlreichen Vogelarten.

Allermöhe

Dreieinigkeitskirche Die Dreieinigkeitskirche in Allermöhe am Nordufer des Altwassers Dove Elbe ist ein Fachwerkbau, erbaut von 1611 bis 1614. Der hölzerne Glockenturm ist wesentlich älter als die Kirche und trägt noch eine Glocke von 1483. Im Inneren fallen die schön bemalte Decke, ein von Hein Baxmann geschnitzter Flügelaltar (1615) und zwei geschnitzte Türen aus demselben Jahrhundert auf.

Östlich das Orts liegt ein Wohngebiet, das von neu angelegten Fleeten durchzogen wird, was ihm ein holländisches Gepräge gibt.

Moorfleet

Im weiter westlich gelegenen Moorfleet gibt es eine dem hl. Nikolaus geweihte Kirche. Ursprünglich um 1330 erbaut, wurde sie 1680 in Fachwerk mit Backsteinausmauerung erneuert; der neugotische

Turm kam 1885 hinzu. Die Kanzel (1621/22) und das Gestühl (1625) stammen aus der alten Kirche und wurden von Hein Baxmann geschnitzt. Den barocken Altar schuf Valentin Preuß 1688.

Ochsenwerder

Die hübsche **Kirche St. Pankratius** in Ochsenwerder ist ein Backsteinbau von 1674 mit einem neueren Turm (1740). Den reich geschnitzten Altarschrein im Inneren fertigte Hein Baxmann 1632. Von der übrigen Ausstattung seien genannt: die marmorne Taufe (1702), die schön geschnitzten Gestühlstüren (17. u. 18. Jh.), die Kronleuchter an der Altarseite von 1613 und 1617 sowie der Prospekt der Arp-Schnitger-Orgel von 1708 (neues Werk von 1910).

In der Nähe des Altwassers Dove Elbe steht in **Reitbrook** am Vorderdeich (Nr. 11) eine Windmühle vom Typ Galerie-Holländer. Im Mühlenhaus (Nr. 9) wurde Alfred Lichtwark geboren.

Auch in den fruchtbaren Vierlanden ist der Apfel der Größte.

Curslack

Curslack, das schon 1217 erwähnt wurde, ist vor allem wegen seiner Blumenzucht bekannt. Die Kirche St. Johannis im Ortszentrum ist ein 1802 kreuzförmig erweiterter Fachwerkbau von 1599; der frei stehende Glockenturm wurde 1761 mit einem dreistufigen Helm ausgestattet. Im Kircheninnern steht meergrünes Gestühl aus dem 17. und 18. Jh., an den Männerbänken sieht man 55 kunstvolle schmiedeeiserne Hutständer aus dem 18. und 19. Jahrhundert. Der Barockaltar von 1869 stand früher in der zerstörten Dreifaltigkeitskirche von ► Harburg. Unter dem Orgelboden von 1621 steht ein 1715 errichteter Beichtstuhl, heute Sakristei, von dem eine Tür zu der schönen, 1599 geschnitzten Kanzel führt.

In der Nähe der Kirche steht am Curslacker Deich 136 ein sehr altes Fachwerkhaus von 1569, der Grashof. Hier gibt es eine **Verkaufsausstellung mit bäuerlicher Kunst** und eine Gaststätte. Weitere schöne Bauernhäuser stehen am Curslacker Deich Nr. 47, 112, 144, 286, 288 und 339.

Johanniskirche

Dorfromantik pur im Vierländer Freilichtmuseum Rieck-Haus

✳ Das Hufnerhaus Rieck am Curslacker Deich (Nr. 284) gehört zu den ältesten und wertvollsten Vierländer Bauernhöfen. In dem Hof hat man das Vierländer Freilichtmuseum eingerichtet. Die Wohnstube im Hauptgebäude – die so genannte »Döns« – ist reich ausgestattet u. a. mit bunten Kacheln, Decken- und Wandbildern und Intarsien. Im Hof steht eine jener Schöpfmühlen, mit deren Hilfe früher der

Grundwasserspiegel niedrig gehalten wurde, außerdem sind eine Bohlenscheune, ein Ziehbrunnen (»Sod«) und eine geschnitzte Hofpforte (geöffnet: Di.–So. 10.00–17.00, Okt.–März bis 16.00 Uhr) zu sehen.

Neuengamme

Neuengamme zwischen den Altwässern Dove Elbe und Gose Elbe ist dank der guten Bodenqualität der reichste Ort der Vierlande, was am Schmuck der Bauernhäuser und an der Ausstattung der Kirche deutlich zu erkennen ist.

Reichster Ort der Vierlande

Die **Kirche St. Johannis** ist ein Feldsteinbau aus dem 13. Jh., dem im 15. Jh. ein gotischer Chor in Backstein, 1619 ein Brauthaus und 1803 ein Fachwerkvorbau hinzugefügt worden sind. Der frei stehende Glockenturm trägt zwei Glocken von 1461 und 1487. In dem hellen Kirchenraum gibt es ein reich mit Intarsien verziertes Gestühl aus dem 17.–19. Jh.. Einen genaueren Blick sollte man auf die Männerbänke werfen, die mit eisengeschmiedeten bemalten Hutständern in Form von Blumen, Tieren und Wappen versehen sind. Die Kronleuchter stammen aus den Jahren 1596 und 1644.

Am Neuengammer Hausdeich sind einige schöne **Bauernhäuser** besonders hervorzuheben: Von der Kirche aus in westlicher Richtung sind dies Nr. 343 (von 1626) und Nr. 413 (von 1552); in östlicher Richtung sind es Nr. 245, Nr. 201, Nr. 185, Nr. 157, Nr. 81 (von 1580; mit Kornspeicher »Spieker«), Nr. 77 und Nr. 49.

Abseits vom Deich wurde 1938 ein Konzentrationslager eingerichtet (Jean-Dolidier-Weg 39). Etwa die Hälfte der über 135 000 Häftlinge sind umgekommen. Heute erinnern unter anderem das ehemalige Klinkerwerk und ein Mahnmal an die Schrecken des NS-Terrors. Ein etwa 2,5 km langer Weg führt zu den Resten der einstigen Lagereinrichtungen. Eine Ausstellung widmet sich dem Schicksal der einstigen Häftlinge (geöffnet: ganzjährig Mo.–Fr. 9.30–16.00; Sa. u. So. 12.00–17.00, April–Sept. Sa., So. bis 19.00 Uhr).

KZ-Gedenkstätte Neuengamme

Kirchwerder

Die große Kirche St. Severin in Kirchwerder geht auf das 13. Jh. zurück. Sie wurde 1785 umgestaltet und durch einen Südflügel erweitert. Das ansehnliche Brauthaus in Fachwerkbauweise stammt aus dem Jahr 1649. Der Altar ist von 1785, Kanzel und Taufe von 1806, vier schöne Lichterkronen von 1602 bis 1666.

Severinskirche

Die zu Kirchwerder gehörende Ortschaft **Zollenspieker** liegt hübsch am Elbufer gegenüber der Ilmenaumündung bei Hoopte, wohin im Sommer eine kleine Autofähre übersetzt. Schon seit dem 13. Jh. existierte hier, am Übergang des alten Heerweges, eine Fähr- und Zollstelle – noch bis 1806 wurde Elbzoll erhoben. Das ehemalige Fährhaus ist heute eine Gaststätte mit Garten.

★

◀ Zollenspieker

Bis 1806 wurde hier in Richtung Lüneburg Elbzoll kassiert.

Altengamme

Nikolaikirche

Weiter elbaufwärts liegt Altengamme. Die Kirche St. Nikolai dicht hinter dem Elbdeich gilt als eine der schönsten Dorfkirchen Norddeutschlands. Der Bau aus Feldstein und Ziegeln stammt im ältesten, östlichen Teil aus dem 13. Jahrhundert. An der Südseite liegen das so genannte Frauenbrauthaus (links) und das Männerbrauthaus (rechts). In dem frei stehenden Glockenturm hängt die berühmte, beim Abbruch des Hamburger Mariendomes (▸ Bischofsburg) ersteigerte »Celsaglocke«, gegossen um 1487. Das Kircheninnere ist ein Saalbau mit blauem sternengeschmücktem Tonnengewölbe. Der größte Reichtum der Kirche ist das prunkvolle, mit Intarsien und Schnitzwerk verzierte Gestühl aus dem 17.–18. Jh.. Das älteste Stück, das ursprünglich auch aus dem Mariendom stammt, ist die von drei Mönchen getragene Taufe, ein Erzguss aus dem 14. Jh. mit holzgeschnitztem Tafelaufsatz (Anfang 17. Jh.). Altar und Kanzel haben einheimische Handwerker um 1759 angefertigt.

Einige **bemerkenswerte Bauernhäuser** sind in Altengamme noch am Horster Damm zu sehen, beispielsweise Nr. 319, 329, 345 und 349. Außerdem gibt es einen sehr schönen alten Spieker gegenüber dem Haus Nr. 351 und schließlich am Altengammer Elbdeich noch eine hübsche Kate von 1691 (Altengammer Elbdeich Nr. 138).

Volkspark

G/H 12–14

Lage: Bahrenfeld　　　　　　　**S-Bahn:** S 3, S 21 (Stellingen)

In bewusster Abkehr vom Repräsentationspark schuf der Altonaer **»Schönheits-**
Gartendirektor Ferdinand Tutenberg zwischen 1914 und 1920 im **wald«**
hügeligen Gebiet von Bahrenfeld einen »Schönheitswald« mit einer
Vielzahl von Nutzungsmöglichkeiten für Spiel, Sport und Erholung.
Ein Schulgarten, sehenswerte Musterkleingärten und ein Sommerbad
wurden angelegt. Ein besonderer Anziehungspunkt ist der Dahlien-
garten an der Nordwestseite des Parks, in dem im Herbst an die
10 000 Dahlien in allen Farben blühen.

1951–1953 wurde mit Kriegstrümmerschutt das Hamburger Volks- **HSV Arena**
parkstadion gebaut. Seit dem Umbau von 1999 fasst das Stadion des
HSV (Hamburger Sport-Verein) etwa 57 000 Zuschauer und wurde
gleichzeitig in AOL-Arena umbenannt. Anschließend hieß es HSH
Nordbank Arena, jetzt heißt es Imtech Arena, wird aber wegen der
häufigen Namenswechsel mittlerweile meistens HSV Arena oder Arena im Volkspark genannt.

Wilhelmsburg

Außenbezirk

Lage: ca. 7–10 km südlich der　　**S-Bahn:** S 3 (Wilhelmsburg)
Innenstadt

Das von Norder- und Süderelbe umflossene Wilhelmsburg erwarben
im 14. Jh. die Groten, ein lüneburgisches Adelsgeschlecht, sowie die
Harburger und Celler Herzöge. Sie
nahmen im Lauf der folgenden 350
Jahre die Eindeichung vor. Herzog
Georg Wilhelm von Lüneburg-Celle
erwarb sie 1672. Während der Osten
eher ländlich blieb, gibt es im Westen ausgedehnte Industrie- und Hafenanlagen sowie Wohnviertel. Da
die Insel sehr tief liegt, richtete die
Flutkatastrophe im Jahr 1962 verheerende Schäden an und forderte hier

> **? WUSSTEN SIE SCHON …?**
>
> ■ dass Wilhemsburg die größte Flussinsel
> Europas ist? Sie entstand in der letzten
> Eiszeit im Urstromtal der Elbe. Im Südosten
> kann man im Naturschutzgebiet Heucken-
> lock zudem den letzten natürlichen Süß-
> wasser-Tide-Auenwald Europas erkunden,
> ein Produkt des Gezeitenwechsels (»Tide«).

die meisten Todesopfer. 2013 findet in Wilhelmsburg auf einer ca.
100 ha großen Fläche die Internationale Gartenschau igs 2013 statt.

Der älteste Teil von Wilhelmsburg heißt Kirchdorf. Im Amtshaus an **Kirchdorf**
der Kirchdorfer Straße 163, das anstelle der einstigen Burg der
Herren von Grote und der späteren »Wilhelmsburg« steht, ist das

Immer wieder gibt es Hochwasser in Hamburg. Dann steht der Fischmarkt komplett unter Wasser, wie hier im November 2007.

FEBRUAR 1962 – DIE GROSSE FLUT

Am Mittag des 16. Februar 1962 war der schwere Orkan »Vincinette« ausgebrochen und drückte die Nordsee direkt in die Elbemündung. Die Radiowarnungen am frühen Abend beachtete kaum jemand, denn die letzten großen Sturmfluten hatte die Stadt ohne große Schäden überstanden.

Erste Deiche brechen

In den Dörfern Neuenfelde und Altenwerder direkt hinter dem Deich heulten die Warnsirenen. Um 1.15 Uhr brachen zwischen Francop und Neuenfelde die Deiche an insgesamt 94 Stellen. Etwa 70 000 Menschen wurden von den Fluten völlig überrascht. Die Telefonleitungen waren tot, der Strom ausgefallen, an Evakuieren war auf die Schnelle nicht zu denken. Die eisigen Fluten ergossen sich ins Hinterland, zerstörten Höfe, ertränkten das Vieh und vernichteten große Teile der Obsternte. Auf den Straßen stand das Wasser bis zu drei Meter hoch. 13 Menschen kamen in Neuenfelde um.

Der Wasserpegel steigt weiter

In den folgenden Stunden stieg der Wasserpegel stetig an und flutete in Richtung Innenstadt. Gegen 2.30 Uhr wurde Elbewasser in die Alster gedrückt. Die meterhohe Wasserwelle erreichte schließlich Wilhelmsburg und flutete dort in die tief liegenden Straßen. Als um 3.30 Uhr der Höchststand erreicht war, stand ein Sechstel des Hamburger Stadtgebiets unter Wasser, und der Wasserpegel lag rund vier Meter über dem mittleren Hochwasser.

Dramatische Szenen

Während viele Hamburger von dem Unglück nichts mitbekamen, spielten sich vor allem in Wilhelmsburg dramatische Szenen ab, wo binnen allerkürzester Zeit 60 000 Menschen von den Wassermassen eingeschlossen wurden. Viele lebten hier noch als Folge der Kriegszerstörungen in Schrebergärten. Die Menschen versuchten sich auf Hausdächer und Bäume oder in kleine Boote zu retten und warteten die Nacht über auf Hilfe. Eine beispiellose Rettungsaktion setzte ein, 1500 Menschen waren pausenlos im Einsatz, etwa 20 000 Menschen mussten evakuiert werden. Der Großeinsatz wurde von Hamburgs damaligem Innensenator Helmut Schmidt geleitet, der seinerzeit 43 Jahre alt war. Trotz der groß angelegten Hilfsaktion ertranken oder erfroren 315 Menschen, mehrere Tausend wurden obdachlos.

Museum der Elbinsel Wilhelmsburg eingerichtet, das Einblicke in die Geschichte von Wilhelmsburg und des früheren ländlichen Lebens auf der Elbinsel gibt (geöffnet vom 1.4.–31.10.: So. 14.00–17.00 Uhr, Führungen nach Vereinbarung; Tel. 31 38 29 28). ◷

Bei Moorwerder markiert ein kleiner Leuchtturm die Bunthäuser **Moorwerder** Spitze, an der sich die Elbe in Norder- und Süderelbe teilt.

✦ Willkommhöft

Ausflugsziel

Lage: 22 km westlich der Innenstadt   **S-Bahn:** S 1, S 11 (Wedel)
Internet: www.willkommhoeft.de

Ein spannender Ort und ein lohnendes Ziel für Ausflüge mit Kin- **Hallo Fernweh** dern ist die Schiffsbegrüßungsanlage »Willkommhöft« am Ufer der Elbe. Sie befindet sich in dem beliebten Ausflugslokal »Schulauer Fährhaus« in der holsteinischen Stadt Wedel. Seit 1952 werden vor den Toren Hamburgs alle zwischen 8 Uhr morgens und Sonnenun- tergang (in Sommer bis 20 Uhr) auf der Elbe ankommenden bzw. abfahrenden Schiffe durch »Dippen« (Absenken) der Hamburger Flagge begrüßt oder verabschiedet, für abfahrende Schiffe wird zu- dem das Flaggensignal für »Gute Reise« aufgezogen. Bei Schiffen mit mehr als 500 BRT wird die Nationalhymne des Heimatlandes ge- spielt. Die Schiffe antworten mit Dippen ihrer Flagge. Ein Kapitän gibt Besuchern detaillierte Auskünfte über das vorbeifahrende Schiff. Dabei hilft ihm ein Schiffsarchiv mit über 16 000 Karteikarten.

Buddelschiff-Museum/Muschelmuseum

Im Untergeschoss des Schulauer Fährhauses lohnt »Binikowskis & **Miniaturschiffe** Behnkes Buddelschiff-Museum« einen Besuch, ein kurioses Museum mit Souvenirladen. Hier kann man rund 250 Buddelschiffe aus aller Welt bewundern, die der Kunsthandwerker Jochen Binikowski (»Buddel-Bini«) zusammengetragen hat. Das kleinste Buddelschiff, das man durch eine Lupe betrachen kann, steckt in einer winzigen Leuchtdiode. Das größte ist in eine 25 l fassende Flasche (»Buddel«) eingearbeitet worden. Räumlich mit dem Buddelschiff-Museum ver- bunden ist ein Muschelmuseum, in dem etwa 1000 Muscheln, Schnecken und Korallen aus allen Ozeanen ausgestellt sind (geöffnet: tgl. 10.00–18.00 Uhr; Nov.–Febr. nur Sa., So.). ◷

Spazierweg nach Blankenese

Vom Schulauer Fährhaus aus kann man in Richtung Osten einen ausgedehnten Spaziergang entlang der Elbe vorbei am Rissener Elb- ufer und am Falkensteiner Ufer bis nach ▶Blankenese machen.

REGISTER

VERZEICHNIS DER KARTEN & GRAFISCHEN DARSTELLUNGEN

BILDNACHWEIS

IMPRESSUM

Ausstattung:
218 Abbildungen, 29 Karten und grafische
Darstellungen, ein großer Cityplan

Text:
Wieland Höhne; mit Beiträgen von Dr. Eva
Missler, Anke Küpper, Katrin Duggen, Sven
Grönwoldt, Stefanie Reimers

Bearbeitung:
Baedeker Redaktion
(Dr. Eva Missler)

Kartografie:
Franz Huber, München;
Falk Verlag, Ostfildern (Cityplan)

3D-Illustrationen:
jangled nerves, Stuttgart

Gestalterisches Konzept:
independent Medien-Design, München
(Kathrin Schemel)

Chefredaktion:
Rainer Eisenschmid,
Baedeker Ostfildern

15. Auflage 2011

Urheberschaft:
Karl Baedeker Verlag, Ostfildern

Nutzungsrecht:
MAIRDUMONT GmbH & Co KG; Ostfildern
Der Name Baedeker ist als Warenzeichen
geschützt. Alle Rechte im In- und Ausland sind
vorbehalten. Jegliche – auch auszugsweise –
Verwertung, Wiedergabe, Vervielfältigung,
Übersetzung, Adaption, Mikroverfilmung,
Einspeicherung oder Verarbeitung in EDV-
Systemen ausnahmslos aller Teile des Werkes
bedarf der ausdrücklichen Genehmigung durch
den Verlag Karl Baedeker.

Anzeigenvermarktung:
MAIRDUMONT MEDIA
Tel. 0049 711 4502 333
Fax 0049 711 4502 1012
media@mairdumont.com
http://media.mairdumont.com

Printed in China
Gedruckt auf 100% chlorfrei gebleichtem Papier

BAEDEKER VERLAGSPROGRAMM

- Ägypten
- Algarve
- Allgäu
- Amsterdam
- Andalusien
- Argentinien
- Athen
- Australien
- Australien • Osten
- Bali
- Baltikum
- Barcelona
- Bayerischer Wald
- Belgien
- Berlin • Potsdam
- Bodensee
- Brasilien
- Bretagne
- Brüssel
- Budapest
- Bulgarien
- Burgund
- Chicago • Große Seen
- China
- Costa Blanca
- Costa Brava
- Dänemark
- Deutsche Nordseeküste
- Deutschland
- Deutschland • Osten
- Djerba • Südtunesien
- Dominik. Republik
- Dresden
- Dubai • VAE
- Elba
- Elsass • Vogesen
- Finnland
- Florenz
- Florida
- Franken
- Frankfurt am Main
- Frankreich
- Frankreich • Norden
- Fuerteventura
- Gardasee
- Golf von Neapel
- Gomera
- Gran Canaria
- Griechenland
- Griechische Inseln
- Großbritannien
- Hamburg
- Harz
- Hongkong • Macao
- Indien
- Irland
- Island
- Israel
- Istanbul
- Istrien • Kvarner Bucht
- Italien
- Italien • Norden
- Italien • Süden
- Italienische Adria
- Italienische Riviera
- Japan
- Jordanien
- Kalifornien
- Kanada • Osten
- Kanada • Westen
- Kanalinseln
- Kapstadt • Garden Route
- Kenia
- Köln
- Kopenhagen
- Korfu • Ionische Inseln
- Korsika
- Kos
- Kreta
- Kroatische Adriaküste • Dalmatien
- Kuba
- La Palma
- Lanzarote
- Leipzig • Halle
- Lissabon
- Loire
- London
- Madeira
- Madrid
- Malediven
- Mallorca
- Malta • Gozo • Comino
- Marokko
- Mecklenburg-Vorpommern
- Menorca
- Mexiko
- Moskau
- München

- ▶ Namibia
- ▶ Neuseeland
- ▶ New York
- ▶ Niederlande
- ▶ Norwegen
- ▶ Oberbayern
- ▶ Oberital. Seen • Lombardei • Mailand
- ▶ Österreich
- ▶ Paris
- ▶ Peking
- ▶ Piemont
- ▶ Polen
- ▶ Polnische Ostseeküste • Danzig • Masuren
- ▶ Portugal
- ▶ Prag
- ▶ Provence • Côte d'Azur
- ▶ Rhodos
- ▶ Rom
- ▶ Rügen • Hiddensee
- ▶ Ruhrgebiet
- ▶ Rumänien
- ▶ Russland (Europäischer Teil)
- ▶ Sachsen
- ▶ Salzburger Land
- ▶ St. Petersburg
- ▶ Sardinien
- ▶ Schottland
- ▶ Schwäbische Alb
- ▶ Schwarzwald
- ▶ Schweden
- ▶ Schweiz
- ▶ Sizilien
- ▶ Skandinavien
- ▶ Slowenien
- ▶ Spanien
- ▶ Spanien • Norden • Jakobsweg

- ▶ Sri Lanka
- ▶ Stuttgart
- ▶ Südafrika
- ▶ Südengland
- ▶ Südschweden • Stockholm
- ▶ Südtirol
- ▶ Sylt
- ▶ Teneriffa
- ▶ Tessin
- ▶ Thailand
- ▶ Thüringen
- ▶ Toskana
- ▶ Tschechien
- ▶ Tunesien
- ▶ Türkei
- ▶ Türkische Mittelmeerküste
- ▶ Umbrien
- ▶ Ungarn
- ▶ USA
- ▶ USA • Nordosten
- ▶ USA • Nordwesten
- ▶ USA • Südwesten
- ▶ Usedom
- ▶ Venedig
- ▶ Vietnam
- ▶ Weimar
- ▶ Wien
- ▶ Zürich
- ▶ Zypern

BAEDEKER ENGLISH

- ▶ Andalusia
- ▶ Austria
- ▶ Bali
- ▶ Barcelona
- ▶ Berlin
- ▶ Brazil
- ▶ Budapest

- ▶ Cape Town • Garden Route
- ▶ China
- ▶ Cologne
- ▶ Dresden
- ▶ Dubai
- ▶ Egypt
- ▶ Florence
- ▶ Florida
- ▶ France
- ▶ Gran Canaria
- ▶ Greece
- ▶ Iceland
- ▶ India
- ▶ Ireland
- ▶ Italy
- ▶ Japan
- ▶ London
- ▶ Mexico
- ▶ Morocco
- ▶ New York
- ▶ Norway
- ▶ Paris
- ▶ Portugal
- ▶ Prague
- ▶ Rome
- ▶ South Africa
- ▶ Spain
- ▶ Thailand
- ▶ Tuscany
- ▶ Venice
- ▶ Vienna
- ▶ Vietnam

LIEBE LESERINNEN, LIEBE LESER,

ein herzliches Dankeschön, dass Sie sich für einen Baedeker Allianz Reiseführer entschieden haben. Er wird Sie zuverlässig auf Ihrer Reise begleiten und Sie nicht im Stich lassen.

Natürlich beschreibt er die wichtigen Sehenswürdigkeiten, aber er empfiehlt auch die nettesten Kneipen und Bars, dazu Hotels für den großen und kleinen Geldbeutel, gibt Tipps für Restaurants, Shopping und für vieles mehr, was eine Reise zum Erlebnis macht. Dafür haben die Autoren und die Redaktion Sorge getragen. Sie sind für Sie regelmäßig nach Hamburg gereist und haben all ihre Erfahrungen und Kenntnisse in diesen Reiseführer gepackt.

Trotzdem: Die Erfahrung zeigt, dass Fehler und Änderungen nach Drucklegung, für die der Verlag keine Haftung übernehmen kann, nicht ausgeschlossen werden können. Für Kritik, Berichtigungen und Verbesserungsvorschläge sind wir Ihnen außerordentlich dankbar. Schreiben Sie uns, mailen Sie uns oder rufen Sie an:

▶ **Verlag Karl Baedeker GmbH**
Redaktion
Postfach 3162
D-73751 Ostfildern
Tel. (0711) 4502-262, Fax -343
E-Mail: info@baedeker.com

Besuchen Sie uns auch im Internet unter www. baedeker.com. Hier finden Sie jeden Monat den aktuellen Reisetipp der Redaktion und das gesamte Verlagsprogramm. Hier können Sie auch lesen, wer Karl Baedeker war und wie er seinen ersten Reiseführer geschrieben hat. Mit seinen über 180 Jahren ist der Karl Baedeker Verlag der älteste Reiseführer-Verlag der Welt.

www.baedeker.com

▶ ZU GEWINNEN: **STADTREISE NACH LONDON**

Unter allen Einsendungen verlost der Verlag am Jahresende – unter Ausschluss des Rechtswegs – eine Städtekurzreise für zwei Personen nach London.
Freuen Sie sich auf ein spannendes Wochenende in London. Natürlich ist ein Baedeker Allianz Reiseführer London auch dabei!